デモクラシーとセキュリティ

グローバル化時代の政治を問い直す

杉田　敦 編

法律文化社

目　次

序　章　グローバル化と政治の危機 ―――――――――― 杉田　敦　1

    はじめに　1

    1　領　　域　2

    2　国　　民　3

    3　主　　権　6

    4　危機への対応　8

I	グローバル化の中のデモクラシー

第1章　グローバル化時代の集団的自己決定 ―― 押村　高　15

    はじめに　15

    1　デモクラシーを支えた2つの自己決定　18

    2　戦後の自己決定ディスコースの後退　20

    3　「決定の喪失感」が引き起こす問題　22

    4　領土獲得という自己決定とその限界　24

    5　自己決定領域の再編に向けて　27

    おわりに　30

第2章　資本主義と民主主義はなおも両立可能か ―― 田村哲樹　35

    はじめに　35

    1　「資本主義と民主主義」の危機をめぐる諸言説　36

    2　両立（不）可能性のいくつかのシナリオ　44

    おわりに　58

i

第3章　戦争と難民の世紀からテロリズムの世紀へ

――国際美術展における政治とセキュリティの表象 ···· 五野井郁夫　65

はじめに――安全保障化言説の対象としての難民　65

1　難民とは何か　66

2　国際美術展と難民

　　――ヴェネツィアとベルリンのビエンナーレをめぐって　69

3　戦争概念の変容以前　72

4　テロリズムと戦争概念の変化　74

5　近代的な価値観を徹底して守ること　76

第4章　代表制，参加，民主主義の民主化

――自由民主主義体制の危機 ························· 千葉　眞　81

はじめに――自由民主主義体制の現在　81

1　自由民主主義と参加民主主義　84

2　デモクラシーの根源としての参加民主主義　90

3　シェルドン・S. ウォリンと今日の新しい革命構想　95

4　代表制とシティズンシップの現在　103

むすびにかえて――信託型の代表制にむけて　106

第5章　リベラル・デモクラシーを下支えする「公共精神」をどこに求めるか

――新自由主義的世界におけるネイションの規範的重要性の再評価

························· 白川俊介　115

はじめに　115

1　リベラル・デモクラシーの機能不全　118

2　リベラル・デモクラシーの政治枠組みと文化との関係性　121

3　新自由主義における「営利精神」の過剰と「公共精神」の減衰　123

4　「公共精神」を育む基盤となる「自発的結社」?　125

目　次

　　5　「非自発的結社」としてのネイションの規範的重要性
　　　　──「公共宗教」論を補助線として　127

　むすびにかえて──「エリートの反逆」に抗して　131

II　　グローバル化の中のセキュリティ

第6章　領土と主権に関する政治理論上の一考察
　　　　──暴力, 人民, 国連をめぐるアポリアに抗して　⋯⋯ 前田幸男　139

　はじめに　139

　　1　領　　土　140

　　2　主　　権　148

　おわりに──揺らぐ領土概念と主権概念の中で平和を創ることとは　159

第7章　ポスト・ヘゲモニー時代の国際秩序思想
　　　　──地政学的思考の陥穽 ⋯⋯⋯⋯⋯⋯⋯⋯⋯⋯⋯⋯ 高橋良輔　167

　はじめに　167

　　1　ポスト冷戦秩序のアメリカ的性格　168

　　2　「ポスト・アメリカ」から地域主義の多重再生へ　171

　　3　現代地政学におけるライン思考　175

　　4　古典地政学の呪縛　182

　むすびにかえて　186

第8章　例外状態における正統性をめぐる政治
　　　　──セキュリティによる統治／民衆による支配 ⋯⋯ 山崎　望　193

　はじめに　193

　　1　国民国家システムにおけるセキュリティとデモクラシー　194

　　2　セキュリティの変容──日本を事例に　196

　　3　危機のデモクラシー　201

iii

4　デモクラシーの変容　　205

5　セキュリティとデモクラシーの新たな節合に向けて　　207

おわりに　　211

あとがき

人名・事項索引

序　章

グローバル化と政治の危機

杉　田　　敦

はじめに

　本書をつらぬいているのは，これまでの政治の枠組みが崩壊しつつあるという洞察である。

　カネ，モノ，情報，そしてヒトが激しく移動する，その意味でグローバル化された世界では，われわれが前提としてきた政治の語り方，政治についての語彙や文法が変更を余儀なくされつつある。いや，それは単なる「変更」なのか。これまでの枠組みと異なる，新たな枠組みができつつある，あるいは少なくともその姿がおぼろげながら見えてきているのなら，政治についての語法の変更と言えるだろう。しかし，もしも，これまでの枠組みが壊れ，それに代わるものが見えていないのなら，政治について語ることそのものが難しくなる。もしかすると，われわれはそのような危機を目撃しつつあるのかもしれない。

　ドイツの国法学者ゲオルク・イェリネックによる定式化以来，領域，国民，そして主権が国家の三要素とされることが多い。一定の境界線を持つ空間の中で，一定の範囲の人々を，絶対的な政治権力によって統治するものとして近代国家は表象されてきた。近代国家を主体とする秩序は，放置されればカオスとなるしかないこの世界に，セキュリティをもたらすものと信じられてきた。さらに19世紀以降，近代国家は国民による自己統治，すなわちデモクラシーを採用することによって，正統性の資源とするようになった。

　しかし，こうしたすべては，かつてわれわれがそう考えていたほどには安定的な枠組みでなく，不可逆的な到達点でもないことが明らかになってきた。そ

して，近代国家秩序の崩壊は，数世紀にわたってわれわれの政治的な想像力を
規定してきたすべてをリセットしかねない。以下に，領域，国民，主権の順で
現状を確認し，危機の全貌を概観したい。

1 領 域

　境界線を引いて，ある一定の空間を囲い込む。その際，境界線はしっかりと
したもので，内側と外側とを明確に分けるものでなければならない。近代国家
が前提とする領域（領土・領海等）のあり方は，こうしたものである。

　しかし，そもそも国家はなぜ領域を持たなければならないのか。領域なき国
家というものは想定できないか。領土を失い亡命した政府は，本来の領域なる
ものを前提とし，その回復を要求しているのであるから，その名には値しない
であろう。しかし，それとは別に，領土は持たないが国民を抱え，それを統治
している国家というものはありえないのか。

　結局は定義の問題で，国家とはそういうものではない，ということになるの
かもしれない。言い換えれば，国家というものは，領域を確保することによっ
てセキュリティを高められるという技術的な想定の上に成り立っているよう
だ。この想定は必ずしも普遍的に成り立つものではなく，歴史的に偶有的なも
のであるにもかかわらず。

　国家にとって領域とは，まずもって，その統治が及ぶ空間的な範囲，すなわ
ち管轄権と結びついている。この境界線の内側で行われている事柄について，
特定の法やルールが適用されると明確化することで，確かに物事が単純化さ
れ，わかり易くなる面はある。特に，経済活動や情報のやり取りが，狭い範囲
内に限定されていた時期には，それは機能的であった。しかし，経済活動等の
拡大によって，それまで自明の領域とされてきた管轄権が桎梏と見なされるよ
うな局面もありうる。ヨーロッパ連合の形成は，まさにそのような事情による
ものであった。そこでは，法的な管轄権が重層化し，法のレベルごとにその及
ぶ領域の範囲を変えることが，かえって合理的であると見なされたのである。
ただし，近年には，管轄権の重層性自体を嫌う世論が噴出し，ヨーロッパ連合

からの一部国家の離脱といったバックラッシュも生じている。

　国家にとって領域が持つ重要な意味は，もうひとつある。それは（国家のもうひとつの要素とされる）国民を収容する空間としての意味である。国民のすべて（あるいは少なくとも大部分）が境界線の内側に生活し，境界線の内側には国民以外の人々はほとんど生活していないという前提がそこにある。国民は本来，人間集団であり空間とは別である。しかし，国民を領域によって空間的に隔離することでセキュリティを高められるという発想が，国家観念にまつわりついている。しかし，管轄権についてと同様，こうした収容空間の機能性も必ずしもつねに保証されるわけではない。実際，ヨーロッパ連合は，それまでの国家の枠を超えて（ただしヨーロッパ連合の枠内で）ヒトの移動を自由化する方が機能的であるという発想の下につくられた。

　これに対し，ヨーロッパで近年発生した移民・難民危機は，従前の国境線への人々の信頼の根深さを改めて示すものとなった。そこでは，さまざまな理由から国境線を越えようとする人々の奔流を目の前にして，国民を収容する空間としての領域の境界線の再確認・再強化を多くの人々が求めることになったのである。

2　国　　民

　そもそも国民とは何か。それは，つねにすでにそこに存在し，他の要素の前提となっているものであるかのように扱われることが多い。すなわち，国民がまずもって存在するから，それらを収容する空間としての領域が正当化されるという議論，あるいは，国民がまずもって存在するから，それを統治するシステムとして主権が正統化されるといった議論である。しかし，別な見方をすれば，国民とはたまたま何らかの事情で（戦争や征服の結果として）ある領域に囲い込まれた人々にすぎない。彼らは国家によって物理的に囲い込まれた後に，法の主体かつ客体にされたのだと。その場合には，国民は論理的には国家より後に成立したことになる。

　国民が存在するから国家が存在するのか，それとも国家が存在するから国民

が存在するのか。この問いに答えるのは容易ではない。というよりも，19世紀以降に発展した「国民国家」という枠組みは，こうした問いを無効化させ，国民が存在するから国家が存在し，国家が存在するから国民が存在するという循環論法の中に問題を埋没させる効果を持っていたからこそ，機能してきたとも言える。

　実際には，国民という単位は，何らかの共有された文化や来歴に関わる神話によって，そして神話を定着させる教育によって，不断に再生産されており，その意味で，国家（あるいはその代替物）による人為的な働きかけなしには維持できない。しかるに，逆に国家の側は，19世紀以来，その正統性を国民に求めているという構図があり，その意味では，国民なしには国家は維持できないのである。国民のほとんどが見放した国家が長続きしないことは，さまざまな事例が証明している。

　なぜ多くの，あるいはほとんどの国家が，少なくとも外形的にはデモクラシーを採用するようになったのかも，この点に関わる。国民による自己統治という立派な名目に匹敵するような正統性の根拠は他には存在しない。少なくとも，これまでは見出されていない。国家は自己保存のために，デモクラシーを必要とする。そして，デモクラシーを採用することで，国家が国民の要求を無視することは難しくなり，国家には（財政的に可能であれば）国民の生活を保障する必然性が生じる。

　ミシェル・フーコーが「生権力」として定式化したのは，国家のまさにこの作用である。生権力とは国民を生かし，維持しようとする権力であり，その作用は公衆衛生の確保，インフラ整備などから，福祉国家的な給付システムなどに及ぶ。提供されるセキュリティには幅があり，生権力がどこまで強力なものとなるかは，デモクラシーの存在を前提とすれば，国民の要求水準によって決まってくる面がある。

　領域を維持するだけの「夜警国家」が本来的な意味での国家であって，福祉サービスなどは国家の本来の機能ではないから，恩恵的に，あるいは気まぐれとして行われていただけであり，したがって，いつでも止められるし，止めることで本来の国家の姿が露出するといった議論がある。しかし，上に示したよ

4

うな回路により，もしも国民が求めるのであれば，その要求を国家が無視することには大きな危険性が伴う。国家そのものの存続に関わりうるのである。繰り返すが，もしも国民が求めるのであれば，福祉国家を止めることは難しい。

もちろん，実際には，福祉国家システムを機能させ維持するためには，国家の意思だけでは足りない。生権力には強い財政基盤が必要であり，多額の税を徴収できなければ存続することは不可能である。徴税を強制的に行うことは国家の意思によるとしても，十分な税額が得られるかは経済状況にも依存する。現実に存在した福祉国家は，それなりに高い経済成長を背景としていた。経済成長が鈍化すれば，仮に国民が求めたとしても，生権力の維持は困難となる。今日，ヨーロッパ諸国で福祉国家を担ってきた社会民主主義勢力が力を失ったことの背景には，こうした事情がある。

それに加えて，もしも国民が求めるのであれば，という条件も流動化している。人々は自らの生活の安定を求めるが，つねに国民として一体となって，連帯して，国家に対してそれを要求するとは限らない。高い税負担を前提として，国民としての給付を期待するというシステムが機能的でないと見なすようになれば，彼らはそれを求めなくなることがありうる。

今や，国家に代わって人々の意識の大半を占めているのは市場の動向である。言うまでもなく，市場は経済の領域であって，政治によって規制することには限界がある。特定の国家が企業に対してあらゆる規制を行うことは可能であるが，その場合には，企業は他の国家の領域へと退出するであろう。諸国家が連携して，そうした逃亡を許さないようにする枠組みはまだ存在していない。雇用に関しても，企業は同じ質の労働力が得られるのであれば，労働力がより安価な領域に移動しようとするし，それを止める手立ては国家にはない。そして，多国籍企業はあらゆる手段で租税回避を行っており，それに対抗する有効な手段は見つかっていない。

このように，グローバル化によって，国民と国家との間のこれまでの関係は機能的ではなくなっている。ただし，後に見るように，このことは，国民という単位がただちになくなるとか，国家が失われるとかいうことを意味するわけではない。むしろ，意味を失いつつある国民という単位へのノスタルジアと，

国家への回帰が進行することもある。

3 主　権

　主権とは絶対的な権力とされる。権力をどう定義するにせよ，それが人々を動かす何らかの力であるとすれば，その効果に注目する限り，絶対的な権力なるものがありえないのは明白である。人々が権力に抵抗する可能性はつねに開かれており，その意味で，絶対的な効果を持つ権力というものはない。しかし，主権の絶対性とは，あらゆる権力を比較した上で，他のいかなる権力よりも優先されるという意味であると考えられ，そうした意味での絶対的な権力は存在しうる。というよりも，主権という概念の存在意義は，権力の優先関係をめぐる争いを停止したり無効化したりする点にこそある。

　権力というものを意識し，それに従うかどうかを決めるのは人間であり，単なる物理的な現象などとは異なるので，権力をどう概念化するかは現実世界における権力の作用に影響を及ぼす。それゆえに，やや強目に言えば，権力論は権力の手段となる。たとえば，主権について論ずることにより，本来は存在するはずの，さまざまな権力の間の争いを無効化させ，すなわち多元論を陳腐化し，主権的な権力と定義されたものに従う以外にはないという先入観を人々に植え付け，結果的に一元論を広めて，権力の作用を安定化させることができる。その意味で，「主権が存在する」という言明は，記述的な言明ではなく，自己実現的な予言という性格を帯びる。

　主権国家という枠組み，すなわち，国家が主権を有するという考え方は，近代の政治認識の根幹をなしてきた。主権は国家の他の要素としての領域や国民と結びつくことで，ひとつのシステムを形成する。主権はある特定の領域の内部で，ある特定の国民に対して作用する。その領域の外部，すなわち境界線の向こう側では，別の主権が作用している。そして，それぞれの主権国家は，境界線によって隔てられ，相互に完全に独立しているとされる。

　重要なことは，こうした定義によって，国内関係／国際関係という境界線が引かれていることである。国内は主権によって満たされ，その内部に存在する

他のあらゆる権力は主権に従属するので，国内には境界線は存在しない。これに対して，国際関係は，地位としては平等な主権国家間の関係であり，その関係を統御する最終審級（世界主権）は存在しない。このように性格の異なる2つのシステムが，主権によって同時につくり出され，固定化されるのである。

　主権は，国内に対して，まずはセキュリティを供給するものとされた。国内で権力が競い合うことは内戦につながり，内戦はセキュリティの喪失状態である。絶対的な権力を樹立することで内戦を防止しなければならない。そして，国外からの影響を排除することも，セキュリティを高める。アナーキーとの対比で主権を正当化する，トマス・ホッブズ以来のこうした思考様式が維持されてきた。

　しかも，主権は当初は君主のものとされ，君主政の正統化に寄与したが，その後は国民という要素と結びつくことで，国民の自己統治としてのデモクラシーを正統化することになった。国民という単位が行う決定（それが選挙等の手続きを介して，どれほど形骸的なものとなっていたとしても）は，それ以外のいかなる勢力による決定よりも優先され，いわんや国外のいかなる勢力によっても左右されない。国民によるデモクラシーは最終審級なのであるから。

　すでに述べたように，このような主権論の最大の特徴は，それが物事を単純化させる点にある。最終審級としての主権を想定することで，すべての物事を究極的に左右する特異な点があると信じることができるようになる。さまざまな力の合成として，誰の意図にも還元できないような形で，物事が成り行きで決定される，といった多元論的な考え方はそこでは採用されない。こうした主権論自体が，一元的な権力のあり方へのコミットメントを含んでおり，その背後に集権化こそがセキュリティをもたらすという発想があることにも，すでにふれた。

　問題は，こうした単純化はつねに機能するとは限らないということである。最終審級の存在がいかに熱望されたとしても，実際問題として，機能しなければどうしようもない。そして，まさにそうした事態が，グローバル化に伴って生じているのではないか。

　そのひとつのあらわれは，国民経済の崩壊と，経済的なリスクのグローバル

化である。経済活動がおおむね，特定の国家の領域内で特定の国民によって行われていることが，国民経済なるものを想定する前提である。そして，国民経済があるからこそ，特定の国民経済について，主権的に政策決定することに意義があった。しかし，今日では国境線を越えたカネ，モノ，情報，そしてヒトの移動があまりにも大量であり，主権的な政治的決定の持つ意味が低下している。株式市場における外国からの投資が過半を占めている時，中央銀行や政府の政策が投資家の行動を左右することには限界がある。

　他方で，他国の経済危機の影響は国内に容赦なく及んでくるが，国家は他国の政策に影響を及ぼすこともできなければ，その影響を水際で防ぐ手段も多く持っているわけではない。そして，今ではそれぞれの地域が，さらには個人が，その「競争力」を他国の地域や個人と直接に比較されるようになり，より労賃の安い海外に企業が生産拠点を移すことが多い。こうした雇用の流失について，政府ができることは限られている。多国籍企業の租税回避はいよいよ深刻となりつつあり，各国の財政基盤を掘り崩している。国家が国民の生活を保障する生権力を行使するには強い財政が必要であるが，それが不可能となりつつあるのである。

　しかも，危機は経済的なものに限られない。チェルノブイリ原発事故，そして福島第一原発事故が示すように，巨大な環境危機は国境を越えて広がるが，外国の政策に影響を及ぼす手段はなく，主権国家は領域外に発し領域内に浸透してくる危機に対して，なすすべもないのである。

4　危機への対応

　以上に見てきたように，グローバル化の結果，領域，国民，主権という「三要素」を前提とした国家システムは，セキュリティをもたらすという所期の機能を果たすことができなくなっている。

　しかし，注目すべきは，こうした事情にもかかわらず，いやむしろそれゆえにかえって，閉じた国民国家へのノスタルジアが強まっているように見えることである。隣国との間に物理的に壁を張り巡らすと公約した人物がアメリカ合

序　章　グローバル化と政治の危機

衆国大統領となり，ヨーロッパ各国では移民流入や難民受け入れに消極的な政党が選挙で勝利を続けている。イギリスでは国民投票により EU からの離脱が決定された。閉じた領域への渇望。領域内には「われわれ」国民だけで，「かれら」がいなくなることへの渇望。閉ざされた領域を持つ国家の主権的な決定が最終審級となることへの渇望。

　国内と国外とを峻別する境界線を強化してセキュリティをもたらすというホッブズ以来のプロジェクトが，再確認されている。しかも，そこにはデモクラシーの強化というプロジェクトが伴っている。出入りのない，固定的な単位による政治的決定が保証されてこそ，デモクラシーは実質的なものとなるのではないか。さらには，デモクラシーの価値を理解しない「かれら」の浸透を防ぐことこそが，デモクラシーの擁護のために必要ではないか，といった発想がそこにある。

　グローバル化した今日，境界線の再強化によってセキュリティを供給するという試み（「安全保障化 securitization」）には，成功の見込みはない。しかし，この種の戦略の特徴は，失敗すればするほど，ますます正当化されるという点にこそある。境界線を強化してもセキュリティが得られないとすれば，それは境界線がまだ十分に強くないからであり，もっと強めていかなければならない，ということになるのである。

　論理的には，こうした戦略を相対化する方向性が考えられないわけではない。ひとつは，国家の領域を超えたガバナンスの確立である。グローバルなカネ，モノ，情報，そしてヒトの流れを前提としながら，実効的な意思決定を行えるようなシステムを構築することができれば，主権国家へのノスタルジアは相対化できる。しかし，そうしたガバナンスのあり方は，まだ想像力のレベルにおいてすら，像を結んではいない。従来の主権国家を包摂する形で成立したEU は，一定の成果を収めたが，それへのバックラッシュも目立っている。多国籍企業の統制と，租税回避への対策は，今日の世界でそれらが占める地位からして急務であるが，方向性は全く見えていない。

　国家への回帰や「安全保障化」を相対化するもうひとつの道，それは，他の境界線の存在を明らかにすることである。「安全保障化」を説く人々は，国家

9

の領域を囲い込む国境線の重要性を強調し，移民や難民をその外に排除しようとする。さらには，領域内での「われわれ」と「かれら」，すなわち国民の中の多数派と見なされる人々と，それ以外の人々との間に，境界線を引く。このような境界線の引き方は，それ以外の境界線から目をそらさせる効果を持つ。

　他の境界線として最も重要なのは，グローバル化する経済の中で，巨大な富を蓄積している人々と，それ以外の多数の人々との間に存在する線である。19世紀以来，こうした境界線の存在は階級対立として理論化され，この境界線が国境線を横断する形で存在すること，したがって，グローバルな階級的な連帯が求められることも理論化された。しかし，20世紀初頭の経済危機の際にも，国境線を越えた連帯が実現することはなく，むしろ，ナショナリズムが噴出し，国家間の対立が強調される一方で，国内では階級対立の棚上げ（「城内平和」）が求められた。

　20世紀末からの経済危機においても，同じような構図が見られる。すでに見たように，閉じたシステムとしての国民経済は，現在，過去にそうであった以上に幻想となっている。先進国内部の格差の拡大も進み，ウォール街では，貧しい人々と富める人々との比率が「99対1」であるというスローガンが連呼された。しかし，99パーセントの人々の連帯が進んでいるわけではない。かれらの側に立ち，社会的な連帯を説く社会民主主義的な政党は，各国の政治で連敗している。

　これは，政治指導者やメディアの操作によって，人々が自らの正しい階級意識を持つ機会を奪われ，富裕層と自らとを同一化する「虚偽意識」を注入されているという，人為的な行為の産物なのか。それとも，国民的なアイデンティティと階級的なアイデンティティとの間には，何らかの構造的な非対称性があり，後者を強化するのは本来的に困難なのか。これは，社会科学が解明すべき問題であるが，その答えはまだ出ていない。しかし，グローバルな情報の流通が進んだ現在において，国民的アイデンティティへの執着が再生産されていることを見れば，その根強さは否定できまい。

　かくして，国家への回帰という戦略は，グローバル化がもたらす危機とセキュリティの喪失に対して解決をもたらすものでは全くないが，他の選択肢が

序　章　グローバル化と政治の危機

見出せない中で維持されて行くし，その失敗にもかかわらず，いやむしろ失敗ゆえに，ますます強化されて行くであろう。その結果，グローバル化に伴う政治の危機は一層深化して行くであろう。

　これを，本章の暫定的な結論としておきたい。以下の各章では，本章ほどの悲観的な見通しは採用しないまでも，多くの論点を共有する執筆者たちが，さらに問題を掘り下げ，分析を進めている。本書が，グローバル化の時代における政治について，理解を深めるきっかけとなれば幸甚である。

　　［付記］　本書は，科学研究費補助金「多層化する国民国家システムの正統性の動態分析─セキュリティとデモクラシー」（2013年‒2016年）の成果の一部である。

I

グローバル化の中のデモクラシー

第1章

グローバル化時代の集団的自己決定

押 村 　 高

は じ め に

グローバル化の中で，デモクラシーの機能と実質をどのように回復するか，また時代に相応しいデモクラシーをどう構想するかが課題となっている。政治学者が国内デモクラシーの議論を応用しつつ democratic deficit の問題と取り組む中で，いくつかの対策の方向性が示されてきた。それらを以下の3つに整理することが許されるであろう。[1]

ひとつは，グローバル・アクターへの規制を強化し，アクター間に生ずる問題を正しい手続きによって解決しようというデモクラシーである。現在の国際社会は，各国家の「決定と行動の自由」を原則のひとつに置いている。そのステイト・リベラリズムの観点から各国に対して公平で中立なグローバル制度の枠組みを設定し，非国家的アクターをも含む行動主体にその遵守を徹底させるのがグローバル・デモクラシーの課題と見なされる。

この立憲主義は，多様性を擁護するグローバル・デモクラシーとも補い合う。すなわち，グローバル化の中で優勢文化による画一化，強者による支配の拡大などに対する懸念が増加している。過去の帝国主義の教訓を踏まえたとき，現下のグローバル化にもまた，大国が影響力を浸透させるための装置に堕する可能性がなくはない。

そこでグローバル・デモクラートは，グローバルな政治が新たな支配‐被支配を生まないような，また強者の支配が慣習や制度によって永続化されないような保障を築こうとする。そのためこのデモクラシー論は，多元的な構造，少

15

I　グローバル化の中のデモクラシー

数意見の尊重，地域の自己決定などの重要性を唱えてゆくところにも特徴がある。

　第2に，国家というアクターの内部でデモクラシーをよりよく機能させることこそが，グローバル・デモクラシーの土台であると解釈するものもいる。世界に100近く残されている非デモクラシー国ないし権威主義国を民主化できれば，より多くの人間が人権の保障を手に入れる。そればかりでなく，外交はより多くの人々の信任に基づくようになり，政府間ガバナンスはデモクラシー主要国による協調へと導かれる。一方，デモクラシー国の代表のみの集う国際機関や外交交渉であれば，その決定により多くの正当性が付与される。

　1990年代以降のEC，EUの深化プロセスは，かなりの紆余曲折があったものの，このような正当性の供給により担保されたものと解釈することができる。もちろん，デモクラティック・ピース論の有効性には種々の疑問や反論が提起されている。しかしながら，デモクラシーのメカニズムや課題を国内で学んだ経験のない人間に，地域レベル，グローバル・レベルでのデモクラシー運営が可能であるとは考えにくい。その点を踏まえれば，多くの人間がミクロレベルでデモクラシーの経験を積んでゆくことがいかに大切かわかるであろう。

　第3の「民主化」においては，グローバルな政治を動かしている機関が改革のターゲットとなる。実際に，WTO，IMF，WBは透明性の確保が不十分なままであり，その政策に対しては一部の先進国ないしその企業の利益を代弁しているのではないかという疑念が強まっている。そこで，それらの機関に対する評価制度を作り，それらが果たす任務を厳格にマンデイト形式とすることが，地球全体のデモクラシーを向上させる方策だと考えられる。国連など「最も影響力のある決定機関」への監視を強化し，その内部組織を民主化することなしに，グローバル・レベルでのデモクラシーの向上は期待できないからだ。

　以上の3つが，これまで示されたデモクラシーのグローバルな活性化への道筋であり，democratic deficitへの処方であった。しかしながら本章は，上の3つほど言及の対象とはならないが，デモクラシーのいまひとつの重要な要素，その由来からしてデモクラシーの要であったにもかかわらずこれまで相応の理由があって埋もれていた要素が，グローバル化の中で重要性を増し，将来

第1章　グローバル化時代の集団的自己決定

もその重要性を高めてゆくことを示そうとする。本章が着目しようとするその要因とは集団的な自己決定である。

　もとより政治とは，集合的な意思決定の方法とその執行に関わるものであり，デモクラシーもその由来からして自己支配や自治と同義であった。かりに集団的な自己が存在するとして，かれらの政治的運命が自己以外の誰かによって決定されるとしたら，その状態をデモクラシーと呼ぶことは難しい。そこで，共同体や国家の決定や政策が「集団的な自我に由来する」という仕組みを作ることが，デモクラシーの実質的な内容と見なされてきた。

　いずれにしても，のちに述べる「相応の理由」があって埋もれていたこの要素が，相互に依存性を深める世界，混じり合う世界の中で「我々」という集団的な自我を確認する要求として各地域で復活している。その要求は，自己決定の空間と対象の奪還を目指すという意味で，デモクラシー回復の運動と連動している。離脱支持者によってEUからの「国家の独立」と形容されたイギリス国民投票による決定も，まさしくその流れの中に位置付けることができる。

　グローバル化は集団的ID（identity）をローカルとグローバルという二方向へ分散させ，「集団的な自己」の内包や外延を曖昧にした。その結果，国民という伝統的な枠組みで機能してきた自己決定は，その実質を確保することが難しくなっている。もはや，人々が一集団に対して継続的に帰属意識を抱くであろうという見通しも，市民の結束が国家への帰属意識によって維持，強化されるであろうという見通しのいずれも，現実味を失っている。[2]

　とはいえ，これまでのところ自己決定の喪失を「不可避なもの」として受け容れる人々は少ない。そのことは，各地域，各国家のデモクラシー擁護者が，安全保障や文化の領域を自己決定の聖域とみなし，この流れを食い止めようとしていることからも明らかだ。そこで本章では，自己決定の喪失という予感や不安が自己決定回復への願望となることで，どのような問題が引き起こされているかを論じて行く。さらにまた，これまでとは違ったタイプの自己決定を創造して，あたらしいグローバルな集団的決定の枠組みを作ることがはたしてできるのかを検討してみたい。

　なお，ここで扱う自己決定は，デモクラシーと同義ではないが，デモクラ

17

Ⅰ　グローバル化の中のデモクラシー

シーの前提でもあり，状況に応じてデモクラシーの核心部分になりうるものと定義される。そもそも体制選択のさいに，「デモクラシーを採用するか否か」も自己決定の対象となりうることを考慮すると，自己決定がデモクラシーに「先立つ」という解釈も成り立たなくはない。しかし本章では，デモクラシーが自己決定の意識と実質により補強されてゆくという前提で議論を進める。

1　デモクラシーを支えた2つの自己決定

　古典古代におけるデモクラシーの生成から現代の代表制デモクラシーの定着までの歴史を顧みたとき，2つの異なった種類の自己決定がデモクラシーを導いてきたことがわかる[3]。第1のものは古代にその由来を持つが，非領土的なIDを拠り所としていたため，グローバル化の進む今日とくにその意義が見直されており，第2のものは近代の領土的国家を発祥の地として，今日ではとくに領土を獲得しようとする少数民族の運動へ法的根拠を与えている。

　古代アテナイにおいて，自己決定の神話がデモクラシーと深い関わりを持っていたことは論を俟たない。ポリスにおける市民の政治参加は，なによりも人間が社会的存在として尊厳を発揮するための，また倫理的，政治的な卓越性の成就にとっての不可欠な要素であり，それゆえ，市民は集団的決定に参加することなしに自由を達成することができなかったのである[4]。

　もっとも，ここで言う自己決定は，国民国家において見られるような，平等な人間よりなる領土的集団が自己の運命に関わる選択を行うことを意味するわけではない。エリートである市民にとって重要なのは，アテナイ・ポリスという土地と慣習，統治制度の持続性であり，とくに僭主や専制君主，あるいは外国勢力に政体を譲り渡さないこと（autonomia）であった。ポリスを守るためにかれらは行動したが，そこで主体となるべき集団は永続的な民族でも領土民の全体でもなかった。

　由来から見る限り，自己支配概念は「特権的なIDを共有する諸個人がその維持のために結束する」モデルとして始まったということができる。ID規定型のこのモデルでは，一般に「市民」と呼ばれる排他的な集合体が存在し，身

分により他とはっきり類別されるこの市民がかれら内部で分け隔てなく決定に参加する。その空間の中で統治したりされたりすることが，自己決定の本質と見なされた。

ID 規定型の概念は，共和制ローマ市民の民会を通じた立法への参加，マルシリウスがその重要性を唱えたキリスト教徒の民衆の同意，あるいは中世の同業者による組合自治などとして受け継がれ，政治的理念としての影響力を行使した。今日でも，宗教的，文化的なマイノリティがこの非領土的タイプの自己決定を追求し，さらに国境を越えた組織化を目指す結社がこのタイプの ID によって自己維持や成員増加をはかっている。

しかしながら，16世紀以降，人類がヨーロッパで内乱かつ国際紛争でもある宗教戦争を経験し，安全保障上の理由から領土と管轄権の区画作業を始めたとき，別のタイプの自己決定モデルが台頭し，ヨーロッパ全土に一般化する。すなわち近代初期において，併合，割譲，征服，戦争などの過程で領土の重要性が高まるにつれ，領土がむしろ実効支配の空間として，人間の間柄を統率しかつ多様な人々を1つの決定に纏め上げるものと理解された。

ベネデクト・アンダーソンの指摘するように，そのさいに領土的な自己決定という仕組みの確立に預かって力あったのは，その土地を共有する人間が印刷物や印刷技術を介して共通に抱いた同胞という幻想である。かれの掲げる中南米のスペイン植民地の事例は，植民者により便宜的に設定された行政区画の中で，散在したままでいるはずの住民が「同胞意識」を育み，近代的な自己決定枠組みの土台を作る過程を描き出している。[5] 平等な諸個人，そしてかれらすべてを包み込む領土という認識が住民の多数によって共有され受け継がれていった。以後，領土規定型の自己決定が標準となったゆえんである。

地域が「偶然によって」包摂する人々は，ID 型の集団とは異なり，一般的に文化的背景も価値観も多様であり，それゆえ，かれらが単一の意思と決定に収斂するということは現実にはほとんど起こりえない。そこで，決定を導き出すためにひとつの地理的な代表制という擬制が必要とされた。そのために考案されたのが，多数者の決定を「次善のもの」として集団全体の決定に変換するという方法である。

Ⅰ　グローバル化の中のデモクラシー

　その仕組みにおいては，たとえ市民の一部が或る決定において少数派に陥っ
たとしても，また，たとえ集団の決定がウィナーである多数派の意思の反映で
しかなかったとしても，ルーザーである少数派も同じ領土に暮らす「平等な同
胞である」という前提を持つ以上，さらに次回の決定で少数派が多数派に変わ
る「可能性」を失ってはいない以上，多数派の決定は全体の決定と同一視され
る資格を持つものだった。

　そのような多数派の自己決定をデモクラティックな自己決定として認証する
ために，近代国家の制度設計者たちはルソー流の一般意思論を退けつつ，むし
ろ全国家，ゆえに全国民をカヴァーする地理的な代表制度を考案し洗練させて
いった。そのさい，自決を神話の領域から救い上げ，法的に可視化したのが，
「領土に付与された」主権と「国民」という概念である。

　主権はまさしく，同じ領土に暮らす集団が行う決定を国外に向けて認証させ
る仕組みであり，領土に「統一された自我がある」ということを前提にしての
み成り立ちうる概念である。この主権こそが，上の擬制と組み合わさって現下
の独立国よりなる国際システムの基盤を作り，デモクラシーの実質を支えたの
である。

2　戦後の自己決定ディスコースの後退

　帝国主義支配の危険が遠のき，独立と安定をそれなりに達成しえた先進デモ
クラシー諸国では，第二次世界大戦後ことに1960年代より，自己決定の概念と
それを支えるディスコースに変化がみられるようになる。欧米のデモクラシー
諸国が小国まで含めて法的な自己決定権を獲得し，外部の干渉から自由になっ
たことは，それを主張し続ける必要性を後退させた。さらにこの自己決定概念
を，植民地支配の下に置かれていたアジア，アフリカ，中東の諸地域が独立や
国家建設の梃子として用いたことは，逆に先進諸国がこの概念の使用を躊躇う
要因となった。

　1966年の「市民的及び政治的諸権利についての国際規約」（ICCPR）による
と，「すべての人集は自決の権利を保有する」。この規約はさらに，「この権利

第 1 章　グローバル化時代の集団的自己決定

により，人集はかれらの政治的地位を自由に決定し，その経済的，社会的，文化的発展を自由に追求する」と謳っている。しかしこの原則は，言うまでもなく植民地域に対して独立や宗主国の勢力圏からの離脱を後押しするものである[6]。

　逆に言うとこれは，すでに自己決定を手にしている西欧諸国家の自決の徹底を意図したものではなかった。つまりこの時代より，自己決定は国家の独立やデモクラシーを維持するための原理ではなく，存在を危うくされている集団，とくにマイノリティを「救済するための」（remedial）概念として解釈され，結果としてその語の使用は，そのような解釈に沿った用例に限定されてゆく[7]。

　自己決定の概念が途上国や非西洋諸地域の独立，分離のための武器として用いられたことが，自己決定を主要政治概念の座から引きずり降ろすきっかけを作ったことは歴史の皮肉というほかない。すなわち，非西洋の途上国においては，エスニックな少数民族，中央と言語や文化を異にする地域住人，他国家にまたがる国家を持たない民族など，救済の必要のある様々なレベルの集団が存在した。そのうちのいずれの集団が自決を主張する法的根拠を持つのかを，国連や国際法学者の誰も答えることができなくなっていた[8]。

　その問題はやがて，少数派の認知要求が噴出して国民に揺らぎの生じた先進デモクラシー国にも重くのしかかる。すなわち，1960年代をひとつの境として，先進諸国における少数派が抵抗運動，分離運動を展開し，それが世界同時的に衆目を集めた。その ID 政治の展開とともに「国民」を主語に自己決定を語ることが，個人主義や多文化主義を阻むもののひとつと見なされ，攻撃を受け始めたのである。

　もとより先進デモクラシー国では，北アイルランド，ケベック，バスク，コルシカ，カタルーニャなどの少数地域の分離・独立問題の噴出により，一民族一国家という在り方の妥当性が問われており，また，国民的な自決をことさらに追求する姿勢が，同化や排除，多数者の暴政などの非デモクラティックな要素を多く含みうることも明らかとなっていた。

　多文化主義，文化多元主義，ポリティカル・コレクトネスの運動が勢いをふるった各国においては，集団で決定を作成し，その決定に服し，その決定を執行することではなく，社会的少数派，先住民族，少数民族を最大限中央の決定

21

Ⅰ　グローバル化の中のデモクラシー

に取り込めるよう代表制を整備することが課題に変わっていた。

　20世紀末はとくに，自由主義的多文化論者によって「ナショナリズムの脱構築」が語られた時期である。自決の要求は，抑圧されていた先住民族，少数民族の権利として主張されるものを除くと，少なくとも「後ろ向き」でかつグローバル化を阻むものと考えられたのである。[9]

3　「決定の喪失感」が引き起こす問題

　とはいえ，「多様なものの包摂」が「多数派による政治」に替わる政治原理となり，前者が多数者の暴政を抑制するという，先進デモクラシー国においてみられた自己決定をめぐる過去50年の構図も，グローバル化あるいはそれへの揺り返しによって大きく変化しつつある。とくにグローバル化に伴う国民デモクラシーの機能不全は，一方で開明的な人々を脱国家的マルチ・ガバナンスの推進へと導いたのみでなく，他方でデモクラシーという同じ名の下に多くの人々が国民的，領土的な自己決定の願望を蘇らせるきっかけを作った。

　なるほど，各デモクラシー国の住民はグローバル化で選挙権を奪われたわけではない。選挙を経た代表の集う政府も主権を失ったわけではない。しかしながら，その代表すら関与できないアリーナで国境を越える機関や団体が打ち出す政策に，各国は従わざるをえなくなっている。しかも国際的な取り決めの中には，緊縮政策を執るように各国政府を誘導するもの，国際機関やEUの指令のように国内で法の整備を強いるがゆえに事実上立法と同じ効果を持つものさえあった。

　LSE (London School of Economics and Political Science) 教授，デミアン・チャルマーズの分析によると，14〜17％のイギリスの法律は，EU構成国であるがゆえに制定が義務付けられるものとなっていた。また経済効果を伴う全立法のうち50％はEUの決定に由来し，それらEU関連の法律のうち60％がEUの農業，漁業，もしくはEU外諸国との貿易に関わるものであった。イギリスが辛うじて自己で決定していると認められる領域は，防衛と公共サービスであり，またEU政策がイギリスへ及ぼす影響を拒否権や特定多数決の票工作によって

22

第1章　グローバル化時代の集団的自己決定

遮断できるものは，課税と外交政策などにとどまっていた。[10]

　さらに，イギリスのメディア ITV の分析によると，EU 構成国が履行を義務付けられる規則（regulation）の中には，「デンマークの漁民に対するサバ漁の規制」「オリーヴとタバコの栽培規制」など，法令集に記載されてはいるもののイギリスの国民とはほぼ無関係なものが存在していた。イギリスの EU 離脱の決定は，このような過剰な立法を一気に断ち切ろうとする人々が「独立」というディスコースを展開した結果である。[11]実際に新首相のメイは，ブレクジット（Brexit）の国民投票をイギリスの議会制民主主義と自己決定（self-determination）の回復と位置付けた。[12]

　離脱支持派によると，イギリスが慣習法，不文法と中心とする法文化の中でデモクラシーを受け継いできたところ，EU（EC）加盟後のイギリスでは政治の仕組みが欧州委員会の指令に従った立法を政策の手段とする方向へと修正を強いられていた。その点からみると，国民投票の結果はイギリス伝統スタイルのデモクラシー，つまり大陸諸国とは異なった自己決定の仕方を，「失いたくない」という願望が表出したものと言える。

　イギリス人にとって，EU 離脱は経済的な効果費用計算に基づく政策というより政治的な自決権の行使であり，さらには EU という国外機関の政策指導に従うことを，国民が政府に止めさせる手段となった。このような現象はポピュリストの運動という名で括られることも多いが，長いデモクラシーの伝統という視点でみると，自決願望の政治的な表出としてこれを捉える必要があろう。

　イギリスのように極端な反応を示すことはなくとも，外部から決定が舞い降りるという状態に対してフラストレーションを抱く諸国民は，自決を回復しようとして政府に圧力を掛けている。それらへの応答のために，あるいは政治家への信頼回復のために残された手段として政治家が拠り処とするのは，ほかでもなく国家の専管とされている安全保障と内務である。

　グローバル化の中でも，領土をどのように防衛するかは領土政府の主権的決定事項のままであり，したがって国境警備の強化，安保法制の完備，他国との同盟の組み換えをはじめとして，イラク戦争への参加や IS に対する武力行使，紛争後国の平和構築などは，国民が「自己」を意識できる場面となる。デモク

23

I　グローバル化の中のデモクラシー

ラシーと国益をメキシコとの「国境」の問題に置き換えたトランプ米大統領を
はじめ，各国におけるいわゆる国益への回帰，民族保守の台頭は，政治家が数
少ない決定のアリーナであるこれらの領域を積極的に利用しようしていること
を示す。

　さらに文化や教育もまた，主権に属する事項とされる以上，しばしば自決回
復のための手段として使われる。そこでは，受け継がれてきた文化の保護，伝
統を活かしながらの再創造が自己決定の内容となる。国民文化の担い手を名乗
る勢力が政治に発言力を持っていること，あるいは教育のカリキュラムに監督
権を持っていることが，自己決定の前提とみなされる。地域統合アジェンダが
「文化の統合」を含むことはあり得ないという EU の共通了解もまた，文化が
聖域である保障を与えてきた。

　もとより，国民による文化的な自己決定が可能となる条件は，何が国民文化
かについて争いが少ないこと，あるいは文化闘争に一定の決着がついているこ
と，国民文化それ自体がハイブリッドな構成をとっていること，対外的に誇れ
る文化的内容について国民の間に一致があること，などであろう。しかしなが
ら，文化の一体性が国民的な自決を可能としているのか，いやむしろ自決とい
う制度が「同化政策のための有力な口実」を提供できるからこそ結果として文
化的なまとまりが生まれるのか，政治学的にまだ決着がついていない。

4　領土獲得という自己決定とその限界

　国民レベルでの自己決定に組み込まれることを拒み，その運動が法的ならび
に道義的な根拠に基づいているとされる少数者は，同化圧力に晒されたという
事実そのものによって自決の主体という意識を持ち続けることができた。ケ
ベックやスコットランド，ウェールズなどにおいて，ときに経済的利益への配
慮が独立願望を押しとどめることはあったが，住民は基本的に自身の政治空間
の獲得，使用，管理，また教育や文化の決定権の確保を目指しており，その行
動は国際規範からみて正当なものとされてきた。

　しかし，グローバル化によって引き起こされた国民 ID の回復の動きとそれ

24

第 1 章 グローバル化時代の集団的自己決定

に呼応しようとする政治家の台頭が、少数者に対する締付けの強化につながり、そのため後者はいっそう同化圧力との戦いを強いられことになった。そればかりではない、少数者の自決獲得の運動は、以下に述べる要因によってこれまで以上に多くの矛盾を包み込まざるをえなくなっている。

すなわち、自決の行き着くところが分離による独立した領土国家なのであれば、それを達成したあとに、脆弱な新興国としてグローバルな経済、金融トレンドの影響をまともに受け、各国家が抱えている自己決定能力の低下という同じ課題を背負うことになる。他方で、独立を目標とせずに自決の拡大を目指す場合でも、自決の強化は領域内のサブマイノリティに対し犠牲を強いることにもつながる。このことを、グローバル時代の自己決定獲得の困難性を示唆しているとも言えるスコットランドを例としてみてみたい[13]。

言うまでもなく、スコットランド内の多数派はイングランドのそれとは異なる文化的起源を持つ。さらに、スコットランド人が描き、教える歴史には、自決を阻害してきた侵略者イングランドの記憶が刻み込まれている。それに加えて、スコットランド人の多数派には、いまだに立法、通貨、教育、宗教などの面でイングランドの「内なる帝国主義」の支配を受ける被害者スコットランド、という意識を持つ者も少なくない。

そのような流れの中で、1997年にスコットランドはウェストミンスターからの権限移譲の賛否を問う住民投票を実施し、その結果スコットランド議会の設置が許され、自決への橋頭堡を確立した。自決という観点からは、より進んで主権国家を目指すことがいっそうの安全確保、自治獲得につながり、デモクラシーの条件となるように思われた。

一方、経済的に言えば、スコットランドの観光業、製造業は堅調であり、独立後も安定を見込むことができる。原油を含めた資源もそれなりに潤沢と言えるだろう。かつて、少数民族は多数民族の支配する国家に留まるほうが、広域市場へアクセスできるという点で経済的に有利だと言われた。しかし現在では、ネオリベラリズムの浸透による貿易・関税障壁の撤廃のお蔭で、新興独立国もグローバル市場への参入が容易になっている。大規模市場の喪失という問題は、独立を躊躇う要因にはなり得ないかもしれない。

25

Ⅰ　グローバル化の中のデモクラシー

　しかしながらここで考慮すべきは，英国が安全保障や経済の外的な変動に対しレジリエンスの高い国であり，その下にいる限りスコットランドはグローバルリスクによって打撃を被るのを阻止できたという事実である。この点はスコットランドにとって，民族的な自決の実質的基盤である経済ファンダメンタルズを維持するには好都合であった。

　けれども，国家として独立を達成すれば，その代償として世界的な経済動向，他国発の金融恐慌や財政危機の影響を一国の努力で緩和しなければならないか，あるいはEUの枠内で地域的なガバナンスを通じてこれに対処しなければならない。かりに独立スコットランドがEUに加盟すれば，より広範な地域でのグローバルなリスク管理が可能となるであろうが，一方では様々な政策領域においてEU基準を履行する義務が課せられ，政策運営にも相応の足枷が加わる。

　さらに重要な問題として，エスニック集団が国民としてひとつの意思を持とうとすることが，集団内部の自己決定の擬制を強化し，サブマイノリティの自己決定権を脅かす点がある。たとえばカナダのケベック州民ならびにケベック政府による自決達成のための努力が，イヌイットのようなサブ・エスニック集団に対する，他の州が行っている以上の厳しい同化圧力の行使へつながっていることは思い起こされなければならない。

　もとよりスコットランドにおけるスコットランド系白人は78％であり，一方，非スコットランド系白人が19％，非白人が4％居住する。またスコットランド教会に所属するものは32％に過ぎない。したがって，ID集団が領土獲得を目指すとすれば従属性をさらに下の単位に転嫁させる形になるのは明らかで，自決の喪失という問題を別の誰かが形を変えて引き摺って行かざるを得ないことがわかる[14]。

　要するに，下位集団の自己決定の強化がさらに下位にある集団の決定を犠牲にするため，いやそうでなくとも後者に対する同化圧力の強化という形で問題が転嫁されるため，自決問題はほぼ個人単位にまで舞い降りてゆく恐れがある[15]。

26

5　自己決定領域の再編に向けて

　国民的な自己決定の復活も，それに抵抗する少数者による分離独立の達成をも大きな問題を伴いうる点をみた。そのように考えたとき，グローバル化の中で市民がデモクラシーの主体であるという確信と神話を失わないために，決定の枠組みを再構成することは本当にできるのか。その枠組みはグローバルな政治の中ではどう位置付けられるのか。

　ここで見過ごされるべきでないのは，人間関係における近接性（proximity）がグローバル化時代に持つ重要性であろう。脱領土化としてグローバル化を考えたとしても，人々の間で集合的な自己を形成する可能性が相対的に高いのは，逆説的に，生活に根差すがゆえに接触の頻度や密度が高い相互交換の場所，言い換えると居住地を中心とした近接的な人間関係である。とくに住民は，グローバル化時代の中でもかわらず特定の土地で経済，エネルギー，環境，雇用，保険，教育，倫理などの問題を共有している。

　結局のところ価値観が個人レベルにまで差異化ないし細分化される傾向にある民族やエスニック集団でも，また文化集団や言語集団でもなく，居住や職業の営みの場としての土地（都市）に焦点を当て，土地を共有する人々に決定権を多く付与することが解決策のひとつになりうるのではないか。

　なぜならば，ある決定において多数者の側にいなかったルーザーとしての少数者が，なお次回の決定で多数者となる期待を失わない場，それゆえに多数決の決定を自らの決定として受容できる場が，近接性の下に暮らす集団以外にはないからである。その意味でこのような土地に基づく集団を，マイケル・ウォルツァーの言うような thick な（根付きの深い）倫理的共同体とみる必要も，領土獲得運動や「領土ポリティックス」の延長と考える必要もないだろう。

　グローバル化の中でも，決定を「どのように行うか」という選択，さらに言えば「デモクラシーの中に自己決定をどのように位置付けるか」を決定する裁量によって，自己決定の実質を確保している住民もある。たとえばベルギーには行政区画としての地域と言語文化を代表する共同体があり，この2つの自己

Ⅰ　グローバル化の中のデモクラシー

管理空間が全体の決定を重層的に構成している。その2つの空間に暮らす住民は，どちらに比重を置くかを自ら選ぶことができる上に，一方で少数者になったとしても他方で多数者になり得る可能性が残されている。

アメリカ合衆国の場合，カウンティーの構成の仕方は州ないしその領域住民の裁量であり，このことが自決に実質を与えている。なお，カリフォルニア州にみられるようなその裁量を最大限に活かした問題解決のための住民投票の多用は，自決を実感する場を提供している。それらを併せて考えると，グローバル化時代の自己決定の基本として，開放的な領土的IDによる決定がひとつの有効な選択肢であることが見えてくる。領土内では多様な人々が交替で政策多数派を形成しつつ集合的行為を続けることが「可能である」という点が，地域がより開放的なものとして描かれる根拠となる。

もちろんこのことは，地域や地方における現存のミクロ統治システムが排除の傾向を持たないということを意味するわけではない。[16]しかし，国家主権とは別の論理を持ち得る地域や地方の政策領域で，多様な要求にミクロレベルで応え得るように地方デモクラシーを構想することは，これまでも様々な形で試みられてきた。「移民への選挙権付与」が国家レベルより地域レベルで容易である点も，このようなデモクラシーの構想の実現可能性を示している。

もとより領土国家が，地方政府をも含め市場についての決定能力，経済活動についての決定能力を失いつつあることは論を俟たない。しかしだからといって，国家にせよ，国際機関にせよ，それらが地域的な経済の詳細にまで介入していたわけではない。地域独自の経済再生や活性化が自治に委ねられるべきことの自明性については，これからも変化がないだろう。

たとえば，経済・エネルギーなどの政策プライオリティーを自らで決定することは，デモクラシーの実践の裏付けとなり，グローバルな地域ネットワークの構築にも一役かう。実際に人々がこの意識に目覚め始めた先進デモクラシー国において，エネルギーに関する決定は地域ごとに違いがみられるようになっており，さらに，国家的な決定を離れて運営される事例も多く報告されている。

たとえばデンマークにおいて，望ましいエネルギー・ミックスとは何かを決

めるさいに，地方自治体が「独自性」を出すことで市民の高い政治参加意欲を引き出している。風力発電へ住民が投資参加するなど，地域のエネルギーや環境の政策を自らが構想できる態勢がある。しかも国家政府は，こうした地産地消の取り組みを支援してきた。ここには「規模の経済」との，あるいは国家全体からみた効率の論理との緊張関係が生まれるが，環境，エネルギーの問題における市民の自己決定がデモクラシーの再活性化のきっかけを提供していることは間違いない[17]。

くわえて，ドイツのマウエンハイム村では，村民の多数が住宅の屋根を提供して発電パネルを設置し，これを「市民エネルギー」と位置付けた。住民のイニシアティブによるバイオガスを利用した発電施設の建設，さらにバイオガス，太陽光を組み合わせたエネルギー・ミックスの推進により，同村で必要とされる量の9倍の電力を生み出した。投資者には5％の配当が保障され，投資者以外の住民にも他地域にくらべて安価に電力が実費で供給される。この試みは住民による共同決定（co-determination）のロールモデルとなり，欧州内でこれに倣う地域が増加している[18]。

このように，エネルギー，環境，雇用，福祉などに関するニーズは，「地域を問わず一律」ということがありえないため，中央政府，ましてや他国や国際機関，地域機構が決定しようと思ってもできない。一方これらの問題は「倫理的観点」を多く含むため，持続的に住民の関心を引き寄せることができる。しかも，中央と地方の立場が異なり，さらに地方の立場が国家のそれと対抗関係にある場合，地方政府がむしろ市民の側に立った決定を志向するケースも多い。

自己決定を近接性に基づく住民の決定という意味でとらえれば，グローバル化によって国境の垣根が低くなったこの世界で，決定の内容には国際協力や他国の地域住民とのネットワーク化，国境を越えた地域間の協定などが加わってくるであろう。のみならず地方が外交や国際交流についての行動のマージンを今よりも多く与えられれば，地域の国際化も加速される。

もっとも，グローバル化を視野に入れた地域的自決（regional self-determination）が可能になるために中央‐地方関係の在り方を制度的に見直さねばなら

29

ないことは言うまでもない。ここでは，イリス・マリオン・ヤングの言うように，地方自治を単に国家の干渉（interference）から護るだけでなく，そのような干渉が行われる状態としてのドミネーション（domination）から自由となるべく，邦，州，カウンティー，カントン，コミュニティなどにおける「デモクラシーの具体的方法」を自己決定できる仕組みを制度的に保障する必要もあろう。[19]

おわりに

「国民が複合的に構成されている」という意識の不可逆的な浸透を考えたとき，安全保障上で強いまとまりを持たなければ存続できないイスラエルのような国家，また，かつての栄光や悲惨の記憶が国内を纏める力を持っているアメリカ合衆国と中国，そしてまた安保理常任理事国としてグローバルな政策の自己決定にも参画できるイギリス，フランスのような外交大国を除くと，国民がこれまでのように自己決定の神話の枠組みとして機能し続けるとは思われない。

先住民やマイノリティが存在しない国家を仮想しても，すべての集団 ID が国家によって代表されるような制度を思い描くことも，すべての忠誠心が国家を向くような状態を想像することも難しい。かくして，国民と呼ばれる集団は，たとえその主権が国際法，国内法により保障されていたとしても，グローバル化の中で自己決定の喪失感を味わう機会が増え続けるであろう。そのような喪失の不安に乗じて民族主義的な政治家が現れ，もっぱら安全と文化というディスコースを盾に自らの地位を高めようとすることが，ポピュリズムという現象を形作っているのである。

このような自己決定の危機に臨んで，これまで提示されてきた多文化社会を想定したデモクラシーの理論，また，グローバル・レベルでのデモクラシー活性化の理論は，「多様性を褒め称える」こと，また集団的自己決定モデルの非現実性や抑圧性を指摘することにはかなりの成功を収めてきたとはいうものの，多様性をひとつの意思に集約し，決定に伝達できるデモクラシーの代替モデル，その意味で国民デモクラシーに代わる真のモデルを見出すことがこれま

第 1 章　グローバル化時代の集団的自己決定

でのところできずにいる。

　それらを踏まえて，グローバル化時代にあらたな自己決定モデルを構想するとすれば，開放的なローカル・モデルに基づいた自己決定の仕組みを考案することができるかどうか，その仕組みがロールモデル化されて各地域に拡がってゆく道筋を描くことができるかどうか，ならびに，それが，制度的にみて国民的な自己決定とも両立できるかどうか，が鍵となる。

　たとえば，地域デモクラシーの形態が憲法によりひとつに「公定」されてしまうのではなく，それぞれの地域が独自のデモクラシーの手続や方法を考案し，それを自己決定の確信へと結び付けるモデルを構想すれば，領土型，ID型，近接型などの様々な自己決定の空間が用意され，それらが重層的に絡み合うことで人々の自己決定への願望は満たされてゆくかもしれない。

　たとえばカナダは，国是として連邦制と多文化主義を採用している。しかもカナダ国民はこれを，アングロサクソン，フレンチ，先住民というエスニックならびに地域的な多元性を内に抱えるカナダが生み出した独自なデモクラシーとして認識し，愛国心の中核に据えている。それによって，祖国カナダを「デモクラシーの先進性ゆえに愛する」という，ある意味でグローバル・デモクラシーと両立しうるナショナル・プライドを，国民は共有し始めている。

　自己決定アリーナやそのための権限が存在するところに人々が集合し，近接性に基づく集団を形成する。その集団への忠誠心は，デモクラシーの流儀についての共通の理解，また決定を共有しているという神話に支えられている。国家や国民に収斂するわけではないこのような忠誠心は，一領土に長い間住んでいた市民のみが誇ることを許されるわけではなく，そこに参加する人々がそれを作ってゆくという意味で，グローバル化時代にマッチした公的空間の構築作業と言うことができよう。

　愛国心はデモクラシーの条件というチャールズ・テイラーによる定式化との関連で言えば，グローバル化時代の自己決定と両立する同胞愛とは，テイラーが言うような文化的・言語的なものでは必ずしもなく，「独自の地域デモクラシー」をともに実践している人々を愛する，というものとなろう。[20]　資源やエネルギー，雇用などで自己決定の成果を挙げた地域がロールモデルとなり，それ

Ⅰ　グローバル化の中のデモクラシー

らの地域が相互にネットワークを結ぶことが，デモクラシーの活性化に結び付くことは間違いない。

【註】

1 ）　グローバル・デモクラシーの問題を「国際」と「国内」の複数のトラックに分け，それぞれの課題を明らかにしたのはペーターズ（Anne Marie Peters）である。筆者によるグローバル・デモクラシーの課題の分類も，主に以下の論文とペーターズと交わした議論から示唆を得ている。A. N. Peters, Dual Democracy, Jan Klabbers, Anne Peters, and Geir Ulfstein (eds.), *The Constitutionalization of International Law*, Oxford University Press, 2009, pp. 263-341.

2 ）　西洋由来の国民国家モデルに内在する矛盾が，自己決定を原理とするデモクラシーにどう表出しているかの細かい説明としては，以下を参照されたい。押村高『国家のパラドクス──ナショナルなものの再考』法政大学出版局，2013年，序章，3 - 4 頁，および註 5 （同書20頁）。

3 ）　Jeremy Waldron, 'Two Conception of Self-determination', Samantha Besson and John Tasioulas, *The Philosophy of International Law*, Oxford University Press, 2010, pp. 397-413.

4 ）　Aristotle, *Politica*, VI, ii, 1317b. 山本光雄訳『政治学』岩波書店，1969年，252頁。

5 ）　Benedict Anderson, *Imagined Communities: Reflections on the Origin and Spread of Nationalism*, revised edition, Verso, pp. 49-68. 白石さや・白石隆訳『増補　想像の共同体──ナショナリズムの起源と流行』NTT 出版，1997年，91-118頁。

6 ）　この文書のほかに，国際法の条文で「自決」について言及しているのは以下である。「人権と人民の権利に関するアフリカ憲章」（1981年締結，1986年発効）20条，「植民地独立付与宣言」（国連総会，1960年），「友好関係原則宣言」（国連総会，1970年）。なお，キムリカは，国際法上のマイノリティ保護が，国家内に長く定住しているマイノリティの権利と先住民の権利のいずれにおいても，「リベラルな多文化主義」の水準からみて不十分である点を指摘している。W. Kymlika, Minority Rights in Political Philosophy and International Law, Samantha Besson and John Tasioulas, *op. cit.*, pp. 377-396.

7 ）　Allen Buchanan, *Justice, Legitimacy, and Self-Determination*, pp. 372-373. 自決が実際上，国際法の原則としては役立たないという指摘については，ムーアの以下を参照。「表面的には，人民をして決定させよという自決の原則は合理的なもののように思われる。しかし実際には，誰が人民に相当するのかを他の誰かが決めることによって初めて人民は決定することができるのであるから，この原則は不合理である」。Margaret Moore, Introduction: The Self-Determination Principle and the Ethics of Secession, Moore (ed.), *National Self-Determination and Secession*, Oxford University Press, 1988, p. 2.

8 ）　とくにアフリカでは，民族やトライブが領土の区分に対応してはおらず，エスニックな集団を自決の主体とみることが実際上不可能であった。その結果，自決概念は，独立して間もない国家が「他国の干渉を受けずに」国内政治制度を立ち上げ，経済資源をコントロールし，政治，経済，社会，文化の体制を選択するための，自立性を擁護する原理に変

第1章　グローバル化時代の集団的自己決定

わった。Jean L. Cohen, *Globalization and Sovereignty: Rethinking Legality, Legitimacy, and Constitutionalism*, Cambridge University Press, 2012, p. 250.

9）　このような多文化主義からの攻勢に対して，自己決定の立場からナショナリズムを直接，間接に再解釈した文献は数多くあるが，その中でもとくにタミールの以下が自己決定の問題を正面から取り上げている。Yael Tamir, *Liberal Nationalism*, Princeton University Press, 1993, Ch. 3. タミールはここで，自己決定を抑圧されている集団を「救済するための概念」と解釈する方向性に異論を唱え，むしろ文化的アイデンティティを保持するための権利と捉えている。

10）　The Telegraph, What would Brexit mean for British sovereignty？　http://www.telegraph.co.uk/news/2016/05/19/how-does-the-eu-impinge-on-british-sovereignty-and-if-the-uk-vot/

11）　Finding the facts: The truth behind the Referendum claims on imported EU laws in the UK, http://www.itv.com/news/2016-04-14/finding-the-facts-the-truth-behind-referendum-claims-on-imported-eu-laws-in-the-uk/

12）　May Brexit Speech, 18 January 2017, http://www.bbc.com/news/uk-politics-38662998

13）　スコットランドのナショナリズムと英国のナショナリズムの関係については，以下を参照。押村高「リベラル・ナショナリズムの陥穽――グレートブリテン島の集合意識」，前掲書，157-178頁。

14）　以下のデータを参照した。Scottish Government Homepage, Demographics, Ethnicity. http://www.gov.scot/Topics/People/Equality/Equalities/DataGrid/Ethnicity　スコットランドの近年の民族問題と，多文化主義の浸透については以下を参照。Jan Penrose and David Howard, 'One Scotland and Many Cultures: The Mutual Constitution of Anti-Racism and Place', Claire Dwyer and Caroline Bressey（eds.）, *New Geography of Race and Racism*, Routledge, 2008.

15）　自決の権利が，文化的に異質で，平等には扱いようのない移民を「制限する」権利をも含むと解釈するものもいる。ウェルマンは，自決の権利を「誰とともに社会を作るか」を自由に決定できる権利とも解釈し，このような結論を導き出している。Ch. Wellman, 'Immigration and Freedom of Association', *Ethics*, No. 119, pp. 109-141.

16）　自決を主張できる集団は，すくなくとも内部に暮らすものたちを互いに差別なく扱い，すべての声を代弁できる代表を持つ必要がある。そのような義務を果たす人々のみが，自決の権利を主張する資格を持つ。このように解釈する自決の「規範理論」がある。たしかに，自決の権利を主張できる要件を定めれば排除の問題は解決するかもしれないが，このような排除問題の解決法は本章で論ずる自決の論理とは位相と脈絡が異なるので，ここでは検討対象としない。Cf. Jean L. Cohen, *op. cit.*, p. 191.

17）　Danish Energy Agency, *The Danish Energy Model: Innovative, Efficient and Sustainable*, https://stateofgreen.com/files/download/1401

18）　Community Heating: Mauenheim, in House of Commons, Environment, Food and Rural Affairs Committee, *Climate Change: the Citizen's Agenda*, Stationary Office Limited, 2007, p. 46.

19）　Iris Marion Young, *Inclusion and Democracy*, Oxford: Oxford University Press, 2000, pp. 257-259. ここでヤングは，グローバル化時代に相応しい自決の在り方やそれを保障す

I グローバル化の中のデモクラシー

る制度原則として，この点に触れている。

20) Charles Taylor, 'Why Democracy Needs Patriotism', Martha Nussbaum, *For Love of Country: Debating the Limits of Patriotism*, Beacon Press, pp. 119-121.

第2章

資本主義と民主主義はなおも両立可能か

田 村 哲 樹

はじめに

　現代は民主主義の時代であると言われて久しい。その一方で，民主主義になおも存在意義があるのかという疑問も存在する。しばしば，経済のグローバル化の中で，政治による選択の余地が少なくなっていると言われる。経済に対する政治の「周辺化」問題である[1]。このことは，民主主義的な政治の場合に，より当てはまると言えよう。

　そもそも，政治・民主主義と経済・資本主義とは異なる原理であり，その両立は元々自明ではない[2]。その2つの原理・メカニズムを少なくとも一定期間両立可能にしてきた仕組みは，政党間競争に基づく代表制としての民主主義と福祉国家であった。クラウス・オッフェによれば，資本主義と民主主義の両立は，民主主義の自由主義化としての競争政党民主制と，自由主義（資本主義）の民主主義化としての福祉国家との組み合わせによって可能になった[3]。また，イェスタ・エスピン－アンデルセンは，民主主義と福祉国家の相互関係が，「市場に対抗する政治」の力を生み出したと論じる。福祉国家とは，その実現を目指す政治勢力，とりわけ社会民主主義政党と労働組合が有する権力資源が，代表制民主主義を経由して制度化されたものである。その意味で，福祉国家は，政治的権力の重要なビルディング・ブロックである[4]。オッフェもエスピン－アンデルセンも，政党競争に基づく代表制民主主義および／あるいは福祉国家によって，民主主義と資本主義は両立可能となったと考えている。しかし，これを言い換えるならば，代表制民主主義および／あるいは福祉国家が機

能不全となる場合には，民主主義と資本主義の両立は自明ではなくなる，ということである。

そこで，本章の問題は，次のようなものである。すなわち，もしも代表制民主主義および／あるいは福祉国家が機能不全になった場合，それでも民主主義と資本主義は，なお両立可能なのだろうか。グローバル化が進展する現在では，一国レベルの代表制民主主義による統治の範囲はますます限定的になり，やはり一国レベルの福祉国家もその成立基盤を喪失しつつあると言われる。そのような中で，なおも民主主義と資本主義は両立可能なのだろうか。もし可能だとすれば，それはどのような組み合わせによってであろうか。

このような問題について，以下では次の順序で検討してゆく。第1節では，「資本主義と民主主義」の両立の危機をめぐる近年の諸議論を紹介・検討する。その上で第2節において，両立可能性の様々なシナリオの提示と検討を行う。

1　「資本主義と民主主義」の危機をめぐる諸言説

（1）民主主義の問題としての危機

本章では「資本主義と民主主義」の両立（不）可能性という問題を扱う。そのような問題を扱う背景には，民主主義の機能不全という現状認識がある。ここから，「民主主義の危機」をめぐる様々な議論が展開されてきた。[5] ここでは，「民主主義の危機」問題と，「資本主義と民主主義の両立（不）可能性」問題とを，別の問題として考えることができることを述べる。「民主主義の危機」は，たとえ「資本主義と民主主義の両立（不）可能性」という問題を考慮に入れなくても，論じることができるのである。[6]

「民主主義の危機」と「資本主義と民主主義の両立（不）可能性」とを切り話す考え方の例として，ヤニス・パパドポウロスの議論がある。彼の関心は「民主主義の危機」である。ただし，それを資本主義と民主主義との関係に由来するものとして把握するのは適切ではない。むしろ，今日の民主主義の危機の問題は，「政治」と「政策形成」との間の緊張関係に由来する。これをパパドポウロスは，「フロントステージ」と「バックステージ」のギャップと呼ぶ。[7]

フロントステージとは，政党間競争，すなわち狭義の「政治」の場のことである。ここでは，各政党の支持獲得のための競争が，ますますメディア化された政治スペクタクルとして展開するようになっている。これに対して，バックステージとは，実際の政策形成過程のことである。これは，フロントステージでの政党間競争に比べて，公的な注目を免れており，かつ，専門的な観点に基づいたより複雑なものとなっている。現代の民主主義においては，この「ギャップ」が，「透明性」の要求にもかかわらず拡大している。

　このギャップの結果起こるのは，市民から権力を委任された「代表」の存在（フロントステージ）にもかかわらず，権力の実質的な部分はアカウンタビリティを免れた政策形成を実質的に行うアクターたちの手中にある（バックステージ），という「政治の論理と政策形成の論理の分離」[8]である。実際の「統治」は，「バックステージ」で有権者との直接の関係を持たない政策形成の専門家たちによって行われている。そのため，「政党は，ますます統治者に見える一方で，実際にはますます統治しなくなっている」[9]。政党と代表制という民主主義の古典的なモデルは，もはや現在の政治システムを適切に記述するものではなくなっているのである。

　パパドポウロスにとっては，以上のことこそが，今日の民主主義にとっての問題である。したがって，「資本主義と民主主義」関連の問題は，相対的に重要な問題ではないと見なされることになる。彼の議論が妥当かどうかは，最終的には実証研究の結果に委ねられるべき問題であろう。ここでは，彼のような議論の仕方では，「資本主義と民主主義の両立（不）可能性」という問題がそもそも視野に入らない，ということを確認しておきたい。

（2）ネオ・マルクス主義

　資本主義と民主主義の両立可能性をある程度体系的に考察したのは，1970年代のネオ・マルクス主義であった。ネオ・マルクス主義の基本認識は，国家によって規制・介入を受ける資本主義（後期資本主義）の下では，「危機」や「矛盾」は純粋に経済的なものではあり得ない，ということである。そうではなく，危機・矛盾は，資本主義と国家（の諸制度）との間で発生すると捉えられ

I　グローバル化の中のデモクラシー

る。それは，「私的な」「商品化された」領域としての資本主義経済を，「公的な」「脱商品化した」領域としての国家が制御しようとすることに由来する危機／矛盾なのである。ユルゲン・ハーバーマスによれば，

> こうして総資本家的計画の目標を目指す国家の計画能力を拡張しようとする要請と，資本主義の存立を脅かしかねないこの拡張を阻止しようとする要請と——この相互に矛盾する要請が生ずるわけである。それゆえに国家は，介入を期待されながら，しかも介入の断念を迫られ，その受け手に対して体制を脅かすほど自立化しながら，しかも彼らの特殊利害に従属するという中途半端なところで不安定に動揺する[10]。

　危機／矛盾を資本主義と国家の間に見出すことは，古典的なマルクス主義とは異なり，ネオ・マルクス主義が，資本主義（経済システム）と国家（政治システム）とを，現代社会における独立した2つのサブシステムと見なしていることを意味する。それでもそれが「マルクス主義」的であるのは，2つのサブシステムの結び付きを必然的＝安定的なものとは見ない点にある。ネオ・マルクス主義においては，資本主義と国家（政治）との結びつきは必然的ではないがゆえに，その結びつきの安定性だけではなく，危機／矛盾についても語ることができるのだと考えられる。そして，現代における危機とは，このような2つの独立したサブシステムの間の（偶然的な）両立が不可能になるという問題なのである。

　両立不可能性としての危機は，「危機管理の危機」として語られる。オッフェは，現代社会を経済システム，政治・行政システム，そして規範（正統化）システムから成り立つと捉えた上で，それらの潜在的な両立不可能性を指摘した[11]。3つのサブシステムは，次の条件が成り立つ場合にのみ両立可能である。すなわち，①経済システムと政治・行政システムの間での財政資源問題の解決，②政治・行政システム内部における資本蓄積機能と正統性獲得機能との両立，③政治・行政システムと正統化システムの間での「大衆忠誠」調達問題の解決，である。しかし，これらの条件は後期資本主義の下では，ますます困難になっている。

第2章　資本主義と民主主義はなおも両立可能か

　　要するに，この〔政治システムの〕無能力は，国家の政策の自己矛盾的な要請に由
　　来する。すなわち，私的生産の機能不全をもたらすような社会的諸帰結に対応しな
　　ければならないにもかかわらず，国家の政策は，私的生産の優位を侵害することは
　　できないとされているのである。しかしながら，もしも国家の政策が適切であり得
　　るならば，それは支配的な資本関係を侵害するか，あるいは，国家による規制それ
　　自体の機能要件（つまり正統性〔の獲得〕および行政管理能力）を侵害してしまう
　　ような手段に依拠せざるを得ないのである。[12]

　以上のように，ネオ・マルクス主義が，資本主義と民主主義の関係を，異な
るサブシステムの両立可能性問題として定式化した。両者は一定の条件下では
両立しうるが，元々異なる「システム」であるがゆえに，両立不可能となる可
能性は常に存在しているのである。

　しかしながら，ネオ・マルクス主義の議論は，次第に顧みられなくなって
いった。その主な理由は，次の3点である。第1に，「資本主義と民主主義
（の危機）」という問題設定自体が，あまり意義あるものと見なされなくなった
ことである。ネオ・マルクス主義の危機論は，必ずしも必然的な両立不可能性
を述べたものではなかった。それはあくまで両立不可能となる「可能性」を指
摘したのである。しかし，批判者から見れば，①ネオ・マルクス主義は資本主
義と民主主義の必然的な両立不可能性を主張し，ゆえに資本主義の解体・崩壊
を示唆したが，しかし，②結局，資本主義のそのような解体・崩壊は到来せ
ず，ゆえに，③ネオ・マルクス主義の議論には説得力がない，ということにな
る。[13]第2に，「政治」の不在または構造決定論の傾向である。資本主義と民主
主義の関係を，2つのサブシステムの両立（不）可能性問題として定式化する
ことは，両者の関係を構造的に理解することである。その結果，両者の両立を
媒介するアクターへの関心が弱くなってしまう。[14]第3に，「矛盾」や「危機」
の過大評価がある。1点目について見たように，実際には「矛盾」が存在して
もシステムの解体・崩壊という意味での「危機」は到来しなかったし，2点目
で述べたことは，構造的な「矛盾」や「危機」の過大評価とセットになった，
それに対処するアクターの能力の過小評価ということであった。こうして，
「資本主義と民主主義」という問題は，あまり顧みられなくなっていった。

I　グローバル化の中のデモクラシー

（3）再び「資本主義と民主主義」へ──シュトレーク

　近年，再び資本主義と民主主義の両立（不）可能性への関心が強まっている。その代表的論者の一人が，ヴォルフガング・シュトレークである。彼の『時間稼ぎの資本主義』は，興味深いことにネオ・マルクス主義の再検討から始まっている。シュトレークは，ネオ・マルクス主義が危機の問題に焦点を当てていたこと自体は評価する。しかし，ネオ・マルクス主義は，資本主義の展開と変化を十分に理解できなかった[15]。第1に，資本主義が「新自由主義」として，再び「自己規制的な市場」に戻り始めたことを理解できなかった。第2に，正統性と動機づけの危機という予想は不正確であった。1970年代にはすでに，資本主義の下での市場・消費中心の生活が受容されていた。その意味で，後期資本主義は一定の正統性を獲得していたのである。第3に，再市場化＝新自由主義下での，固有に「経済的」な危機を考慮に入れることができなかった。第4に，その構造中心的な理論にも問題があった[16]。総じてネオ・マルクス主義には，戦略的アクターとして資本を見る視点が欠如していた。そのため，アクターとしての資本が「黄金時代」の民主主義的資本主義に正統性を付与することから離脱する可能性を考慮できなかった。つまり，もし「正統性の危機」が存在したとすれば，それはネオ・マルクス主義が想定したのとは別の種類のものである。それは，「資本の側での信頼の危機」[17]としての正統性の危機である。資本所有者は，民主主義的資本主義に信頼が持てないために投資を拒否する。低成長や失業は，資本の側でのこのような「投資ストライキ」およびそれをもたらすアクターとしての資本の側の「信頼の危機」によってもたらされるのである。

　シュトレークは，「資本主義の危機」の再解釈を提示する。それは，2000年代の金融・財政危機を，1960年代後半以降からの一連の危機のプロセスの帰結として見るものである。1970年代の資本主義の危機は，その後の対応によって「時間稼ぎ（buying time）」に成功し，今日までその真の発現を妨げられた[18]。すなわち，①インフレーションの発生→②政府による借入（公的債務）→③民間ローン市場の拡大（民間債務）→④中央銀行による公的債務の購入，という形で，危機発現の「時間稼ぎ」がなされて，現在に至っているのである。ネオ・

40

マルクス主義の危機／矛盾論は，福祉国家化した資本主義から脱却するべく，資本がこのような「時間稼ぎ」によって資本主義の危機を先送りするメカニズムを理解できなかった点で，不十分なのである。

このように，シュトレークによれば，資本主義と民主主義の両立を脅かすのは，資本の側の，福祉国家化された資本主義から脱却しようとする志向性である。その結果，国民国家が，市民の社会的権利の保障＝「社会正義」と資本蓄積の要請＝「市場正義」とを調停することは，ますます困難になっている[19]。国家は，国際的な金融市場における制約や義務に注意を払わざるをえなくなっているからである。その結果，各国の市民は，その国家を自分たちの「代理人」ではなく，他の国家や国際組織の「代理人」として受け止めるようになっている。つまり，国家とその市民との乖離が進行している。

国家と市民との乖離を言い換えれば，今日における配分をめぐる紛争ラインと場がどこにあるのか，そこで争われるべき利益が何であるのかが，市民にはますますわかりづらくなっているということでもある[20]。1970年代には，一国レベルの労働市場における雇用と賃金をめぐる労資間の争いであった[21]。1980年代には，公的債務の増大の中での福祉供給をめぐって，市民と国家（の財政部門）との間に紛争ラインがあり，選挙が紛争の舞台となった[22]。1990年代〜2000年代前半は，公的債務の代替としての民間債務が推奨されたため，紛争ラインは民間銀行と民間債務者たちとの間に引かれることになった[23]。そして，2008年以降の紛争ラインは，グローバルな金融投資家達と主権国家との間にある[24]。しかし，このような紛争ラインの変化がどのようなものであるかを理解できるのは，一部の政治・金融エリートのみとなっているのである。

（4）小　括

本節では，①「民主主義の危機」と資本主義と民主主義の両立（不）可能性問題とを区別する議論（パパドプウロス），②サブシステム間の両立不可能性問題として，資本主義と民主主義の両立（不）可能性問題を把握する議論（ネオ・マルクス主義），③アクターとしての資本の戦略的脱却として，資本主義と民主主義の両立（不）可能性問題を把握する議論（シュトレーク），を見てきた。

41

I　グローバル化の中のデモクラシー

本節（1）ですでに述べたように，パパドポウロスのタイプの議論では，そもそも「資本主義と民主主義」という問題系が視野に入ってこない。そのことを確認した上で，ここでは，ネオ・マルクス主義とシュトレークの議論について，どのように評価するべきかについて検討したい。

　まず指摘しておくべきことは，ネオ・マルクス主義は，シュトレークが批判するように，資本主義と民主主義の両立（不）可能性問題を「正統性の危機」の問題としてのみ捉えていたわけではない，という点である。たとえばオッフェは，経済システム，政治－行政システム，正統性システムという3つのサブシステムの，いずれかの二者間で「危機」が生じると見ていた。つまり，発生し得るのは「正統性の危機」だけとは限らないのである。ネオ・マルクス主義のポイントは，正統性への焦点というよりも，問題は，資本主義の内部ではなく，資本主義とその外部（の諸サブシステム）とのあいだで発生するという見方を採用するところにある。したがって，ネオ・マルクス主義の立場から，シュトレークが言うような資本の側の離脱を通じた資本主義と民主主義の両立不可能性の顕在化を主張することも，理論的には十分に可能である。実際，オッフェは，「国家の政策が適切であり得るならば」，それが「支配的な資本関係を侵害する」ことを，彼の言う「危機管理の危機」の顕在化のひとつのパターンとして挙げていた。[25]

　また，ネオ・マルクス主義の側から見れば，シュトレークは，資本主義と民主主義の両立不可能性について，資本の側の変化のみを強調し過ぎているように見える。実際，オッフェは，1980年代になってからではあるが，代表制民主主義と福祉国家化した資本主義との両立不可能性は，民主主義の回路を通じて顕在化した面もあると主張している。[26]大衆は常に福祉国家を支持するとは限らない。「個人の利益」が重要となる状況の下では，福祉国家への不支持を表明することもまた「合理的な選択」となる。[27]シュトレークならば，このような状況をもたらしたのは資本であると述べるだろう。実際，シュトレークも，新自由主義への転換が「驚くほど弱い抵抗しか受けなかった」理由のひとつとして，柔軟化した労働市場のあり方が就業を求める女性や，個人主義的で脱伝統的な若年層に支持されたことを挙げている。[28]しかし彼は，このような支持が資

42

第 2 章　資本主義と民主主義はなおも両立可能か

本の戦略によってもたらされたものであることをも示唆している[29]。要するに，シュトレークの議論では，代表制民主主義の「正統な」回路を通じて福祉国家化された資本主義からの転換が進む，という発想は出てこないのである。

　それにもかかわらず，ネオ・マルクス主義に対する，アクターへの関心の弱さというシュトレークの批判自体は適切である。彼の議論の特徴は，メカニズムとしての資本主義経済ではなく，アクターとしての資本への関心にある。シュトレークがネオ・マルクス主義による「正統性の危機」論を批判する時，そこで問題にされているのは，「正統性の危機」論では，市民・大衆からの正統性獲得の危機ばかりに焦点が当たっており，そのために，資本の側からの「正統性の破棄の通告[30]」を想定できなかったことである。それができなかった理由は，ネオ・マルクス主義が資本を，「行為者としてではなく装置として」，アクターとしての「階級としてではなく生産手段として」扱っていたことに求められる。そのため，ネオ・マルクス主義は，資本を「主体的な意図や戦略的能力」を有する存在として見ることができなかったのである[31]。1970年代以降の資本主義の歴史も，資本主義のメカニズムによって自動的にもたらされたものではない。それは，「資本自身が一度も望んでいなかったにもかかわらず，1945年以来，押し付けられてきた社会的規制」から，アクターとしての「まさに資本が脱出を遂げていった歴史[32]」として解釈されるべきなのである。このように，アクターとしての資本に注目するシュトレークの議論は，ネオ・マルクス主義におけるアクターへの視点の弱さとは対照的である。

　以上の検討を踏まえ，ネオ・マルクス主義とシュトレークの議論から浮かび上がってくることを，次節の議論との関係でまとめるならば，次の 2 点となる。第 1 に，資本主義と民主主義の両立不可能性は，資本主義の側からもたらされることもあるし，民主主義の側からもたらされることもある。2 つのシステムないし原理の両立が困難になるとすれば，その原因は，両者のいずれか，または両方に由来する可能性がある。ネオ・マルクス主義の議論は，両立不可能性を民主主義の側の問題として考える手がかりを提供しているとも言える[33]。本節（1）でパパドポウロスの議論を事例として見たように，現在の民主主義のあり方にも問題がないわけではない。そうだとすれば，これからの資本主義と

43

Ⅰ　グローバル化の中のデモクラシー

民主主義の両立（不）可能性問題は，民主主義の変化という観点から考えることもできるだろう。

　第2に，資本主義と民主主義の両立（不）可能性は，2つの「システム」の機能的ないし構造的なマッチングの問題としてではなく，両立を可能にしたり，不可能にしたりする，アクターのあり方という観点からも考えられるべきだ，ということである。これはとくに，ネオ・マルクス主義を批判しながらシュトレークが強調した論点であった。ただし，彼の場合は，アクターとしての資本を重視する一方で，両立（不）可能性に関わる他のアクターの動向に十分に注意を払うことができていない。この点では，（機能主義的・構造主義的であったとはいえ）ネオ・マルクス主義が，資本以外の「民主主義」の側のアクターにも注目していたことは重要である。

2　両立（不）可能性のいくつかのシナリオ

　本節では，資本主義と民主主義との今後の両立（不）可能性について，いくつかのあり得るシナリオを描いてみたい。ここでの目的は，それらのシナリオのどれが最も蓋然性が高いかを検討することにはない。そうではなく，本節の目的は，代表制民主主義としての民主主義と福祉国家化された資本主義との組み合わせ以外の，あり得る「資本主義と民主主義」の組み合わせをリストアップすることにある。そのことを通じて，今日における「資本主義と民主主義」の両立（不）可能性の輪郭を描き出す。

（1）「政治の司法化」＋社会運動──もうひとつの自由民主主義として

　第1のシナリオは，「政治の司法化」とこれへの異議申し立てとしての社会運動との組み合わせを，代議制民主主義という意味ではなく，もうひとつの意味での「自由民主主義」の新たなあり方として把握するものである。

　「政治の司法化（judicialization）」とは，重要な政治的・政策的問題の解決のために，政治による決定ではなく，司法・法的手段に依拠するようになることである。ラン・ヒルシュルによれば，政治の司法化には，次の3つの局面があ

44

る。第1は，「社会の司法化」である。これはしばしば「法制化（法化）」とも呼ばれ，法的な言説や手続きが政治・政策形成の領域に浸透していくことを指す。その結果，従来の非公式なやり方での交渉は，公式の法的な手続きに則って行われるようになり，「正しさ」の基準は手続的な公正に読み替えられるようになる。第2は，公共政策形成の司法化である。これは，司法が公共政策を決定する範囲が拡大することである。具体的には，行政による公共政策形成・実施について，司法がそのデュー・プロセス，機会均等の確保，透明性，アカウンタビリティなどを監視することを指す。ここでも，政策形成における手続的・形式的公平性が重視されるようになる。公共政策形成の司法化は，とくに国際的・超国家的なレベルで進行している。国際司法や準司法的な諸機関による，人権，超国家的ガバナンス，通商，貨幣などに関する問題の解決が，これに相当する。第3は，「メガ政治（mega-politics）」における裁判所の役割の増大である。メガ政治とは，政治体制のあり方を定義する（しばしばそこに分断をもたらす）ような，当該政治体制の存立にとっての中核的政治論議を指す。ヒルシュルが挙げるのは，①選挙に関する事項における司法の判断（政党の不認可，大統領等の任期・再選の延長承認，選挙結果の裁判所による確定など），②「移行期正義」や「修復的正義」における司法ないし準司法的機関の役割，③政治体制そのものの定義をめぐる論議・紛争（宗教と政治との関係，国家間統合や分離など）における司法判断への依拠，である。

　しばしば，「政治の司法化」は，代表制民主主義という意味での自由民主主義への脅威として語られる。なぜなら，議会における決定が司法による判断によって脅かされる可能性があるからである。たとえば，EU では，しばしば「司法の政治化」が問題となる。網谷龍介はこの問題を，一方の EU 加盟各国ごとの「集団主義的秩序」，すなわち労使交渉のコーポラティズム的メカニズムとそこに集う団体を代表する組織政党による政策形成と，他方の「個人的権利」すなわち欧州司法裁判所（ECJ）による判決との衝突として描いている。そこで示唆されるのは，EU レベルの司法＝「個人的権利」が国家レベルの民主主義＝集団主義的秩序の基盤を掘り崩す可能性である。すなわち，各国の（集団主義的秩序＝関係団体間の交渉を通じて成立していた）労働者・労働組合保護

Ⅰ　グローバル化の中のデモクラシー

措置を認めず，商品・資本・サービス・人の移動の自由（「４つの自由」）を優
先する ECJ の判決は，「政治の司法化」の端的な事例なのである。

　以上の叙述が示唆するように，「政治の司法化」は，既存の代表制民主主義
にとっての脅威と見なされる可能性がある。しかし，ここでは，それをもうひ
とつの「自由民主主義」として捉える可能性を指摘したい。従来の代表制民主
主義は，民主主義を複数の政党間の自由な競争という仕組みの導入によって自
由主義化したものであった。それは，民主主義の自由主義化という意味での自
由民主主義であった。これに対して，「政治の司法化」は，どのような意味で
「自由民主主義」と言えるのだろうか。まず，「自由（リベラル）」の部分は，
「立憲主義」，すなわち司法による権利保障として捉えられる[37]。次に，「民主主
義」の部分は，代表制外部における民主主義として解釈することができる。す
なわち，様々な社会運動が，司法の場で訴訟を起こすことで問題解決を図った
り，私法による判断に異議申し立ての活動を行うことで影響力を及ぼしたりす
るならば，それもまたひとつの民主主義のあり方であると考えられる[38]。自由民
主主義を代表制民主主義と等置しなければ，たとえ「政治の司法化」が生じて
も，なおも「自由民主主義」を求めることは可能なのである。既存の自由民主
主義の危機は，もうひとつの「自由民主主義」への道を開くものであるかもし
れない。

（２）企業に抗する市民社会

　第２のシナリオは，「企業に抗する市民社会（civil society against companies）」
とでも呼ぶべきものである。これは，次のような考え方を指す。すなわち，た
とえ国家（とその内部の政治アクター）が資本主義を規制する有効な手段を持た
ない／持てないとしても，「市民社会」において「反企業」的な活動が可能で
あれば，「市民社会における民主主義によって規制／対抗される資本主義」と
いう形での，資本主義と民主主義の両立可能性が生まれ得るのではないか。

　このような議論は，近年のコリン・クラウチに見られる。彼が唱えるのは，
「消費」の局面での民主主義，または「市場対国家」から「企業対市民社会」
への，資本主義と民主主義の関係の再定式化である。

第2章　資本主義と民主主義はなおも両立可能か

　クラウチがまず指摘するのは，企業は今や政策過程において，その外部からのロビイストであるにとどまらず，その主要な「インサイダー」になっているということである。企業のインサイダー化は，次の4つのプロセスを通じて進行する[39]。第1に，国家の管轄を超える超国家的企業（TNCs）の権力の増大である。第2に，消費者の「選択」ではなく「福利」を重視する「競争」理論の台頭である。この理論によれば，競争の目的は，従来言われてきたような，（複数の競争者の存在による）「選択」の確保＝競争の継続（＋そのための国家による規制）ではない。そうではなく，その目的は，規制を撤廃し，競争に生き残れない企業を淘汰し，最終的には競争そのものを廃止することである。「競争の廃止」は市場の否定を意味しかねないが，クラウチによれば，新たな「競争」理論においては，それが消費者の「福利」に適うという根拠で正当化される。第3に，「新公共経営（new public management）」の台頭である。クラウチはこれを，政府そのものが企業をモデルとする考え方であるとする。最後に，公共サービスの民間委託の進展である。これは，民主主義の欠如を意味する。なぜなら，政府と市民の関係は，政府と各サービスの受託者としての企業との関係に置き換えられ，市民は，サービスの利用者としてのみその受託者と関わるに過ぎないからである。このようにして，企業のインサイダー化は，民主主義のあり方を変化させる。企業がこれまで以上に民主主義の重要なアクターとなった場合，果たしてそれでも民主主義は民主主義のままであり続けることができるだろうか。

　ここでクラウチがひとつの可能性として注目するのは，「企業対市民社会」という対立軸である。とくに彼が注目するのは，「企業の社会的責任（CSR）」論の逆説である[40]。企業が社会の重要な機関として国家に勝利したことにより，もはや企業は，私的利潤追求だけを追求し公共的な争点は無視するとは言えなくなる。したがって，企業は，自らに対する批判や挑戦を受けやすくなる。ここに，市民社会における企業批判運動の可能性が生じる。つまり，市民社会の人々は，企業の問題ある行動に対して，消費者を動員することで抗議することができる。そこでは，CSRは企業の「社会的アカウンタビリティ」として再フレーミングされ，「純粋に新たな政治的アリーナ」が形成される。「企業は市

47

Ⅰ　グローバル化の中のデモクラシー

場と政治の両方において活動するので，その批判者たちも，直接的な政治行動とともに市場における圧力によっても活動する[41]」。ここでのポイントは，企業に対抗する人々は，あくまで「消費者」としての立場から出発するということである。実際，環境問題に関わる運動は，企業の非倫理的で環境破壊的な行動への注意を喚起することで，消費者を動員している[42]。

　クラウチが提案する「企業に抗する市民社会」は，近年，「政治的消費者主義」として注目されているものである[43]。確かに，1970年代以降，市民の労働者としての政治参加・運動参加は低下している。しかし，たとえば西欧では，消費者としてのボイコット活動は1974年から2000年の間に約３倍に増加しているし，３割弱のヨーロッパ市民が「政治的な消費選択」を行っているという。これは，消費者としてのアイデンティティを基礎とする「個人化された集合行動」と言える。

　以上のような「企業に抗する市民社会」論は，従来の「資本主義と民主主義」のあり方と比較するならば，二重の意味で内実の変容を伴っていると言える。第１に，政治の局面については，従来の「民主主義」における国家＋政党＋労働者という想定から，市民社会＋個人＋消費者への変容が見られる。第２に，経済の局面については，従来の生産（労働者階級・労働組合対資本家階級・経営者団体）から，消費（個人としての消費者対個々の企業）への変容が見られる。それは，従来の「民主主義」の想定からすれば，民主主義の後退，したがって資本主義と民主主義の両立が不可能になる事態とさえ，映るかもしれない。しかし，そのように映るのは，特定の「民主主義」観に依拠しているからである。民主主義の定義次第では，「企業に抗する市民社会」も，従来とは異なる形での資本主義と民主主義の新たな両立のひとつのタイプとして考えることができるのである。

　以上，（１）では「政治の司法化」と社会運動としての「自由民主主義」を，（２）では「企業に抗する市民社会」としての資本主義と民主主義の新たな両立可能性を見てきた。両者の共通点は，場合によっては国境を超える NGO や社会運動の役割を，民主主義を考える場合に真剣に受け止めることである。パパドポウロスの言う「アドボカシー民主主義」である[44]。確かに，それらは代表

48

制を基礎とした民主主義の考え方に依拠する場合には，あまりに心もとないものに見えるかもしれない[45]。しかし，資本主義と民主主義の両立可能性を考える場合に，代表制のみを民主主義の具体的表現として理解する必然性は，少なくとも理論的には存在しないのである。

　もちろん，代表制以外の行為や要素を基礎とした民主主義には，問題点も存在する。とりわけ，それは平等原理を十分に満たすことができない可能性がある。代表制の場合は，普通選挙の一人一票というルールを通じて政治的平等を達成できる。しかし，アドボカシー民主主義では，どのような活動にどのような形態・集団を通じて参加するかによって，政治的影響力に差異が生じやすい。また，そうした「積極的な」活動に参加する人々と，そうではない「消極的な」人々との間にも，その政治的影響力においてやはり差が生じやすい。実際，クラウチ自身も，社会運動や圧力行使・アドボカシー活動は，民主主義ではなく自由主義に基づく政治のあり方であるとも述べている[46]。

（3）社会的集合性形成の民主主義＋ベーシック・インカム資本主義

　ここまでの2つのシナリオは，民主主義については国家レベルの代表制を必ずしも前提としないものであった。また，資本主義については，「企業に抗する市民社会」の場合の，企業におけるCSR →社会的アカウンタビリティ以外には，従来の福祉国家化された資本主義のような，資本主義内在的にその修正を伴うような要素を，十分には持ち合わせていなかった。

　しかし，一国レベルで，代表制民主主義と福祉国家を再構築することによって資本主義と民主主義の再両立を図るというシナリオも，もちろんあり得る。そのようなシナリオとしては，微修正から大きな改革を含むものまで，また，民主主義の改革のタイプと福祉国家の改革のタイプとの組み合わせ方によって，様々なものが考えられる。ここでは，「社会的集合性形成の民主主義」と「ベーシック・インカム資本主義」との組み合わせというパターンを検討してみたい。なぜこの組み合わせなのかについての詳細は，以下で述べていくことになるが，ここでポイントを簡単に述べるならば，①一国レベルでの「再両立」シナリオである以上，民主主義については既存の代表制民主主義の再生が

49

Ⅰ　グローバル化の中のデモクラシー

課題であり，②その課題を果たすための民主主義は一定の市民参加を必要とするがゆえに，そのための時間をもたらしうるような社会保障のあり方が重要だから，ということになる。

①　社会的集合性形成の民主主義

まず，「社会的集合性形成の民主主義」についてである。この用語は，次のことを意味する。第1に，これは代表制の存在を前提とした民主主義の考え方である。ただし，第2に，代表制民主主義が「危機」にあると見なし，かつ，その要因のひとつを，政党を支える社会的集合性の解体に見ることである。とりわけヨーロッパにおいて，20世紀における政党は，階級，宗教，農村といった伝統的な社会的集合性を代表するものだと考えられてきた。しかし，個人の多様化とその帰結としての社会的集合性への帰属意識の弱まりのため，そのような政党のあり方はますます困難になっている。そこで政党は，選挙での勝利を目指したキャンペーンや党リーダーの個人的なイメージに依拠するようになる。「選挙プロフェッショナル政党」とか，「政治の人格化（personalization）」と呼ばれる現象である。政党が直面するこのような状況をどのように評価するかについては，恐らく意見が分かれる。市民の「個人化」の下での政党のプロフェッショナル化／人格化を不可避的な変化と見て，いっそうの「プロフェッショナル化」「人格化」を進めるべきないしその下での戦略を考えるべき，という立場もありうる。[47]　しかし，もしも政党には一定の「社会的」基盤が必要だと考えるならば，社会的集合性を今日の条件の下でどのように再生するかが，政党政治と代表制民主主義にとっての鍵となる。したがって，第3に，この立場をとる場合には，今日の民主主義の課題は，政党政治が機能する前提条件としての社会的集合性そのものを民主主義によって創り出すことに見出されるということになる。以上が，「社会的集合性形成の民主主義」が意味するものである。

もちろん，伝統的な形態でなくとも様々な内容・規模の社会的集合性は，現在においてもなおそれなりには存在するだろう。しかし，ここでの問題は，それが政党政治を支える社会的基盤として機能し得るような集合性でありうるかどうか，という点である。そのような社会的集合性の形成について，以下で

は，熟議民主主義を通じたそれと，「無意識」ないし「空気」としてのそれを
取り上げてみたい。[48] 両者は，「社会的集合性の形成」というここでの課題につ
いて，正反対の考えを提示している。すなわち，前者はまさに新たな社会的集
合性の形成のためのアイデアであるが，後者は，従来的なものとは異なって解
釈された社会的集合性は，すでに存在していると考えている。

　まず，熟議民主主義を通じた社会的集合性形成についてである。熟議民主主
義の具体的な形態およびその目的は様々である。ここではまず，熟議民主主義
の効果として，「練られた世論」を作り出すことを挙げるジェイムズ・フィ
シュキンの議論に注目したい。[49] 現在の政治では，政党の支持基盤となる社会的
集合性が解体しつつあるがゆえに，世論調査等を通じた「生の世論」は政党・
政治家が参照すべき情報として大きな意味を持つ。フィシュキンは，これに代
わって，人々がフォーラムに集って熟議を行い，そこで形成される「練られた
世論」が政党・政治家に影響を及ぼすようになることを期待する。彼とブルー
ス・アッカマンが提案する「熟議の日」は，新たに「熟議の日」という休日を
作り，この熟議のフォーラムを国政選挙の数週間前に各学区規模で広く開催す
るという提案である。[50]「熟議の日」には，各地区の住民が集まり，当該地区の
各候補者・政党関係者の説明を聞き，議論をして，質疑を行う。これによっ
て，人々が政治についてフォーラム以外の様々な場所で語り合うようになり，
「練られた世論」を意識することで政党・政治家の選挙活動の仕方が変化する
ことが期待される。ここでは，このように熟議を通じて形成される「練られた
世論」を，政党・政治家が依拠し得る新たな「社会的集合性」の構成と見るこ
とができるのではないかと提起したい。それは，まさに熟議を通じて形成され
る社会的集合性である。

　熟議民主主義について，もうひとつ「社会的学習」としての熟議の意義を強
調する議論を紹介しておこう。ボラ・カンラによれば，社会的学習としての熟
議とは，人々の文化的・道徳的差異が顕著な場合に，お互いの理解そのものを
目指すような熟議のことである。そこでは，各自の価値観や関心の自由な表明
を認めることで，相互尊重の感覚が形成される。この感覚の形成は，熟議に積
極的に参加する動機づけを提供する。こうして熟議に参加することで，共通の

Ⅰ　グローバル化の中のデモクラシー

参照点・基準が生まれる。そして，これに基づいて自らの立場を語ることで，自分とは異なる人々に対するステレオタイプや偏見が変化し，相互理解が進むことが期待されるのである[51]。このように，社会的学習としての熟議は，人々の分断を克服するために，相互理解の形成そのものを目的とする熟議である。それはまさに，新たな社会的集合性形成のための熟議であると言える。

　次に，「無意識」ないしは「空気」としての社会的集合性についてである。この議論では，社会的集合性は，消失しているのではない。確かに従来の政党論が想定していた形態ではないとはいえ，ある種の社会的集合性は，今日の状況でもすでに存在していると考えられるのである。東浩紀の「一般意志2.0」の議論は，その代表例である。東は，ルソーの議論を再解釈し，「一般意志」は「コミュニケーション」や「意見調整」がなくとも立ち上がるものとする。そして，現在において「一般意志」は，インターネット上のデータベースとしてすでに存在していると主張する。そこに表れているのは，「無意識の欲望のパターン」[52]である。これからの政府・政治は，人々の意識的な意志表示だけに頼らず，「ネットワークにばらまかれた無意識の欲望を積極的に掬いあげ政策に活かすべきである」[53]。つまり，今日における社会的集合性は，インターネット上の「無意識の欲望のパターン」という意味での「一般意志2.0」としてすでに表れている。あとは，それを「制約条件」としつつ，あるいはそれと「抗争」しつつ，議会で熟議を行うことができるような制度設計を考えるだけである。したがって，この場合には，「社会的集合性形成の民主主義」の課題は，正しくは，すでに存在する社会的集合性と代表制とを適切に対峙させるような制度設計の課題ということになる。

　東の議論に示唆を受けつつ，空井護は，「空気」をベースとした代表制民主主義の構想を提案する[54]。市民の「無意識」は「空気」を形成し，政治家などの「政治的決定者」はその「空気」を読み取りながら決定を下してゆく。市民は，その「読み取り能力」の多寡や質について「熟慮」（「熟議」ではない）の上で判断し，選挙に臨む。誰が市民の「代表」であるかは，市民が「政治的決定者」の決定を「自分のもの（オウン）」として認識した時点で事後的に決まる。この空井の議論においても，社会的集合性は「空気」という形ですでに存在すると

第2章　資本主義と民主主義はなおも両立可能か

される。したがって，社会的集合性の形成そのものは課題ではなく，むしろ，「空気」を社会的集合性の表れとして受け止め，その下での代表制民主主義の「ゲームのルール」を解釈し直すことに重点が置かれる。

　以上の東と空井の議論には，相違点も存在する。とりわけ一般市民について，東は「無意識」のみを強調するが，空井は，政治的決定者による決定を「自分のもの」としうるかどうかについて「熟慮」することを求めている。この相違点は，両者の議論が次に述べるベーシック・インカム資本主義と結び付くかどうかという違いももたらすと考えられる。東の場合には，「民主主義のための時間」は，現状以上には必要がないものである。彼の構想における一般市民の役割は，すでに存在する「一般意志2.0」で十分だからである。[55] これに対して空井の場合は，一般市民に「熟議」ならぬ「熟慮」を求めている。たとえ熟議のフォーラムに参加するのでなくとも，政治的決定について真に熟慮するためには，十分にひきこもることができるだけの保障された時間が必要であろう。[56] したがって，空井の場合は，ベーシック・インカム資本主義との両立も，十分に視野に入ると考えられる。

② ベーシック・インカム資本主義

　「社会的集合性形成の民主主義」は，一般市民による熟議への参加あるいは「熟慮」の実行を必要とする。そのような要素を一般市民に求めることを最小限にとどめる東の議論の場合でさえ，議会での熟議に対してインターネット経由でコメントを送るという作業を必要とする。そうだとすると，このタイプの民主主義とセットになるべき社会保障を考える場合には，それが投票に限られない人々の「政治参加」のための条件を提供できるかどうかということが，ひとつのポイントとなり得る。

　社会保障を政治参加との関係で考える時に，ケヴィン・オルソンの議論が参考になる。[57] オルソンは，従来の福祉国家における社会保障は「労働市場パラダイム」の内にあったと言う。労働市場パラダイムとは，社会保障の正当化根拠を労働市場との関係に見出す考え方を指す。社会保障が必要な理由を，労働市場における不平等，貧困，雇用者・経営者に対する労働者の立場の弱さの改善などに求めるような議論は，すべて労働市場パラダイムに属する。これに対し

53

Ⅰ　グローバル化の中のデモクラシー

て彼は，「政治パラダイム」を提案する。すなわち，政治的平等の実現のために必要なものとして，社会保障を擁護するのである。

　ここで注目したいのが，ベーシック・インカム（以下，BI と表記）である。無条件の個人単位での所得保障の構想である BI は，「政治パラダイム」に則った社会保障の構想となり得る。所得と労働との関係を切り離すその特徴ゆえに，BI には，人々の労働中心的な生活の実態と意識を変化させ，民主主義関与のための機会を拡大する可能性があるからである。[58]

　もちろん，福祉国家改革のアイデアは BI のみではない。たとえば，福祉を「社会的投資」として捉え直すものがある。福祉とは，困難な状況に陥った人々の事後的救済ではなく，「人的資本」に対する積極的な投資なのである。[59]この社会的投資論が「社会的集合性形成の民主主義」と結びつく可能性はないのだろうか。その可能性がどの程度のものかであるかは，「何のための社会的投資か」に拠る。すなわち，もしも人々が民主主義の担い手となるための「投資」としても位置づけられるならば，社会的投資論もまた，「社会的集合性形成の民主主義」と結びつく可能性がある。『第三の道』におけるアンソニー・ギデンズの議論は，その可能性を持つものであった。しかし，最終的には彼も，社会的投資としての社会保障論と民主主義の拡大についての議論を，有機的に結びつけているわけではない。[60]総じて，社会的投資論は，福祉と労働との関係を強化する傾向があると言える。[61]

　もっとも，仮に BI を「社会的集合性形成の民主主義」のための条件として位置づけることができたとしても，果たしてそれを，かつての福祉国家ほどの一般性を持ったものとして構想することができるのか，という疑問が生じるかもしれない。言い換えれば，所詮 BI は「理想論」であり，その実現可能性は乏しいのではないだろうか。

　この疑問に対するひとつの回答として，宮本太郎による「ベーシック・インカム資本主義」[62]の議論を見ておきたい。宮本によれば，今日における所得保障は，福祉国家における「代替型所得保障」から，「補完型所得保障」とも言うべきものへと転換が求められている。所得保障制度は，かつては就業していない／できない人に対する賃金の「代替」としての意味を持った。しかし，今日

54

第2章 資本主義と民主主義はなおも両立可能か

では、たとえ就業していても低賃金であることを前提として、所得保障制度を
(低)賃金を「補完」するものとして考えるべきである。そこで、BI が必要と
なる。BI と対抗的と見られてきた政策構想であるワークフェアやアクティ
ベーション（本章での社会的投資論）も、「それが持続するためには、広義の
ベーシック・インカム的な制度を組み込まなければならない」であろう[63]。こう
して、生活するに十分な BI を導入する「フル・ベーシック・インカム型」、
「アクティベーション連携型」、そして「ワークフェア補強型」という「ベー
シック・インカム資本主義の三つの世界」が登場しているというのである。

　この「三つの世界」のいずれでも、BI が「政治パラダイム」の下で導入さ
れるというわけではない。「社会的集合性形成の民主主義」と最も親和的なの
は、「フル・ベーシック・インカム型」であろう。逆に、とりわけ「ワーク
フェア補強型」では、その展望を見込むことは難しいだろう。つまり、BI の
実現可能性の向上が、必然的に民主主義と「ベーシック・インカム資本主義」
との有機的結びつきをもたらすわけではない。それでも、BI が補完型所得保
障として必ずしも実現不可能ではないとすれば、それは、新たな民主主義＋資
本主義のひとつの可能性として、検討に値するものとなるだろう。

（4）グローバル民主主義＋グローバル社会保障

　このシナリオは、再び超国家的なレベルでのものである。資本主義と民主主
義が、ナショナルなレベルで代表制民主主義＋福祉国家によって「両立」でき
ていたのであれば、国家を超えたグローバルなレベルで新たな資本主義と民主
主義の組み合わせを考えることができれば、再び民主主義＋資本主義の両立可
能性が生まれるであろう。

　グローバルなレベルでの民主主義論のひとつとして、ここでは、デヴィッ
ド・ヘルドによるコスモポリタン民主主義論を取り上げる[64]。ヘルドによれば、
国家を基礎としたこれまでの民主主義のあり方と、それが直面する社会的・経
済的・政治的実態との間には、いくつかの乖離（disjuncture）が発生している。
そのような乖離の実態として、たとえば、政治的意思決定が国際的な組織やア
クターによってますます国際的な次元で行われるようになっており、その結

55

I グローバル化の中のデモクラシー

果，政治権力は国家に集中するのではなく，ますますローカルからグローバルまで複数の次元で共有されるものになっていることが挙げられる。また，グローバル化の進展により，社会に発生する諸問題を，国内問題と国外問題とに明確に区別できなくなっていることも，乖離の一例である[65]。

　これらの乖離を乗り越えるにはどうしたらよいのだろうか。ヘルドの答えは，国民国家の下位レベル（ローカル）と上位レベル（リージョナル・グローバル）に多元化・多層化している統治の様々な実践を，ひとつの新たな法によって規制することである。つまり，このような形で，「法の支配」を再生することである。この法秩序は，統治の様々なレベルにおいて民主主義を実現するためのものであるため，「コスモポリタン民主主義法」と呼ばれる。コスモポリタン民主主義法は，彼が掲げる理念である「民主主義的自律性（democratic autonomy）」の実現を妨げる，ローカル・ナショナル・リージョナル・グローバルといった地理的な区分を横断して存在する，様々な権力の場を規制するものでなければならない[66]。

　これに対して，グローバルなレベルでの社会保障の構想はどうだろうか。ここでは，伊藤恭彦によるグローバルな正義原理の観点からの政策論を取り上げてみたい。伊藤が問題にするのは，グローバル資本主義の下での貧困死および様々な格差構造である[67]。これらの問題を解決するために必要なことは，第1に，世界の全員に平等に人権を分配することであり，第2に，人権を実効的な規範とするための社会的，経済的条件の分配・再分配である[68]。そのために伊藤は，いくつかの公共政策について検討している。第1は，ODA政策の改革である。現状のODAの問題は，貧困国が優先されておらず，また，二国間援助が多過ぎることにある。逆に言えば，この点の改善がグローバルな正義の実現につながる[69]。第2は，グローバルな税制である。具体的には，トービン税や国際連帯税などの国境を超える活動への独自の課税である[70]。第3は，企業と資本主義の「社会性と公共性を鍛え上げていく」ために，サンクションを伴った規制と誘導を行う政策である。具体的には，適切な多国籍企業課税を通じて多国籍企業の行動を「社会的生産として徹底させる方向に誘導すること」である[71]。第4に，多国籍企業の自主的な改革としての「グローバル・コンパクト」であ

56

る。最後に，貿易構造の改革，具体的には「フェア・トレード」の実現である。

伊藤自身が述べているように[72]，これらは，グローバルな正義を実現するための政策の網羅的なリストとして提起されているわけではない。また，これらの政策は，富裕国と貧困国との格差是正のためのものであり，年金をはじめとする所得保障や福祉サービスなど，通常社会保障／福祉政策として想定されるものを直接にカバーするものでもない。しかし，その目的は財の適切な分配・再分配であり，ゆえにグローバルなレベルでの社会保障・福祉政策の構想のひとつと言ってよい。そして，このような意味でのグローバルな社会保障・福祉政策によって，グローバルな資本主義の修正が実現するならば，それとグローバルな民主主義との両立可能性が高まることが期待されるだろう。

（5）両立不可能性の現実化

最後に，資本主義と民主主義の両立が不可能になる場合を見ておきたい。両者が本来別のメカニズムであり，その両立が一定の条件の下で偶然的に可能になるものだとすれば，別の条件の下では両立不可能となってもおかしなことではない。

一方には，民主主義の衰退というシナリオがある。ヴォルフガング・メルケルは，近年の状況について，社会的・規制的枠組みから自らを解き放つ資本主義の驚くべき能力が示される一方で，そのことが民主主義の質へのネガティブな効果を持つと述べている[73]。第1に，社会経済的不平等の増加は，政治参加の非対称性の増大に導く。第2に，それゆえ，選挙によって社会経済的不平等の拡大を止めることはできなくなる。第3に，資本主義の金融化によって，国家は，銀行，ヘッジ・ファンド，大規模投資家などに対してますます無力になる。第4に，意思決定の場は，ますます議会から執行府へと移行し，民主的コントロールが困難になる。このようにして資本主義と民主主義との両立はますます困難になっており，こうした傾向が何らかの改革なしに強まっていけば，形式的な選挙制の下での，実質的な民主主義から寡頭制への変容が生じるかもしれない。

Ⅰ　グローバル化の中のデモクラシー

　メルケルが挙げる資本主義→民主主義へのネガティブな効果は，本章で取り上げた他の研究者たちも指摘していることである。たとえば，第3の資本主義の金融化とその帰結には，シュトレークも注目していた。また，第4の意志決定の場の議会から執行府への移行については，パパドポウロスが指摘していた（ただし，彼の場合は，この問題を「資本主義と民主主義」の問題系として理解することに批判的であったが）。メルケルの議論は，これらを総合的に勘案した上で，資本主義と民主主義との両立不可能性が，とくに民主主義の危機として顕在化する可能性を指摘した点に特徴がある。

　他方には，資本主義の終焉というシナリオがある。シュトレークは，ジェフリー・ホジソンの言を引いて，「資本主義は，それが完全には資本主義的でない限りにおいて，生き延びることができる」と述べる[74]。しかし，今日の資本主義はその発展によって，その非資本主義的基礎（制度的制約）を破壊しつつある。資本主義の下での貨幣，自然資源，労働の商品化は，その限度にまで達しようとしている。その結果として，いくつかの深刻な混乱が発生するだろう。メルケルとは異なり，シュトレークは今日の両立不可能性は，「資本主義の危機」として顕在化する可能性があると見ているのである。

　メルケルにせよ，シュトレークにせよ，民主主義あるいは資本主義が確実に崩壊するとまで断定しているわけではない。将来のことを確実に予測することは誰にもできないだろうし，資本主義と民主主義以外の選択肢が本当にあり得るのかもわからない[75]。しかし，資本主義と民主主義とが本来異なるメカニズムである以上，その両者の両立が不可能になる状況は，少なくとも理論的には想定できるのである。

お わ り に

　本章では，資本主義と民主主義の両立（不）可能性という問題が今日再び重要な論点となりつつあるとの想定の下に，両者はなおも両立可能なのかという問題を検討した。この問題は，かつてネオ・マルクス主義の立場から議論され，その後あまり顧みられなくなっていたが，シュトレークなどの議論を中心

58

に近年再び関心を集めつつある。第1節で以上のことを確認した上で，第2節では，今後の資本主義と民主主義の両立（不）可能性について，いくつかのシナリオを提示した。あらためて確認しておけば，それらは，①「政治の司法化」＋社会運動という形での自由民主主義の再編，②社会レベルにおける「企業に抗する市民社会」，③一国レベルでの資本主義＋民主主義の再編としての，社会的集合性形成の民主主義＋ベーシック・インカム資本主義，④グローバル民主主義＋グローバル社会保障，そして⑤両立不可能性の顕在化，である。

　これらのシナリオは，類型化作業が十分とは言えず，また，そもそも例示的なものに過ぎない。また，それぞれのシナリオについて，参照すべきであろう文献を十分に参照することもできていない。それにも関わらず，あえてこれらのシナリオを提示したのは，資本主義と民主主義との組み合わせが必ずしも必然的なものではなく，そうだとすれば，両者の両立可能性を考えるにあたっては，民主主義の多様性，資本主義の多様性，そして両者の組み合わせの多様性を考慮に入れるべきだと考えたからである。「資本主義と民主主義」という問題系が決して古びたものではないことを示唆し，それを今日の状況の下で検討するための手がかりを提供できたとすれば，本章の目的は達せられたことになる。より厳密な作業を行うことは，今後の課題である。

【註】
1 ）　杉田（2014）。
2 ）　Macpherson（1965）＝（1967），Merkel（2014），オッフェ（1988）。
3 ）　Offe（1984）chap 8＝オッフェ（1988）第 9 章。
4 ）　Esping-Andersen（1985），田村（2012）。
5 ）　古くは，Crozier, Huntington and Watanuki（1975＝1975），比較的最近では「ポスト・デモクラシー」論（Crouch 2004＝2007）などがある。また，田辺編著（2014）も参照。
6 ）　ここで「できる」と述べているのは，「民主主義の危機」と「資本主義と民主主義の両立（不）可能性」とは必然的に別の問題だ（そう見なすべきだ），と述べるつもりはないからである。両者は別の問題として論じることも，不可分の問題として論じることもできる。本文で論じるパパドポウロスのように，「民主主義の危機」をあくまで民主主義の制度なりメカニズムの内部に起因する問題として捉える場合，両者は別個の問題となる。
7 ）　Papadopoulos（2013）p. 3.
8 ）　Papadopoulos（2013）pp. 5, 234ff.

Ⅰ　グローバル化の中のデモクラシー

9） Papadopoulos（2013）p. 234.

10） Habermas（1973）＝（1979）98頁（訳は一部修正）。オッフェの次のような言明も，同趣旨である。「この〔後期資本主義における危機についての〕理論は，危機の源泉をもっぱら生産領域のダイナミズムに求めることをやめることによって，伝統的な経済的危機の諸理論の視野を拡張する。その代わりに，この理論は，政治システムが経済的危機の防止や補償を行う能力を持たないと述べることによって危機を説明する。」（Offe（1984）p. 61）。

11） Offe（1984）chap 1.

12） Offe（1984）p. 61.

13） クラインのネオ・マルクス主義批判は，そのような批判の典型である（Klein（1993））。

14） ヘルドによるオッフェへの批判は，その典型である（Held（2006）p. 179）。

15） Streeck（2014a）pp. 2-3＝（2016）27-28頁。

16） Streeck（2014a）pp. 18-26＝（2016）45-54頁。

17） Streeck（2014a）p. 23＝（2016）50頁。

18） Streeck（2014a）p. xiv＝（2016）15-16頁。

19） Streeck（2013）p. 282.

20） Streeck（2013）p. 284.

21） Streeck（2013）pp. 269, 278.

22） Streeck（2013）pp. 273, 278.

23） Streeck（2013）pp. 274-276, 278.

24） Streeck（2013）p. 278.

25） Offe（1984）p. 61.

26） Offe（1987）.

27） 1980年代のオッフェの議論は，それ以前の議論と比較すると，よりアクターを重視する傾向が強い。私は，1970年代後半から80年代初頭に，オッフェにおいて次第にこのような変化が進展したと考えている（田村（2002））。

28） Streeck（2014a）＝（2016）58-59頁。

29） Streeck（2014a）p. 31＝（2016）59頁。

30） Streeck（2014a）p. 19＝（2016）46頁。

31） Streeck（2014a）p. 18＝（2016）45頁。訳は一部修正。

32） Streeck（2014a）p. 19＝（2016）46頁。

33） 齋藤純一による，ハーバーマスの『後期資本主義における正統化の諸問題』（Habermasn（1973）＝（1979））への次のような評価も参照のこと。「『正統化の諸問題』は，個々の政府への支持が低下するにとどまらず，政府そのものへの信頼が失われ，社会的・経済的な不平等の拡大によって市民間の連帯の基盤も損なわれる今日の状況をかなり正確に予見していたとも言える」（齋藤（2014）175頁）。

34） Hirschl（2009）p. 253.

35） Hirschl（2009）pp. 254-258.

36） 網谷（2011）。

37） もちろん，一国レベルの代表制民主主義も，しばしば立憲主義を伴っている。したがって，従来の代表制の下でも，立憲主義＋民主主義という意味での「自由民主主義」も成立していたと言えるし，成立しうる。

60

第 2 章　資本主義と民主主義はなおも両立可能か

38）　小川（2011）。
39）　Crouch（2013）pp. 221-229.
40）　Crouch（2013）p. 231.
41）　Crouch（2013）p. 232.
42）　Crouch（2013）p. 232.
43）　小川（2012）。
44）　Papadopoulos（2013）.
45）　クラウチも，企業の社会的責任と市民社会という自らの議論が，企業の大規模化と経済のグローバル化という方向性に大きな変化をもたらすには「あまりに弱い」ものであることを認めている（Crouch（2013）pp. 235-236）。
46）　Crouch（2004）p. 17 =（2007）30頁。もっとも，別の考え方もできる。投票において誰にも一票を投じる権利が保障されているのと同様に，社会運動等への参加も，誰にも等しく保障されている。むしろ，後者の方が参加資格を厳密には問わないであろう点で，より多くの人々に等しく参加の機会を保障しているとさえ，言えるかもしれない。
47）　ただし，この方向性を追求したとしても，一方で，選択肢間の実質的な相違が少ないために政党間競争の空洞化の可能性が，他方で，争点によっては意見の分極化による政党間競争の分極化の可能性が存在する（cf. 中田（2015）23頁）。
48）　これら以外に，社会運動を通じた社会的集合性形成も考えられ得る。社会運動を通じた集合性の形成と政党との関係は，従来的な社会的集合性が衰退した今こそ，重要になる可能性がある。現代の文脈におけるその典型的なイメージは（西）ドイツの緑の党に求められるだろうが，現在でも，たとえばスペインのポデモスや日本の「市民連合」による野党諸勢力への支援などが挙げられる。
49）　Fishkin（2009）=（2011）.
50）　Ackerman and Fishkin（2004）=（2015）.
51）　Kanra（2012）.
52）　東（2011）83頁。
53）　東（2011）117頁。
54）　空井（2012）。
55）　ただし，東の言う「民主主義2.0」において，議会での熟議に対してインターネット上でコメントを行うためには，一定の時間が必要だと考えられる。そのため，東もベーシック・インカム資本主義との結びつきを完全には否定しないかもしれない。実際，東は，私のベーシック・インカムと民主主義の関係についての議論（田村（2017）第3章，初出は2008年）に，「部分的には同意」を示している（ただし，彼の主旨は，生活が保障されたからといって人々が民主主義への関心を強めるとは限らない，という点にある）（東（2011）178頁）。
56）　空井は，「ひきこもっての熟議は難しいが……ひとりで熟慮をめぐらすのは，妙なことではまったくない」とし，「〔空井の提唱する──引用者注〕市民1.5の主力の一角は，熟慮するオタクが間違いなく占めるはずである」と述べている（空井（2012）50-51頁）。そのような「熟慮するオタク」であることができるためには，労働に追われるのではない，一定の時間が必要であろう。
57）　Olson（2006）.

61

Ⅰ　グローバル化の中のデモクラシー

58)　田村（2017）第3章，第5章。

59)　社会的投資については，Esping-Andersen *et al.*（2002），濱田（2014）などを参照。私自身も，田村（2011）で検討している。

60)　Giddens（1998）＝（1999），田村（2017）第3章。

61)　新川（2014）。これは論争的な問題であり，たとえば宮本太郎は，社会的投資論（彼の言葉では「アクティベーション」）は，「必ずしも人々を一貫して労働市場に拘束しようとするものではない」と述べている。それはむしろ，「教育や訓練，あるいは家族ケアなどの必要から人々が労働市場をいったん離れることを可能にするもの」とされる（宮本（2013）86）。

62)　宮本（2013）第3章。宮本自身は「ベーシックインカム」と表記しているが，宮本（2013）から直接引用する場合に，本章では「ベーシック・インカム」に修正している。

63)　宮本（2013）76-77頁。

64)　Held（1995）＝（2002），（2010）＝（2011）.

65)　Held（2010）＝（2011）.

66)　Held（1995）＝（2002）第8章。

67)　伊藤（2010）第1章，第2章。

68)　伊藤（2010）124-125頁。この分配・再分配は，「現時点での生産と市場のあり方を前提にして，その結果を事後的に調整する」のではなく，「生産のあり方自体を改革」することまでを必要とする。そのことによって，個人，社会的セクター，公的セクターへの富の配分としての社会的生産物の「分割」は可能になるとされる（伊藤（2010）128頁）。

69)　伊藤（2010）154-181頁。

70)　伊藤（2010）181-197頁。

71)　伊藤（2010）201-208頁。

72)　伊藤（2010）152-153頁。

73)　Merkel（2014）.

74)　Streeck（2014b）p. 50.

75)　とはいえ，民主主義からある種の権威主義体制への変容の蓋然性は，資本主義の衰退可能性よりも高いかもしれない。近年の権威主義体制研究では，合法的な野党や定期的な選挙などの民主主義的な制度を公式には採用しつつ，実際には野党の活動の抑制や選挙不正を行う「競合的権威主義体制」（cf. 粕谷（2014）150-151頁）や，民主主義の仕組みを採用しているものの自由や法の支配を制限する「非自由主義的民主主義（illiberal democracy）」（ザカリア（2004））などの議論がある。

【参考文献】

Ackerman, Bruce and James S. Fishkin（2004＝2015）*Deliberation Day,* Yale University Press.（川岸令和・谷澤正嗣・青山豊訳『熟議の日──普通の市民が主権者になるために』早稲田大学出版部）

Crouch, Colin（2004＝2007）*Post-Democracy,* Polity.（山口二郎監修・近藤隆文訳『ポスト・デモクラシー ──格差拡大の政策を生む政治構造』青灯社）

─── （2013）"From Markets vs States to Corporations vs Civil Society ?" in Schäfer and Streeck（eds.）2013.

第 2 章　資本主義と民主主義はなおも両立可能か

Crozier, Michael, Samuel P. Huntington, and Joji Watanuki（1975＝1976）*The Crisis of Democracy: Report on the Governability of Democracies to the Trilateral Commission*, New York University Press.（綿貫讓治監訳『民主主義の統治能力──その危機の検討』サイマル出版会）

Esping-Andersen, Gøsta（1985）*Politics against Markets: The Social Democratic Road to Power*, Princeton University Press.

Esping-Andersen, Gøsta, Duncan Gallie, Anton Hemerijck, and John Myles（2002）*Why We Need the New Welfare State ?*, Oxford University Press.

Fishkin, James S.（2009＝2011）*When the People Speak: Deliberative Democracy and Public Consultation*, Oxford University Press.（曽根泰教監修，岩木貴子訳『人々の声が響き合うとき──熟議空間と民主主義』早川書房）

Giddens, Anthony（1998＝1999）*The Third Way: The Renewal of Social Democracy*, Polity.（佐和隆光訳『第三の道──効率と公正の新たな同盟』日本経済新聞社）

Habermas, Jürgen（1973＝1979）*Legitimationsprobleme in Spätkapitalismus*, Suhrkamp.（細谷貞雄訳『晩期資本主義における正統化の諸問題』岩波書店）

Held, David（1995＝2002）*Democracy and the Global Order*, Polity.（佐々木寛・遠藤誠治・小林誠・土井美徳・山田竜作訳『デモクラシーと世界秩序──地球市民の政治学』NTT出版）

───（2006）*Models of Democracy*, Third Edition, Polity.

───（2010＝2011）*Cosmopolitanism: Ideals and Realities*, Polity.（中谷義和訳『コスモポリタニズム──民主政の再構築』法律文化社）

Hirschl, Ran（2009）"The Judicialization of Politics," in Robert E. Goodin（ed.）, *The Oxford Handbook of Political Science*, Oxford University Press.

Kanra, Bora（2012）"Binary Deliberation: The Role of Social Learning in Divided Societies," *Journal of Public Deliberation*, 8（1）.

Klein, Rudolf（1993）"O'Goffe's Tale: Or What Can We Learn from the Success of the Capitalist Welfare State ?" in Catherine Jones（ed.）, *New Perspectives on the Welfare State in Europe*, Routledge.

Macpherson, Crawford B.（1965＝1967）*The Real Word of Democracy*, Clarendon Press.（粟田賢三訳『現代世界の民主主義』岩波新書）

Merkel, Wolfgang（2014）"Is Capitalism Compatible with Democracy ?" *Zeitschrift für Vergleichende Politikwissenschaft*, 8（2）.

Offe, Claus（1984）*Contradictions of the Welfare State*, MIT Press.

───（1987）"Democracy against the Welfare State ? Structural Foundations of Neoconservative Political Opportunities," *Political Theory*, 15（4）.

Olson, Kevin（2006）*Reflexive Democracy*, MIT Press.

Papadopoulos, Yannis（2013）*Democracy in Crisis ? Politics, Governance and Policy*, Palgrave Macmillan.

Schäfer, Armin and Wolfgang Streeck（eds.）（2013）*Politics in the Age of Austerity*, Polity.

Streeck, Wolfgang（2013）"The Crisis in Context: Democratic Capitalism and its Contra-

I　グローバル化の中のデモクラシー

dictions," in Schäfer and Streeck（eds.）2013.

―――（2014a）*Buying Time: The Delayed Crisis of Democratic Capitalism*, Verso.（鈴木直訳『時間かせぎの資本主義――いつまで危機を先送りできるか』みすず書房。翻訳は，ドイツ語版（2013年刊行）からであるが，本章では英語訳版を参照している。）

―――（2014b）"How Will Capitalism End？" *New Left Review*, 87.

東浩紀（2011）『一般意志2.0――ルソー，フロイト，グーグル』講談社。

網谷龍介（2011）「集団主義的秩序と個人的権利―― EU 社会政策の二つの顔とその相克」田村・堀江編（2011）所収。

伊藤恭彦（2010）『貧困の放置は罪なのか――グローバルな正義とコスモポリタニズム』人文書院。

小川有美（2011）「EU が変える政治空間――『民主主義の赤字』か『民主主義の多様化』か」田村・堀江編（2011）所収。

小川有美（2012）「デモクラシーは新自由主義から抜け出せないのか」『生活経済政策』第180号（2012年1月号）。

オッフェ，クラウス（1988）寿福真美編訳『後期資本制社会システム――資本制的民主制の諸制度』法政大学出版局。

粕谷祐子（2014）『比較政治学』ミネルヴァ書房。

齋藤純一（2014）「ハーバーマス――正統化の危機／正統化の根拠」齋藤純一編『岩波講座 政治哲学5　理性の両義性』岩波書店。

ザカリア，ファリード（2004）中谷和男訳『民主主義の将来――リベラリズムか独裁か拝金主義か』阪急コミュニケーションズ。

新川敏光（2014）『福祉国家変革の理路――労働・福祉・自由』ミネルヴァ書房。

杉田敦（2014）「政治の『周辺化』や『脱領域化』にどう応えるか」岡本仁宏編『新しい政治主体像を求めて――市民社会・ナショナリズム・グローバリズム』法政大学出版局。

空井護（2012）「現代民主政1.5――熟議と無意識の間」『アステイオン』第77号。

田辺俊介編著（2014）『民主主義の「危機」――国際比較調査からみる市民意識』勁草書房。

田村哲樹（2002）『国家・政治・市民社会――クラウス・オッフェの政治理論』青木書店。

―――（2011）「労働／ケアの再編と『政治』の位置」仁平典宏・山下順子編『労働再審5　ケア・協働・アンペイドワーク――揺らぐ労働の輪郭』大月書店。

―――（2012）「福祉国家の変容とデモクラシー論」齋藤純一・田村哲樹編『アクセス　デモクラシー論』日本経済評論社。

―――（2017）『熟議民主主義の困難――その乗り越え方の政治理論的考察』ナカニシヤ出版。

田村哲樹・堀江孝司編（2011）『模索する政治――代表制民主主義と福祉国家のゆくえ』ナカニシヤ出版。

中田瑞穂（2015）「ヨーロッパにおける政党と政党競合構造の変容――デモクラシーにおける政党の役割の終焉？」日本比較政治学会編『日本比較政治学会年報 第17号　政党政治とデモクラシーの現在』ミネルヴァ書房。

濵田江里子（2014）「21世紀における福祉国家のあり方と社会政策の役割――社会的投資アプローチ（social investment strategy）の検討を通じて」『上智法学論集』第58巻第1号。

宮本太郎（2013）『社会的包摂の政治学――自立と承認をめぐる政治対抗』ミネルヴァ書房。

第3章

戦争と難民の世紀からテロリズムの世紀へ
——国際美術展における政治とセキュリティの表象

五野井　郁夫

はじめに——安全保障化言説の対象としての難民

　21世紀は後世から何の世紀と呼ばれるのだろうか。2001年のアメリカ同時多発テロで幕を開けた21世紀は，現在までのところ世界中で凄惨な「テロの世紀」の様相を呈している。

　では20世紀は何の世紀だったのだろうか。20世紀には２つの大戦があったことから「戦争の世紀」と言われている。その20世紀は同時に「難民の世紀」でもあった。総力戦化した戦争はすぐには終わらず長期化する中で，多くの人々が住み慣れた土地や大地をあとにして，外国や国内の比較的安全な地域へ退避する難民が発生した。

　戦争概念が変容し，国家間や交戦団体間で行われるものからより小さな単位へと変容したことに歩調を合わせるかのように，安全保障概念も脅威を指し示す発話行為によって作り上げられる認識からなる実存的脅威が社会的に構成されるものへと，この四半世紀で変容を遂げつつある。[1]

　国際関係論における社会構成主義の受容から発展した安全保障の概念は，コペンハーゲン学派によって提唱されてきた。国家安全保障（national security）を重視してきたコペンハーゲン学派の始祖であるバリー・ブザンらによる1980年代までの既存の安全保障研究に対して，1990年代には国家安全保障ではなく個人の解放（emancipation）を主眼に置くケン・ブースらの批判的安全保障研究の立場から批判がなされるようになる。[2]また冷戦終焉後の1994年の国連開発計画（UNDP）による『人間開発報告書』がかつてのフランクリン・ローズベ

Ⅰ　グローバル化の中のデモクラシー

ルトの演説を踏まえつつ「恐怖からの自由」と「欠乏からの自由」からなる「人間の安全保障（human security）」が打ち出され，安全保障の対象は国家安全保障だけではない広がりを見せはじめる。

この時期にオル・ヴェーヴァーとの共同研究のなかでブザンの国家安全保障概念が相対化され，さらに安全保障を発話行為として捉える「安全保障化（securitization）」の議論が，ヴェーヴァーによる1995年の論文「安全保障化と脱安全保障化」で提唱された[3]。ヴェーヴァーの議論が強調するのは安全保障化を行う上で，安全保障化したい対象が本当に脅威か否かは関係ないという点である。実体はどうであれ，ある特定の言説が政治アクターの発話行為を通じて政治化され，さらに安全保障の範疇たる脅威として人々に受容されることで安全保障化されるプロセスにヴェーヴァーは着目した。そこでは安全保障化したい発話を推進する勢力とその政治的背景や安全保障化による利益，理念等を分析することが最重要課題となった。この安全保障化の議論に従えば，逆に，すでに安全保障化した言説を安全保障の範疇から通常の政治言説へと引き戻すことができれば，その言説は「脱安全保障化（desecuritization）」されたことになるのだ。

このような批判的安全保障理論研究の展開に即して論じるならば，今世紀に入ってから言説として安全保障化されたのが，他でもない難民である。ではどのようにして難民は安全保障化されていったのだろうか。そしてどのような方途によって脱安全保障が可能なのか。以下では難民言説の近年の安全保障化を概観したい。

1　難民とは何か

国際政治や国際法を学んでいると，20世紀の難民としては第一次世界大戦に関連して出てくるアルメニア難民，ソヴィエト革命から逃れ大量に流出したロシア難民，次の大戦に至る「危機の二十年」と呼ばれた戦間期のユダヤ難民，そして第二次世界大戦での各地での戦災難民などが思い浮かぶ。

19世紀という国民国家の世紀に国民概念が創出されると，国民であることと

第3章　戦争と難民の世紀からテロリズムの世紀へ

して国際司法裁判所がノッテボーム事件判決で「法的紐帯としての国籍」という表現で明確に定義し，ジュディス・バトラーやガヤトリ・スピヴァクもこれを継受して「個人を特定国家に所属せしめる法的紐帯」として捉えている[4]。いずこかの国の国籍を享受していることが，この100年程度の間にノーマルな状態とされてきた。その特定国家との法の紐帯の欠如は，近代以降であるにもかかわらず，まるで「善の欠如」を不完全な「悪」と定義した初期教父たちに代表される中世までの神学の思考法と同様に，国籍の欠如状態を不完全なもの，あるいは本来的な人間の在り方ではない存在，たとえば国連難民高等弁務官事務所の表現を借りれば「人ならざる者，法的な幽霊」として，捉えたのだった[5]。

　20世紀には戦争と革命，そして勝者なき戦争後の空気のなかで諸国の法が機能している空間秩序のなかで，その空間秩序の「法外」に置かれた難民が相次いで発生した。難民を救済するために国際連盟下でいくつかの国際条約が結ばれもしたが，それらは対象となる難民の範囲や保護の内容が限定されていたのみならず，締約国数も少なかったため，第二次世界大戦に関連にして発生した多数の難民保護には不十分だった。実際に国際社会のなかで難民の定義がしっかりと定まりパラダイム転換が起きたのは，1951年に国連全権会議において各国に採択された「難民の地位に関する条約」，いわゆる「難民条約」においてである。

　同条約では，第二次世界大戦後も引き続き発生する難民に対して，人権と基本的自由を保障し，難民の地位に関する従来の国際協定等を修正・統合するとともに，適用範囲と保護の拡大をするために難民と無国籍者の地位を定めており，今日まで難民一般の概念を規定する基本線となっている。

　難民条約の定義によれば，難民とはまず「人種，宗教，国籍若しくは特定の社会的集団の構成員であること又は政治的意見を理由に迫害を受けるおそれがあるという十分に理由のある恐怖を有する」がゆえに，「国籍国の外にいる者であって，その国籍国の保護を受けることができないもの又はそのような恐怖を有するためにその国籍国の保護を受けることを望まないもの」である[6]。

　もちろん，こうした社会的マイノリティであるがゆえの，ないしは政治的な

67

Ⅰ　グローバル化の中のデモクラシー

迫害事件の結果として常居所であったはずの国の外にいる無国籍者に対しても，当該常居所を有していた国に帰ることができない場合や，迫害の恐怖を有するために当該常居所を有していた国に帰ることを望まない場合も，同条約の定義に含まれる。この難民条約の基底となっているのは，同条約の前文に記載されているとおり1948年に国連総会で承認された世界人権宣言である。同宣言の第2条1項は「すべて人は，人種，皮膚の色，性，言語，宗教，政治上その他の意見，国民的若しくは社会的出身，財産，門地その他の地位又はこれに類するいかなる事由による差別をも受けることなく，この宣言に掲げるすべての権利と自由とを享有することができる」とあり，同項の原則が難民条約の前文でも改めて確認されている。

　だが，近年の右派ポピュリズムは難民を庇護の対象ではなく，自国の社会保障と罪の再分配を脅かす経済上の脅威，さらには欧州に庇護を求めてきた難民の多くがムスリムであることから，ムスリムを自由民主主義の敵であり安全保障上の脅威として言説を構築することに成功した。たとえばオランダの自由党党首であるヘルト・ウィルダースはそのインタビューのなかで，「難民流入が多すぎると我々は考えます。人々がそれを支払わなければなりません。オランダでは高齢者年金や医療ケアの制度があります。全ての出費が削減されています」と述べ，また「難民などではなく移民です」「全てのムスリムがテロリストではないと私は常に言いますが，今日欧州ではテロリストのほぼ全員がムスリムであることが実証されています」として，難民の適格そのものを削ぎつつ言説を組み上げている。[7]

　さらにウィルダースは「彼らテロリストは多くの場合難民と一緒に入って来たのです。難民に混じりこんで」と，難民という現象の中にテロリスト言説を巧妙に差し込み，かつ「大量移民，難民の津波，多数のテロ攻撃。それによって，何百人もの無実な欧州の人々が命を失いました」「シリアのような国からの難民流入と移民を阻止することを実行していたなら，過去2，3年間欧州の無実の人々がジハードやテロ攻撃の犠牲になることはなかったでしょう」といった表現で恣意的と移民と難民を併置し，安全保障を脅かすアクターへと仕立て上げていったのだった。[8]

2 国際美術展と難民──ヴェネツィアとベルリンのビエンナーレをめぐって

　難民と難民に降りかかってきた政治の危機にたいして，芸術の表象はどのように世界政治と向き合ってきたのだろうか。2015年のオクウィ・エンヴェゾーを総合キュレーターに迎えたヴェネツィア・ビエンナーレでは，シリア内戦等の影響で現在でも生じつつある難民問題について，20世紀という「難民の世紀」の顔つきを捉える展示が金獅子賞を受賞した。それが，冒頭で紹介したアルメニア難民にまつわるアルメニア・パビリオンの展示「アルメニティ（armenity）」だった。ヴェネツィア本島から船で15分ほどの南に位置するサン・ラザロ・デリ・アルメーニ島にあるアルメニア系の修道院教会で，14名と2組の計16作品が展示された。同修道院内では，過去数百年に渡って，書物の活版印刷がなされてきた歴史，つまり言説が作られてきた歴史がある。

　作家たちはいずれも世界の各国で活躍している多様な国籍のアーティストだった。イスタンブール生まれでパリ在住や，テヘラン生まれでニューヨーク在住の者，ルーマニアで生まれミラノに在住している者もいる。では，なぜアルメニアという国を代表するナショナル・パビリオンで，多国籍の作家たちが展示を行っているのだろうか。それは，アルメニア・パビリオンの作家らのいずれもがアルメニアン・ディアスポラの末裔たち，すなわち同ビエンナーレの100年前の1915年にオスマン帝国内で起きたアルメニア人虐殺の中で難民として生き延び，世界各地へと離散したアルメニア人たちの子孫だったからである。

　ちょうど第一次世界大戦中の1915年，オスマン帝国内のアルメニア人キリスト教徒はロシア帝国と結んでオスマン帝国への謀叛を企てたとしてその多くが標的となり，ジェノサイドの対象となった。

　この虐殺についてはファティ・アキン監督の映画『消えた声が，その名を呼ぶ』（2015）に詳しいが，最も被害が多かった1915年から1917年までの間に殺害されたとされるアルメニア人の数は，実に150万人だとも言われている[9]。なお，ミネソタ大学のホロコースト・虐殺研究センターによれば，1914年以前に

I　グローバル化の中のデモクラシー

■アルメニア・パビリオンの展示《armenity》(上・中)，アンナ・ボグヒグィアン《2015年》(下)

撮影：五野井郁夫

オスマン帝国領内に居住していたアルメニア人は210万人ほどであり，当時最初に逮捕されたアルメニア人の知識人は250名，そしてそれらのアルメニア人の人口について，25年のちにナチスの強制収容所で採用された絶滅方法で虐殺が行われたという。[10] オスマン帝国から国家を継承したトルコ政府は，現在でも150万人という数字を認めず，30万人以上のアルメニア人が戦争や病気で命を落としたとしている。

　このように「虐殺はあったのか，それともなかったのか」について否定がなされるとともに，虐殺の規模をめぐる言説へと論争の焦点がずらされていく。トルコ政府は1915年の大虐殺を認めることによって道義的責任ならびに賠償金等の支払義務が生じることを懸念している。[11]「全世界の未来」と題されたエンヴェゾーによる2015年のヴェネツィア・ビエンナーレは，この「アルメニティ」などをつうじて21世紀でもシリア内戦などによって，結果として多くの人々が難民とならざるをえなくなっている世界状況と今後の展望を描いたのだった。

　なお，2015年はイスタンブールでもアート・ビエンナーレとしてキャロライン・クリストフ＝バガルギエフが総合監督として腕をふるった第14回イスタンブール・ビエンナーレ「ソルト・ウォーター（salt water）」が開催された。筆者は同展の現地調査も行ったが，かつてオスマン帝国の首都だったイスタンブールはゲジ公園とタクシム広場を中心とした民主化運動やLGBTの権利運動がこの数年で盛り上がりを見せバトラーらも言及していたものの，[12] 市内の7会場を回っても，難民と流転を扱った作品はいくつかあったが，主だってアルメニア人虐殺をテーマとした作品は見当たらなかった。[13]

　他方で2016年の第9回ベルリン・ビエンナーレでは，シリア難民とヨーロッパの危機をテーマにした最も重要な映像作品のひとつに，トルコのコンテンポラリーアート界では中心的存在であるハリル・アルティンドレの《ホームランド》が展示された。同作品では，ひたすら「自己への配慮」に勤しむ西ヨーロッパの人々をよそに，爆撃後のアレッポ市街の様子や，シリア内戦から逃れてきた難民がベルリンになだれ込む様子がドローンで上空から撮影され，現地語のラップでヨーロッパと世界が難民に対してどのような安全保障化言説――

71

I　グローバル化の中のデモクラシー

■ベルリン・ビエンナーレでのハリル・アルティンドレの《ホームランド》

撮影：五野井郁夫

たとえば「難民はものを盗む」「難民はテロリストだ」「難民はレイプをする」など──を垂れ流しているのかを皮肉を交えて批判することで脱安全保障化を試みるという，2010年代の時代精神を最も体現した作品のひとつだった[14]。

3　戦争概念の変容以前

　戦争も内戦も難民を生み出すが，主権国家間の国際紛争である戦争と主権国家内の紛争である内戦とは，これまで区別されていた。これら2つの紛争の双方から難民は生じるのだが，その潮流は難民条約採決後の20世紀後半以降どのような経緯を辿ったのだろうか。
　冷戦構造の中でも，とくに米ソ対立とかつての宗主国－植民地国間関係が複雑に絡み合い代理戦争化した地域や，冷戦終焉後の秩序が不安定化していた地域で，引き続き多くの難民が生じた。
　そもそも戦争をめぐっての交戦資格は，伝統的にはすでに他国から承認されている国家と，内戦のさいに叛乱軍が一定の地域を占拠し，事実上の政府を樹立するに至った場合に与えられる交戦団体に限定されていたが，分離独立しよ

第 3 章　戦争と難民の世紀からテロリズムの世紀へ

うとする民族自決権を駆使する人民にも交戦資格が認められるようになった。ただし，民族自決権に基づく交戦資格が，そのまま他国による国家承認と主権の付与を意味するわけではない。

　この戦争おける交戦資格を有する団体の認定をめぐって問題となった国際政治上の象徴的事例が，ビアフラ戦争である。ビアフラ戦争は，イボ族が多く住んでいた石油埋蔵量の豊富な南東部がビアフラ共和国としてナイジェリアから独立を宣言した1967年7月に始まった。ビアフラのエメカ・オジュク将軍による独立宣言後，ナイジェリア連邦政府軍との戦闘が開始され，イスラム教徒が多い北部では数千人のイボ人に対するジェノサイドが行われたとされている。1970年1月にビアフラ共和国側が無条件降伏して終結したこの戦争では，150万人以上が飢餓等で亡くなるとともに多くの難民が発生したものの，国連はこの戦争に介入することができなかった。それはたんに冷戦時の米ソ二極対立という力学からだけではない。新興独立国のビアフラ共和国を認めた国が少なく，かつ独立された側のナイジェリア政府が同戦争をあくまで「内戦」と主張したからである。

　これらの事由から，既存の国境内で自治独立運動が起き内乱となった状況下では，他国の協力や軍事介入は内政不干渉義務違反となるため，他国や国際社会による明示的な介入は許容されなかった。結果的にビアフラ共和国政府は補給路を断たれ，戦死者よりもはるかに多くの餓死者を出し，150万人もの人々が死亡した。

　こうした状況下で主権国家の縛りから比較的自由に行動できたのは聖職者だった。ローマ・カトリック教会のフランシス・アリンゼ枢機卿はビアフラ戦争で本人も難民となったなか，赤十字等の医療団体や多くの医師たちとともに，主権の網の目をかいくぐってビアフラに救護活動を行い多くの人々の命を救った。だが，当時はナイジェリア政府の妨害や，内政不干渉義務の下，思うような活動できなかったという[15]。このビアフラでの救護活動で活躍した青年医師らが，内政不干渉義務等の縛りのなかでも難民救護等の活動をできるよう立ち上げた国際NPOが，のちの「国境なき医師団」である。

　だが，このような国境を越えての介入ができない世界は1990年代以降の世界

73

I グローバル化の中のデモクラシー

において，湾岸戦争やユーゴスラビア紛争，イラク戦争のなかで主権国家群によってのみならず，国家集団ではないものたちによっても，主権国家の内側から掘り崩されてきた。

4 テロリズムと戦争概念の変化

他方で内政不干渉義務を超えて，政治的な目的をもって行われる暴力行為にテロリズムがある。21世紀になってから相次いで起きたニューヨークやマドリード，ロンドン，パリ，イスタンブール，バルセロナなどのテロ事件がメディア的にフォトジェニックであるがゆえに，テロリズムというものを特定のイデオロギーをもった私人ないし集団による無差別テロとして想起しがちだ。

けれどもテロリズムには，何も私人や特定集団のみならず，国家が主体となって引き起こす「国家テロリズム」や，国家に資金や武器等の提供を受け支援された個人や団体が行う「国家支援テロリズム」も含まれる。そのテロリズムの趨勢が近年変化しつつある。

まずは政府の転覆を目論む左右両極の政治的イデオロギーよりも，キリスト教原理主義からイスラム原理主義まで，宗教的な動機や信念に根ざしたテロが多くなった。加えて，ターゲットの変化も特徴として挙げられる。過去の多くのテロが対象を特定の人物や要人，そして場所も目的に随伴する施設としていた。過去においては国家テロであれ，イデオロギー集団によるテロであれ，国際法上の交戦法規における文民保護とのアナロジーで，巻き込みや無差別殺人の回避がなされていた。

しかしながら，この21世紀に入ってから世界諸都市で起きているテロに共通するのは，標的の無差別性である。2001年9月11日のアメリカ同時多発テロのなかでも世界貿易センタービルを狙ったテロは，ツインタワーというアメリカの資本主義を代表するシンボリックな建築物ではあったものの，事件当時攻撃目標となった場所にいたという点を除けば，とくに共通性のない人々を狙った無差別テロだった。

この無差別性という特徴は，2005年7月7日に起きたロンドンの地下鉄爆破

第3章　戦争と難民の世紀からテロリズムの世紀へ

事件や，2015年11月13日のパリ同時多発テロ事件も同様である。この無差別性は国家テロにも共通する特徴である。アメリカテロへの報復としてアメリカと有志連合によって広くアフガニスタンからイラクまで戦われた一連の「テロとの戦争」（先述の通り本来，戦争とは狭義には国家間や国家と交戦団体間で行われるものである）の標的は，一義的にはテロリストだった。だが，結果的には攻撃を受け殺害された者の多くが，テロリストではなく民間人であったことは，「テロとの戦争」を戦争ではなくアメリカ合衆国とその有志連合による「国家テロ」と見なすならば，テロの標的は無差別であってよいことを，皮肉にも世界中にメディアを通じて知らしめてしまったことになる。

　他方で「テロとの戦争」を戦争の一形態だとした場合も，この四半世紀ほどの間に西欧を中心とする国際社会で築かれ，ジュネーヴ条約に書き込まれた文民保護というきわめて近代的な国際規範も，テロ攻撃を受ける側にとってはこのたった20年近くの間に形骸化しつつある。つまり，テロリズムと戦争における移民保護をめぐるパラダイム転換が起きつつあるのだ。

　この陰鬱とした世界的な趨勢は何を意味するのか。おそらく各国に暮らす人々は，常住居地の国家や場所が体現している価値観の体系とのつながりを日常からさほど感じていないのと対照的に，無差別テロ行為を行う者たちにとって標的の場所にいる人々やランドマークは，テロリズムの標的である各国の主権在民化した「国家的身体」の一部，ないしはテロリストが傷つけたいと思っている価値観体系にとっての「身体」の一部と見なされていると言えるだろう。

　これらの無差別性ないし価値体系への攻撃という点に加えて，先述の通りトリガーとなるイデオロギーが必ずしも政治的動機だけではなく宗教的動機が強く出ている点を重ね合わせてみると，20世紀末のある事件が，期せずしてこの２点の特徴を有していることに気が付く。それは1995年のオウム真理教による地下鉄サリン事件である。オウムは伝統的兵器ではなく生物兵器や化学兵器等を使用して政府との「戦争」，そして終末戦争を目論んでいたことからも，オウム事件は今後テロリズムがさらに悪化する場合のひとつのシナリオを示している。

75

I グローバル化の中のデモクラシー

5 近代的な価値観を徹底して守ること

戦争がテロに引き寄せられ，他方でテロを戦争へと引き寄せる言説実践がまかり通りつつある。アメリカ政府が言説実践してみせたように「テロとの戦争」を，戦時国際法が適用される交戦団体たる準国家団体と，国家との間のイデオロギー対立を内包する非対称的な戦争として捉えることもできるだろう。ただし，国家建設を前提としていない，国境を越えたネットワーク型のテロリスト集団ならびに，そもそもネットワークの内部にいない者が勝手に「覚醒」することで発生する一匹狼型のホーム・グロウン・テロリズムをも，旧来型の戦争概念での交戦として捉えうるかについては疑問が残る。

だからといって国境を越えた警察行動として制圧することを是とするのであれば，それはかつて稲葉振一郎が指摘した，秩序の侵害そのものを排除する警察の論理による統治によってグローバルに監視し，潜在的なテロリズムの恐怖を排除しようとする「万人が警察官である社会」の世界規模での現実化を意味する。[16]

このような潜在的なテロリズムの恐怖にさいなまれる社会では，ゼノフォビアから難民とテロリストを結びつける言説が容易に流通しうる。さらに悪いことに，人々の恐怖に乗じて支持層を拡大しようとする極右政党や極右団体が油を注いでいる。実のところ，ほんらい戦禍から逃れて来た一番の被害者たる難民を，まるで潜在的なテロリストか何かのように口さがなくレッテル張りする言説こそ，偏見と差別を助長し，荒唐無稽な恐怖をまるでそこに実体があるかのように錯覚させているのだ。

そして人々の日々の漠然とした不安を煽ることで恐怖を増幅させ，難民や社会的マイノリティを恐怖の具現者や媒介者であるかのようにでっち上げ，自分たちの政治的・社会的不安をすべて難民らのせいにしようとする安全保障化が生じている。

さらに偏見やゼノフォビアがかき立てる「わたしの人生がうまくいかないのは，すべて外国と外国人のせいだ」という誇大妄想から戦争への距離はかぎり

なく近い。

　こうした偏見と差別，誇大妄想をもたらす有害な言説は，問答無用で事実を提示して打ち消すことで脱安全保障化し，押し返さねばならないことは言うまでもない。世界人権宣言が謳い，難民条約が確認しているように，すべての人は，人種，皮膚の色，性，言語，宗教，政治上その他の意見，国民的若しくは社会的出身，財産，門地その他の地位又はこれに類するいかなる事由による差別をも受けることがあってはならないという，われわれが築きあげてきた近代とその基礎となる価値を改めて擁護し徹底的に守り抜く必要が，この時代になって再び生じつつある。

　われわれが生きている現代とは，この数世紀間積み重ねてきて当たり前と思われていた価値観の存続が危ぶまれている時代なのだ。この時代感覚と危惧感はひとり筆者だけが感じているわけではない。ウェス・アンダーソンも同様に映画『グランド・ブダペストホテル』(2014) で，たとえファシズムが政権を掌握し人間性が失われつつある世界でも，近代が築き上げてきた文明のかすかな光の灯火が失われてはならないことを，登場人物に語らせている。とくにレイフ・ファインズ演じる軽薄で虚栄心の強いホテル支配人の主人公が，アルメニア難民の従業員への非礼を恥じて尊敬すべきひとりの人間として歓待し，ファシストの軍人らが難民の従業員を不当な理由で連行しようとしたときに「私の従業員に手を出すな！」と身を挺して軍人の前に立ちはだかるシーンは，いかなる苦境下や生命と身体が脅かされている状況にあっても，われわれが身を挺してでも守らねばならない近代の諸価観を，明瞭に標示している[17]。それは，われわれの生きている21世紀が，20世紀のような「戦争の世紀」や「難民の世紀」をもうこれ以上二度と繰り返してはならないし，「テロの世紀」も今すぐにでも終わりにしたいと願っているからにほかならないためである。

　[付記]　本研究は文部科学省研究費・若手研究（B）「グローバル・ジャスティス運動による規範形成とソーシャル・ネットワークに関する研究」（研究課題番号15k17003)，基盤研究（B）「多層化する国民国家分析システムの動態分析—セキュリティとデモクラシー」（研究代表者・杉田敦)，基盤研究（B）「動的均衡として

I　グローバル化の中のデモクラシー

の世界秩序研究 "権力の形態学" よる検証」（研究代表者・齋藤純一）の助成を受けた研究成果の一部である。

【註】

1 ）　本章は『10＋1』2016年1月号の拙稿「難民／戦争／テロリズム，そのパラダイム転換」を大幅に加筆修正したものである。難民と国際法の関係については阿部浩己『無国籍の情景：国際法の視座，日本の課題』UNHCR，2010年，http://www.unhcr.org/4ce643ac9. htmlefworld.org/cgi-bin/texis/vtx/rwmain/opendocpdf.pdf?reldoc=y&docid=4d3576472; 安全保障化については Barry Buzan, Ole Waver, Jaap de Wilde (eds.) *Security: A New Framework for Analysis,* Lynne Rienner Publishers, 1998. また安全保障化と難民を結びつけて論じたものとして，土谷岳史「EU における『難民危機』とシェンゲンの再構築(1)」『高崎経済大学論集』第59巻，2017年，33-45頁。

2 ）　安全保障化については Barry Buzan, *People, States and Fear, 2 nd edition.* Harvester Wheatsheaf, 1991.; Hedley Bull, *The Anarchical Society: A Study of Order in World Politics,* Macmillan, 1977.; Ken Booth, "Security and Emancipation", *Review of International Studies,* Vol. 17, Issue 4 October, 1991, pp. 313-326. このブースの立場と，人間諸個人自らの個別的な要求のうちに普遍的な解放の可能性を提示することを目指すラクラウは *Emancipation*(s)で同じ方向を向いている。Ernesto Laclau, *Emancipation*(s), Verso., 1996. また，既存の安全保障研究をまとめたものとしては Stephen M. Walt "The Renaissance of Security Studies," *International Studies Quarterly,* Vol. 35, No. 2, Jun., 1991, pp. 211-239.; 遠藤乾「安全保障論の転回」遠藤誠治・遠藤乾編『シリーズ日本の安全保障1　安全保障とは何か』岩波書店，2014年，33-64頁を参照されたい。

3 ）　Ole Wæver., "Securitization and Desecuritization," Ronnie D. Lipschutz, Columbia University Press, 1995, pp. 46-87.

4 ）　ノッテボーム事件で国際司法裁判所は "nationality is a legal bond having as its basis a social fact of attachment, a genuine connection of existence, interests and sentiments, together with the existence of reciprocal rights and duties" として個人と国との紐帯を説いている。International Court of Justice (ICJ), *Nottebohm Case* (*Liechtenstein v. Guatemala*)*; Second Phase,* 6 April 1955, p. 23.; Judith Butler and Gayatri Chakravorty Spivak, *Who Sings the Nation-State: Language, Politics and Belonging,* 2007, pp. 15-16. (＝ジュディス・バトラー，ガヤトリ・スピヴァク／竹村和子訳『国家を歌うのは誰か？──グローバル・ステイトにおける言語・政治・帰属』岩波書店，2008年，11頁。)

5 ）　国連難民高等弁務官事務所（UNHCR）は "non- persons, legal ghosts" と描写している箇所は以下の通り。UNHCR, *The World's Stateless People: Questions and Answers,* 2006, p. 5. 善の欠如としての悪という定義については，聖アウグスティヌスが悪について，「悪は善の欠如であって，自由意志により生ずる」と『告白録』で提唱し，それは晩年の『エンキリディオン』まで変わることがなかった。この傾向はさらに聖トマスにおいては更に強められている，ある時期までの神学と西欧哲学に内在化された思考法だった。これを示した古典的な研究としては Johannes Hessen, *Lehrbuch der Philosophie*, Dritter Band: Wirklichkeitslehre, 1950.; 高橋亘「自然意志と悪とについての一考察──聖アウグスチヌ

第3章　戦争と難民の世紀からテロリズムの世紀へ

ス，聖トマス・アキナス，ドン・スコトス」『中世思想研究』第7号，1965年，48-59頁。

6）　外務省人道支援室『難民条約』，外務省国内広報課，2004年，35頁。

7）　自由党党首ウィルダースへのインタビュー，2017年2月1日，アムステルダムの自由党
本部にて。

8）　ウィルダースへのインタビュー，同上。

9）　人数と起きたことの内容についての論争史をアーカイヴから繙いたものとしては，
Akçam, Taner. "Anatomy of a Crime: The Turkish Historical Society's Manipulation of
Archival Documents," *Journal of Genocide Research* 7, No. 2, 2005, pp. 255-277.

10）　ミネソタ大学ホロコースト・虐殺研究センターのウェブサイトは以下の通り。https://
cla.umn.edu/chgs/holocaust-genocide-education/armenia（2016年12月18日参照）。アルメ
ニア人虐殺についての古典的な研究としては，James Reid, "Armenian Massacres in Ot-
toman and Turkish Historiography," *Armenian Review* 37, No. 1-145（1984），pp. 22-40.;
オスマン帝国末期からのケマル・パシャ主義者らによるアルメニア人虐殺の言説変化につ
いては以下を参照されたい。Hilmar, Kaiser, "From Empire to Republic: The Continu-
ities of Turkish Denial," *Armenian Review* 48, No. 3-4（2003），pp. 1-24.; Zürcher, Erik
Jan. "Renewal and Silence: Postwar Unionist and Kemalist Rhetoric on the Armenian
Genocide," in A Question of Genocide: Armenians and Turks at the End of the Otto-
man Empire, edited by Ronald Grigor Suny, Fatma Müge Göçek and Norman M. Nai-
mark, Oxford University Press, 2011, pp. 306-316. なお，現在のトルコの国際政治上の立
ち位置については笠井亮平・青木健太・鶴見直人・長谷直哉「対話 アメリカと中国のはざ
まで――ロシア・トルコ・インド・アフガンの戦略」『公研』第54巻11号，2016年，34-51
頁。

11）　Akçam, Taner and Belinda Cooper, "Turks, Armenians, and the 'G-Word'," *World
Policy Journal* 22, No. 3, 2005, pp. 81-93.

12）　ゲジ公園とタクシム広場での公共圏形成については，Butler J., Foreword. In Özkırımlı
U.（ed.），*The making of a protest movement in Turkey: #occupygezi*, Palgrave Macmil-
lan, 2014, pp. vii-xvi.; Celikates R., "Digital publics, digital contestation: A new struc-
tural transformation of the public sphere?" in Celikates R., Kreite R. and Wesche T.
(eds.), *Transformations of democracy: Crisis, protest and legitimation*, Rowman & Lit-
tlefield, 2015, pp. 159-174.; 宇野陽子「トルコ共和国政治史におけるイスタンブル・ゲ
ズィ運動の位置――新たな政治的オルタナティヴへの模索」『国際関係学研究』第41号，
2014年，45-58頁。

13）　イスタンブール・ビエンナーレをめぐる政治と芸術のせめぎあいについては以下を参照
されたい。遠藤水城・五野井郁夫「今，制度の外に踏み出そう」しりあがり寿・日比野克
彦・遠藤水城・五野井郁夫ほか編『現代アートの本当の楽しみ方（Next Creator Book）』
フィルムアート社，2015年，86-102頁。

14）　Halil Altindere, *Homeland*, HD video, color, sound, 10'6"Vocals and lyrics Mohammad
Abu Hajar, Music Nguzunguzu. Courtesy Halil Altindere.; Pilot Gallery, Istanbul Com-
missioned and coproduced by Berlin Biennale for Contemporary Art With the support
of SAHA Association.（2016），なお使用されていた曲は Abu Hajar, Halil Altindere &
NGUZUNGUZU-*Homeland*, The Vinyl Factory（2016），https://soundcloud.com/thevi

I　グローバル化の中のデモクラシー

nylfactory/halil-mhammad-abo-hajar-nguzunguzu

15)　フランシス・アリンゼ枢機卿へのインタビュー。2010年11月12日，ヴァチカン市国のアリンゼ枢機卿邸にて。また，ビアフラ内線時のアリンゼ枢機卿本人による記録については Francis Cardinal Arinze, *God's Invisible Hand: The Life and Work of Francis Cardinal Arinze*, Ignatius Press, 2006.

16)　稲葉振一郎『ナウシカ解読──ユートピアの臨界』窓社，1996年。

17)　ウェス・アンダーソン『グランド・ブダペストホテル』（2014）。

第4章

代表制，参加，民主主義の民主化
——自由民主主義体制の危機

千 葉　眞

はじめに——自由民主主義体制の現在

（1）代表制の機能不全

　2015年9月19日未明，国民の8割が国会会期中での議決に反対する中，参議院本会議において安全保障関連法が採決強行により成立した。これまで戦後日本社会が不完全ながらも作り上げてきた立憲主義，民主主義，平和主義の成果を，根底からくつがえすリスクのある政府主導の行為であるとして，多くの専門家も反対を表明していた。本会議に先行する特別委員会での可決が混乱状態の中で行われ，賛成者の数も厳密にカウントされないままでの裁決であり，さらに議事録も不分明であった。

　安全保障関連法案については，その根拠となった集団的自衛権行使の閣議決定（2014年7月1日）が，そもそも憲法違反であったという多数の専門家や一般民衆の批判と判断もあった。現在の自公政権は，歴史上の一時期の国政をあずかる内閣であるにもかかわらず，越権的な閣議決定を行い，それを梃子にして憲法平和主義と民主主義の骨抜きをはかり，解釈改憲を推し進めた。これに対して多数の国民が義憤を覚えて抗議の声を上げたのも当然だった。また審議の手続き上の問題としてひとつには，「平和安全整備法案」と呼ばれる全部で10の法案を束ねたもの，それに「国際平和支援法案」を加えて，11にも上る法案を一括審議し，ひとつの国会会期中に承認をはかるということ自体が，慎重さを欠いた無謀な試みであることが指摘されてきた。さらに政府は国会会期を95日間という異例の延長をしたにもかかわらず，諸野党の正面きっての質疑や疑

81

問点や反論に，安倍首相はじめ政権幹部が誠実で十分かつ説得力のある説明や答弁をすることなく，噛み合わない，すれ違いの議論に終始した。それゆえに，審議の深まりは見られずに終わったが，この安全保障関連法は，2016年3月29日に公式に施行された。

現在，わが国の政党政治は，小選挙区制の問題が顕在化したと考えられるが，一枚岩的な権力構造に支配される場となっている。全般的に党議拘束が強まるなかで，憲法43条1項にある国民代表としての議員という理念が十分に生かされていない。問題は，議員の所属する政党への忠誠圧力が過度に働いてしまうという点にある。このような事情もあり，奇異に思われたのは，自民党および公明党という2つの政権担当与党に所属する議員から，これだけ問題含みの安保関連法案への反対の声がほとんど上がることがなかったという事実である。その結果，「国権の最高機関」たる立法部（国会）で議員の間で胸襟を開いた率直かつ誠実な審議と討議とが行われなくなるという現象を生じさせ，議員の多数を占める政権与党の「多数者の専制」，より正しくは「多数者の沈黙と忖度」が国会を支配するという議会主義を破綻させかねない危機を生じさせた。

（2）2015年の夏の陣

安全保障関連法案をめぐる政府と諸野党との確執に明け暮れた2015年の夏の陣は，しかし同時に別の意味でも記念すべき夏として長く記憶されることになろう。それは，その夏，日本各地で社会の各層と各世代の一部に立憲主義，民主主義，平和主義への強い思いがしっかりと根づいているのを確認できたからである。シールズ（SEALDs／自由と民主主義のための学生緊急行動）やティーンズソウル（T-ns Sowl）ほかに代表されるように，多くの若者たちが日本各地で立ち上がった。一般の生活者市民，勤め人，高齢者，研究者も，大勢，持続的に路上や広場や街路に出て，各地で参加と民意の民主主義の出現を目撃した。日本社会のすみずみで立憲主義や非戦平和主義の意義が語られ，日本の真なる国際貢献が軍事にあるのではなく，非軍事と平和文化の構築，平和外交と国際交流の展開にあることが表明された。代表制民主主義が国会内で機能不全に陥る中で，それは起こるべくして起こった出来事だった。その意味で2015年

の夏は，戦後の民主主義の展開においても特筆すべき夏だったと言えよう。

　しかし，各種世論調査で，安倍政権の支持率が格段に下がるわけでもなく，少しずつの浮き沈みを経て，2017年10月22日に行われた衆院総選挙後は40パーセント台の半ばを少し超えるまでになったと報告されている。北朝鮮の脅威が続く中で安倍政権の支持率は高止まりであり，どんなに手法が手荒で粗野であっても，「喉元すぎれば熱さ忘れる」ないしは「勝てば官軍」のような発想が日本人一般の感性にはあるということなのだろうか。日本社会に特有の同調主義の圧力，自粛や事なかれ主義のムードがじわじわと拡がり始めているのかもしれない。

　現在，日本の議会政治はきわめて危機的な状況にある。皮肉なことに，「自由民主党」という名の政党が主導する政権下で「自由民主主義」——リベラル・デモクラシーという混合政体——が骨抜きにされ，機能不全を呈している。自由民主主義は，法の支配（立憲主義），個人の自由と平等などの人権の堅持，国民の信託による民主政治，普通選挙制，代表制，複数政党制，自由な市場と経済といった諸制度を基軸とした政治体制である。この自由民主主義が，いつの間にか，擬似自由民主主義，あるいは準自由民主主義というものに後退してきているのではないか。つまり，日本の民主主義は劣化の一途をたどり始めたのではないか。実は自由民主主義体制の機能不全の危機は日本ばかりの問題ではなく，いわゆる「先進的」民主主義国家と呼ばれるアメリカ合衆国，イギリスやフランスなどの西欧諸国においても恒常的な政治の機能不全を生み出している。

　このように今日，議会政治と代表制の機能不全に直面しているわけだが，他方，市民社会には民意を国会内の政策決定回路に還流させようとする動きが多く見られるようになった。2012年以降の原発再稼働の政府の動き，2013年12月の秘密保護法の制定，2015年9月の安全保障関連法の制定を受けて，2012年以降の紫陽花革命から2015年の安保法反対の夏の陣，その後の改憲反対運動に至るまで，主権者である一般の生活者市民が抗議の声を上げている。これは，憲法16条の請願権規定およびそれに準じた請願法規定からしても当然の要請である[1]。市民の直接参加と民意表明の動きは，近年，世界各国で強まる一方である

Ⅰ　グローバル化の中のデモクラシー

が——ごく少数の近年の事例を挙げれば，アメリカのマンハッタンでのウォールストリート・オキュパイ（占拠）運動，香港での学生たちの雨傘革命，台湾でのひまわり運動など——，わが国の同様の主権者たちの動きは国会内の政策決定回路の狭さや排他性に抗議し，その是正を求める動きとして理解できるであろう。さらにこれと連動した仕方で，多くの識者からも国会内の立法・政策決定回路と国会外の民衆の直接参加と民意表明回路との繋がりを強化することで，民主主義の民主化を追求すべきであるとする議論が数多くなされ始めている。本章ではこれらの問題提起をも参考にしつつ，代表制と民衆の参加のテーマを検討し考察してみたいと考える。

1　自由民主主義と参加民主主義

（1）自由民主主義と参加民主主義の相互補完性

　現在の日本おける民主主義の実際を考察する場合，自由民主主義，参加民主主義，社会民主主義という3つの民主主義の理念と実態と制度を検討する必要がある。これら3つの民主主義の制度的連関の実際を検証しつつ，それらの連関をどのように構想し，必要があれば是正していくのかという問題が，喫緊の課題であると言えよう。本章では自由民主主義と参加民主主義との確執の問題に限定し，この問題について検討してみたい。

　結論は最初から予測可能なものであり，自由民主主義と参加民主主義は両方とも大事であり，両者は相互補完的であるべきであり，一方が他方の欠陥を補い合うというのが理想だということになる。両者は，実際の連関の内実は別としても，本来的には相互補完的であるべきであり，どちらを除いても，現代民主主義の地道な展開と発展というのはありえない。これは，おそらく大多数の政治学者が賛成するところであろう。それゆえに，参加民主主義と自由民主主義とは，理念的には両々相俟って相互に還流しあって，成熟した民主主義が達成できると言ってよいであろう。

　というのも，これら2つの民主主義がいずれも今日の民主政治には不可欠であり，どちらを欠いてもその健全な発展は見込まれないがゆえに，相互補完が

第4章　代表制，参加，民主主義の民主化

要請されるからである。なぜどちらもが必要であるのかと言えば，自由民主主義は，規模の大きな政治社会における民主政治にはなくてはならないものであり，そこでは自由民主主義体制を成り立たせている主要な諸制度——とりわけ，普通投票制，代表制，複数政党制，立憲主義，法治国家，官僚機構など——は欠かせない。これらの諸制度なしには大規模社会における民主主義は成り立たないと言えよう。しかしまた，古代ギリシャのアテナイなどの参加民主主義——直接民主主義でもあった——のように，デモクラシーの根源的意味は，「民衆による統治」（あるいは民衆の自己統治）にあることは否定できない。この参加民主主義にデモクラシーの根源的意味を認める考え方は，古代ギリシャにとどまらず，近代の地方政治（たとえばアメリカの植民地時代のタウンシップの政治）においても継承され，一国の政治においてもデモクラシーの本義であると見なされてきた。たとえば，アメリカ合衆国のリンカーン大統領は，デモクラシーとは「人民の，人民による，人民のための政治である」（"government of the people, by the people, for the people"）と述べたが，この定義がしばしばデモクラシーの基本的意味として受け止められてきた。民主主義とは人民主権による統治，治者と被治者との同一性に基づく統治だと言われる所以でもある。

　しかしながら，自由民主主義体制は元来，良し悪しは別として自由主義と民主主義とのハイブリッドな混合政体であって，そこには，後述するように恒常的な緊張ないし確執が見られる。というのも，自由民主主義の根幹を構成している代表制はもともと政治思想史的には自由主義の産物という色彩が強いからである。これに対して民主主義は元来，直接民主主義という意味で参加民主主義を意味することが多い。この自由民主主義が混合政体であるという事実が，その運営の恒常的な難しさをもたらしているとも言えようが，同時にそれこそがその特長であり妙味でもあり，過去三世紀の間，数次の危機を乗り越えて持続性を発揮してきた強みの秘訣でもある。だが，自由民主主義体制が確立される以前の近代の比較的に早い段階で，自由主義と民主主義とのこの恒常的な緊張や確執に言及した政治思想家が幾人かいた。それはたとえばジャン＝ジャック・ルソーであり，またバンジャマン・コンスタンであった。ルソーが『社会

85

契約論』（1761年）の中で，直接民主主義を積極的に評価する視点から，イギリスの代表制民主主義を次のように批判したことはよく知られている。

> イギリス人民は，自分たちは自由だと思っているが，それは大間違いである。彼らが自由なのは議員を選挙する間だけのことで，議員が選ばれてしまうと，彼らは奴隷となり，何者でもなくなってしまう[5]。

このルソーの批判は，直接民主主義の側から自由主義の政治に向けられた批判であるが，逆にコンスタンは自由主義の側から民主主義を批判した。彼は「古代人の自由との比較における近代人の自由」（1819年）において，一方の個人の自由と権利を基調とする近代人の自由と他方の市民の民主主義的決定に基づく公的権力の執行としての古代的自由との齟齬を指摘し，この齟齬が結局のところフランス革命後の政治的混乱をもたらしたと批判した。こうした自由主義と民主主義との確執は，その後も多くの論者によって指摘され，20世紀においてもカール・シュミットほかによって取り上げられ，多くの議論や論争を呼んだことは周知の事実である[6]。

（2）自由民主主義の弱点

参加民主主義がデモクラシーの根源的意味だという考え方から言えば，かなりの部分，大規模社会の必要性（ニーズ）によって要請され，複雑な諸制度で構成されている自由民主主義という体制は，常に民主主義の赤字（ないし欠損）というか，民主主義が十全に実現された状況からはほど遠い状態にとどまることになる。なぜかというと，これは社会学や政治学の分野で長年言われてきた「寡頭制の鉄則」という公理のようなものと関連してくる。つまり，組織というものは，とくに大きくなればなるほど，いつの間にか何人かのリーダーと大多数のフォロワーズ（追随者たち）によって成り立つものへと変化していくというものである。この「寡頭制の鉄則」は，もともとガエターノ・モスカやロベルト・ミヒェルスといった社会学者によって提起された学説であった。寡頭制は，少数者支配とか，カタカナ表記でオリガーキーとか書かれたりすることもあるが，現代の社会，組織，共同体，政治の面でも，必ずこの力学が働くわ

第4章 代表制，参加，民主主義の民主化

けである。もちろん，一国の代表制民主主義の制度のさまざまな次元でも，この力学は多様な仕方で観察することができる。

　20世紀に入って，とりわけ20世紀中盤以降，この寡頭制の過剰が，民主主義諸国において次第に顕著になってきた。C・ライト・ミルズというアメリカの政治社会学者が，『パワー・エリート』（権力エリート）という本を1956年に執筆している。彼の議論は，アメリカは「デモクラシーのメッカ」と言われる国だが，現実には民主主義は凋落し始めており，主権者の国民も，大統領ですら，政治を動かす影響力と権限を持てなくなっていると論じた。たとえば，ペンタゴン（国防総省）を中心とした軍事的エリート，財界を中心とした経済的エリート，議会を中心にした政治的エリート，これらのエリートたちの多くは米国東部のアイビー・リーグと言われる名門大学の出身者で，大きな権限を持ち始め，寡頭制的支配を展開する国になってきている。だから国家機密が増え，国民に知らされない形でいろいろなことが起こってきた。このことをいち早くキャッチしたのがミルズだった。ミルズがこの本を出版してから5年後，1961年1月17日の大統領退任演説でアイゼンハワーが「軍産複合体」（military -industrial complex）ができ上がりつつあると述べた。この演説で彼は大統領の権限ですら「軍産複合体」の権力の前に弱体化していることを指摘した。

　近年ではイギリスの政治学者コリン・クラウチが『ポスト・デモクラシー』（2004年）を刊行し，世界各国で政治経済体制が強化され，権力エリートたちの支配が強まっており，デモクラシーが危機的状況に置かれていることを見事に分析している[7]。こうして現在，民主主義を早期に成し遂げた多くのいわゆる「先進」民主主義諸国で，代表制や複数政党制の機能不全，民主主義の没落や行き詰まりが起きている。一般民衆の政治的無関心，国政選挙や他の地方選挙の投票率の軒並みの低下（いわゆる「先進」民主主義諸国でも国政選挙ですら40％台から60％台前半），それと反比例する仕方で一握りの権力エリートが，大企業などと結託しながら，しかもグローバルに展開する金融資本主義と連携しながら政治の方向性を決めている，という分析や指摘が跡を絶たない。日本においてもまったく同じような状況が見られる。原発再稼働や沖縄辺野古の新基地建設の問題などに対して，民意はかなり大きく反対運動を支援する方向にある。し

87

かし，政府は正反対の政策に力ずくで舵を取ってきた。その背後には，日本の政官財の鉄の三角形——これは日本特有の権力エリート構造——が，いまだに大きく重石となってのしかかっていることは言うまでもない。

（3）参加民主主義の弱点

　既述したように，「自由民主主義」体制の弱点としてはそれが自ずと寡頭制になってしまう構造的問題を抱えていることを見てきた。しかし，言うまでもなく，参加民主主義にも弱点があることは明らかである。参加民主主義は「民衆による統治」ということではデモクラシーの根源的意味を示していると理解されることがあるが，しかしその本来の場（フランチャイズ）は地方，ローカルであることは長らく指摘されてきた。ここには参加民主主義の長所と短所とが同時に示されていると指摘することもできる。その長所とは，地方の住民，生活者たちが政治に生き生きと積極的に係わっていくところにある。つまり，地方自治体の政治は，現在の日本においても「民主主義の学校」という一面を保持していることは否定しがたい。しかも，特定非営利活動促進法（略称NPO法，1998年施行）が成立したこともあり，その前後から国政の停滞に対して「地方政治は活性化している」と評価されたこともある。しかし，地方政治が自治体と住民との連携を中心に躍動しているのはよいことだが，地方の住民参加の政治を，そのまま大規模な政治社会に全面的に広めていくことは不可能に近い。さらにまた参加民主主義は，確かにこれまで地方自治や国政において住民自治，住民投票，オンブズマン制度，請願など，いくつかの重要な制度を創出してきた。しかし，それは，全般的に国政の面では参加民主主義からのインプットは弱く，憲法で保障されている国民投票以外にはいまだに有効な制度を作り出しえてはいない。参加民主主義は，制度面ではまだまだ発展途上にあると見なさざるをえない。

　それに加えて，参加民主主義を担っている大多数は普通の生活者市民であり，彼らは政治の専門家（プロ）ではなく，素人（アマチュア）である。これは参加民主主義の特長でもあり，そこに大きな意味があることは言うまでもない。つまり，デモクラシーは本来，政治のアマチュア（主権者である一般民衆）

第4章 代表制，参加，民主主義の民主化

が担うところに意義があり，それぞれ生活や仕事や専門を非政治の違った分野
に持っており，政治参加は，仏教用語を使えば，いわば「在家仏教」的に「真
剣にしかし片手間に」行っているに過ぎない。これがむしろ健全なことであ
り，それゆえに草の根こそが民主主義の大事な土台なわけである。これが民主
主義を考える際の出発点であることは，言うまでもないであろう。しかし他
面，複雑化の一途をたどる国内政治，外交，世界政治に有効に対処するために
は，それなりの知識や情報，適性や有能性が求められることになる。これは，
一般の生活者市民にはなかなか入手できないものである。これに対して歴史的
に代表制民主主義は，代議士という政治家に政治に要請される有能性を賦与し
うる制度として評価されてきたのである。

　その19世紀的な古典的な考えにしたがえば，理念的には——現状は今日の日
本のようにこの理念を裏切ることがはなはだ多いのだが——代表制は議会にお
ける有能な議員たちによる高次の卓越した審議や議論を可能にし，さらに社会
における雑多な意見の集合の濾過作用を果たす点で，枢要かつ不可欠な制度と
して受け止められてきたのであった。さらに政治思想史においては，たとえば
アメリカの建国の父の一人，トマス・ジェファーソンのように参加民主主義を
本来の民主主義の発露として高く評価したケースもあるが，彼の政治的対抗者
であったジェイムズ・マディソンの場合のように，市民の直接参加を意味する
「純粋な民主主義」は無資格者の支配として暴徒化する危険を常に秘めている
として忌避されていた。このように，実際の政治史においても，政治思想の歴
史においても，一般民衆を支配権力から遠ざけておかないといけないというよ
うな議論が繰り返しなされてきた経緯がある。その意味において参加民主主義
への不信というのは，歴史的にも根拠のない事柄ではない。

　このように参加民主主義には問題点もあり，それだけで民主主義は成立しな
いことが明らかだ。それにもかかわらず，前述のように，日本でも1990年代以
降，地方分権が言われ始め，多くのNGOとNPOが生まれていった時代以降，
地方の参加民主主義への期待は大きなものがあった。それだけでなく，それは
国政の自由民主主義体制を活性化させる起爆剤，政治の刷新と民主主義の民主
化をインプットする活力として認識されてきた経緯がある。「自由民主主義」

89

Ⅰ　グローバル化の中のデモクラシー

が寡頭制に堕落するのを防止するためには，下からの入力というか，参加民主主義からのインプットがなければならない。こうして参加民主主義のエネルギーと活力と制度構想とを，どうやって自由民主主義の制度の中に還流させていくのか，これが1990年代以降の日本の民主主義の課題としてあり続けてきた。しかし，とりわけ現在の日本の代表制は参加民主主義からのインプットを頑なに拒否し，民意に耳を傾けない政治，「自分たちが決める政治」に邁進している。ここには民意を無視する傾向にあるトップダウンの政治が前面に躍り出てきたという印象を禁ずることはできないであろう。

2　デモクラシーの根源としての参加民主主義

（1）民主主義とは何か

　前節で提起した「参加民主主義か，自由民主主義か」という問いについては，「引き分けだ」，「どちらも大事だ」というのが正解になる。しかし，「どちらも大事だ」ということで終わってしまっては問題が深まらない。そこで「おのおのがどのような意味で大事なのか」，そして「どちらにデモクラシーの根源があるのか」という問いをあえて掲げてみたい。この問いは実は，イングランドの16世紀前半のピューリタン革命以来，ジョン・ロック，ジョン・スチュアート・ミルなどを経て，数多くの論者によって不断に問われてきた問いにほかならない。日本でも鶴見俊輔が1960年に「根元からの民主主義」（ラジカル・デモクラシー）のテーマの下にこの問題と正面から取り組んだ経緯がある。

　そしてまさに現在，この問い，このテーマが，日本社会全体に問われているわけである。シールズが「民主主義ってなんだ？」と問いかけ，参加者たちが「これだ！」と答える時，彼らは自分たちが行っている「声を上げること」，つまり，「主権者である民衆の民意の表明とそれに基づく共同行為」がデモクラシーそのもの，つまり「デモクラシーの根源だ！」と答えていると理解できる。実際に行われている政治に民衆が危機感を覚え，国会前やその周辺，また街路や広場に集まり，そこで声を上げる。これがデモクラシーの根源だ，と。こうした市民による直接の民意表明と自主的な共同行為が民主主義にとって不

第4章　代表制，参加，民主主義の民主化

可欠であり，こういう動きがなくなったら，民主主義は頽落の一途をたどり，消滅していく，と。「政府というものは人民の厳粛な信託によって打ち立てられたものであり，したがって政府の権威は人民から派生し，その権力はそもそも人民のものである」，と。そして日本国憲法はその前文や第1条で「国政は国民の厳粛な信託によるもの」と記しており，こうした人民の信託による統治は，戦後日本の自由民主主義政治体制の根幹を形造るものだと理解できる。

（2）民主主義の標準的定義

　参加民主主義と代表制民主主義は同様に民主主義と呼ばれるわけだが，厳密に言うと，この2つは，異なる種（species）に属する民主主義と理解すべきものであろう。参加民主主義（直接民主政）は，古代ギリシャの小規模なポリス（都市国家）で産声をあげた。それは部分的に，中世の都市や町や，近代の地方の共同体などに，引き継がれていった。それに対し，代表制民主主義（間接民主政）は主として，厳密に言えば，近代国家の自由民主主義の一箇の重要な根幹的制度として誕生した。このように民主主義には2つの種がある。オックスフォード英語辞典（OED／その第1版〔1884-1928年〕と第2版〔1989年〕の双方）には，最初に民主主義の定義として「民衆による統治」（government by the people）が出てくる。これは古代ギリシャの諸種のポリスにおける「デーモクラティア」（民衆の権力〔統治〕／直接民主政）を念頭に置いたものだ。OEDはさらに，民衆に選ばれた代表による統治という意味で「代表制」（代表による統治／間接民主政）があると指摘する。こうして民主主義は，民衆によって権力が直接的に行使される場合（直接民主政）と民衆に選ばれた代表によって間接的に行使される場合（間接民主政）の2通りのケースがあると説明し，これら2つの形態がどちらも正当な民主主義であることを示唆している。

　この民主主義の説明は大事な通説（一般的用法）の表明であり，民主主義の標準的な説明となっている。辞典の民主主義の定義として，私はこれを否定したいとは思わない。しかし，これら2つの民主主義を1つの種（species）の2つの形態ないしヴァリエーションと見るのは弱いと思う。それらは，そもそも2つの異なった種として理解されるべきであろう。というのも，両者には安易

91

に同一種として認識するのをためらわせるだけの矛盾や齟齬があるからだ。参加民主主義は，民衆の参加（participation）と自治（autonomy）を基軸とした民衆の自己統治（self-rule）であるのに対して，他方，代表制民主主義は代表者による委任型ないし信託型の統治であり，実際には多頭政（ポリアーキー）ないし寡頭制（オリガーキー）の一形態として機能することが多いからだ。そして近代から現代において民主主義諸国の多くは，これらの２つの異なった種が結びつく形で「自由民主主義」という混合型政治制度を採用しているわけであり，日本の民主主義も例外ではない。しかし，そこには，前述のように実質的な対立ないし緊張があることは疑い得ない現実であると言えよう。[8]

（3）ジョン・スチュアート・ミルの格闘

　こうして理念的には，民意と参加のデモクラシーの息吹が，日本社会の地方の政治を活性化し，それが次第に定着していった結果として，参加民主主義が代表制に還流し，それを刷新していくことが期待されている。日本国憲法は，既述したように主権者の民衆の参加と代表制との協働を前提としているように思われる。主権在民の基本原理は，言うまでもなく主権者とは選挙で選ばれた代表者ではなく，選挙する民衆自身であるという考え方を示している。また憲法前文には，既述したように「国政はそもそも国民の厳粛な信託によるもの」という文言が記されている。したがって，日本国憲法の理解する民主主義には，代表制民主主義だけではなく，「民衆による統治」という意味での参加民主主義が含まれていることは明らかであろう。また，憲法には第八章「地方自治」条項があり，92条から95条に至る４条文５項目が記されている。

　すでに指摘したように，政治思想の歴史において多くの政治思想家や哲学者や理論家が，純粋な「民衆の政治」がアナーキーになったり，民衆の暴徒化を招来したりすることへの恐れを保持していた。プラトンにはそうした恐怖が常にあったし，そういう考え方を持った思想家はかなりの数にのぼる。しかしまた，どちらかと言えば少数派に属すると言えるかもしれないが，参加民主主義を主軸に民主主義を考えてきた思想家も予想以上に多い。これは解釈の問題でもあり，政治思想史の研究者の間でも意見が分かれる事柄であるかと思うが，

第4章　代表制，参加，民主主義の民主化

　私の考えでは，西欧政治思想史の系譜ではロック，ルソー，トマス・ジェファーソン，ミル，初期と中期のカール・マルクス，アメリカの教育哲学者であったジョン・デューイ，クロフォード・ブラウ・マクファーソン，シェルドン・ウォリン，キャロル・ペイトマンなどに参加民主主義の事例を見ることができると言えよう。

　ここでは代表制と参加民主主義というこの問題に，19世紀半ばのイングランドで格闘したミルの『代議制統治論』（1862年）を取り上げてみたい。19世紀前半および中葉は，イギリス，フランス，アメリカ合衆国において代表制が国家規模で制度化され加速していった時代であったが，それらの国々においてすらいまだにその制度化は不完全であった[9]。ミルの取り組みにおいて際立っているのは，彼自身が，代表制と参加民主主義との確執についてかなりの迷いと揺れを示していることである。それは，自由民主主義という混合政体が歴史にはっきりと姿を見せ始めたこの草創期にあって，ミル自身がこの政治体制の維持の困難さに正面から向き合っていた証左でもあった。当時のイングランドの歴史的文脈において同書におけるミルの議論を特徴づけているのは，彼が労働者を含む市民の教育レヴェルの向上（普通義務教育の普及）および市民の政治教育を健全な民主主義の要件とし，すべての市民の政治参加を肯定的に評価したことである。彼は次のように述べている。

> 理想的に最良の統治形態（the ideally best form of government）とは，主権すなわち最後の手段としての最高統制権力が，共同社会の全集合体に付与されているものであって，各市民が，その究極的主権の行使に発言権を有するだけでなく，少なくともときどきは，地方的あるいは全国的な公共の職務をみずから遂行することによって，統治に実際に参加を求められるということを示すには何の困難もない[10]。

　ミルは明らかにデモクラシーの究極的源泉として主権在民を想定し，その前提の下で代議制の重要性を喚起しようとした。しかし同時に彼は，こうも述べている。

> 社会状態のあらゆる必要条件を十分に満たしうる唯一の統治は，国民全体の参加する統治であるということ，たとえ最小の公共的責務であっても，どんな参加も有益であるということ，その参加はどこにおいても，共同社会の改良の一般的程度の許

Ⅰ　グローバル化の中のデモクラシー

す限り大きなものであるべきだということ，そして究極的にのぞましいのは，すべ
ての人々に国家の主権の分担を許すこと以外ではありえない，ということである。
しかし，単一の小都市を超えた共同社会において，今日の業務のうちの若干のきわ
めて小さな部分にしか，すべての人が自分で参加することはできないので，完全な
統治の理想的な型（the ideal type of a perfect government）は，代議制でなけ
ればならない。[11]

　「理想的に最良の統治形態」（the ideally best form of government）としての参
加民主主義と「完全な統治の理想的な型」（the ideal type of a perfect govern-
ment）としての代表制民主主義との確執——これら民主主義の２つの種の間の
のっぴきならぬ緊張およびそれらの二者択一の不可能性——の指摘は，まさに
ミルが代表制民主主義の草創期にこの理念的および実際的難問と格闘していた
紛れもない事実の証左以外の何ものでもない。[12]

　結局，ミルは，参加民主主義をデモクラシーの究極の根源として承認しつ
つ，同時に実際の統治運営において代表制民主主義を不可欠なものとして推奨
しているわけである。これら２つの民主主義は相互補完的であり，そのいずれ
を欠いても近代的国民国家におけるデモクラシーの成立およびその運営は不可
能であると彼は見ていた。そして彼の具体的な解決策は，一方で参加民主主義
を民主政治の正統性の源泉として受容しつつ，他方，大規模な政治社会におい
て代表制民主主義が不可欠なのは，その制度面での便宜上の不可避性と統治行
為上の有能性の確保のゆえであった。有能性（competence）とは，ミルにあっ
て議員たちによる「熟練した立法と行政」を意味していた。それゆえにデモク
ラシーの第一義的な正統性は参加民主主義に存し，統治行為上の有能性の確保
は代表制民主主義にあり，こうして参加と有能性という２つの原理の上に近代
民主主義は立脚しているというのが，ミルの立場だったと考えられる。[13]ミルの
見解を要約すれば，参加民主主義と代表制は，自由民主主義体制においてそれ
ぞれ共にその十全な存在理由を保持し，その意味では双方とも互角の重要性を
保持していると言えよう。しかし，その場合，参加民主主義が，実質的な主権
在民という意味，さらに民衆の参加と同意と信託による正統性付与という点
で，デモクラシーの究極の根源としての意味を保持している。代表制民主主義

94

は統治行為の際の有能性付与としての不可欠性と現実的な重要性を持ち，その限りにおいて正統性を保持する。しかし，その正統性は，主権者である民衆の参加と同意と信託に依拠するという事実に鑑み，二次的かつ派生的なものにとどまり，参加民主主義のそれに比べて劣位の位置づけを有する。

しかしながら，『代議制統治論』におけるミルの議論には最後まで釈然としない見解上の不明瞭さと迷い―― G. ダンカンはそれを「混乱した」（muddled）ものと表現している――が同居している。[14] 自由民主主義の草創期である19世紀中葉のイングランドにおいて，ミルは代表制と民衆の政治参加との確執という難題に立ち向かい，できる限り後者の意義と可能性を汲み取ろうと試みた。そのプロセスで彼は，政治に参加する労働者を含む民衆全般の未成熟の問題に直面し，彼らの市民的徳性の陶冶の必要を深く認識せざるをえなかった。そこにミルの迷いと揺れと苦悩があり，それゆえにこそ，参加と有能性との統合，参加民主主義とエリート主義との調停の必要性を何とか同書で訴えようと試みたと理解できるであろう。

3　シェルドン・S. ウォリンと今日の新しい革命構想

（1）トクヴィル・テーゼ

19世紀前半にアレクシス・ド・トクヴィルが，『アメリカのデモクラシー』（全2巻，1835年・1840年）においてアメリカ社会における民主主義の出現と展開について理論的に活写しつつ，その特質と陥穽とに正面から取り組む興味深い試みを行っている。同書において彼は，「民主主義革命」の漸進性，不可逆性，不可抗性について指摘し，以下のように主張した。

> 大いなる民主革命が……われわれの間に進行している。……われわれの歴史のページを繰ってみて，この700年の間，大事件といえるもので平等化に役立たなかったものはない。……境遇の平等の漸次的進展は……普遍的持続的であり，日ごとに人の力で左右しえぬものとなりつつある。すべての出来事，すべての人々がその進展に奉仕している。……以下の著述の全体は，この抗いがたい革命を見て著者に生じた一種の宗教的畏怖の念の下に書かれている。[15]

Ⅰ　グローバル化の中のデモクラシー

　エルネスト・ラクラウとシャンタル・ムフは，明らかにトクヴィルとは異なった政治思想的伝統に立脚している。だが，彼らもまた，トクヴィルの「民主主義革命」の漸進性の議論に触発されて，同様の歴史的展望に立ちつつ，彼らの「根源的で複数主義的なデモクラシー」を展開していったことは記憶に新しい。[16]

　さてトクヴィルであるが，彼はまた同書で，民主主義が定着していくに際して，「大きな革命」の生起について語るのはもはや不適切になってくると指摘した。彼はその第2巻第3部で，自由民主主義体制において「大きな革命が今後稀になるのはなぜか」という章を書いている。[17]その理由としてトクヴィルが挙げているのは，民主化によって社会の平等がかなり実現されることで，人びとの不満が次第に取り除かれ，社会的格差が少なくなることで革命の要因が次第に無くなっていくからだと主張する。トクヴィルの主張は，政治制度において民主化が進み，社会にも平等が行きわたることで，イングランドの1640年代のピューリタン革命，さらには1789年のフランス革命のような革命的激変は起こらなくなる傾向にあるというものであった。すなわち，民主主義社会においては上記のような過激な市民革命に訴える必要がなくなり，大きな社会変革は稀になっていくという議論である。近代史において初めてステータス・クオ（現状維持）に何らかの利益を保持する中間層が次第に増大していく趨勢になったのであって，そうであれば革命が起こる頻度は少なくなる。これが，当時のアメリカ社会の観察から得たトクヴィルの認識だった。

　このトクヴィル・テーゼは，20世紀後半においてもいろいろ形で再叙述されてきた。たとえば，民主主義社会というのは民主主義革命をすでに成し遂げた社会なのだから，もう革命はいらないという議論。あるいは民主主義社会においては，裁判所による違憲立法審査権が付与されており，普通投票制（成人男女の選挙権）が制度化されているので，大変革を経ずとも改革が可能になる仕組みがすでにでき上がっているという議論。議会（国会議員）には内閣不信任議決権が認められており，行政部の暴走を阻止する仕組みが代表制民主主義には組み込まれているので，大変革は無用であるという議論。自由民主主義とは，統治の原理そのものの中に抵抗の原理が組み込まれている政治制度なので，大きな変革に訴える必要はもはやなくなったという議論。これらの議論

96

は，ある意味で前述のトクヴィル・テーゼの現代的な焼き直しと見なすことができる。

　ウォリンは，トクヴィル・テーゼのこれらの現代的再定式化をどのように考えただろうか。ウォリンは，1980年代前半に『デモクラシー——政治の刷新とラディカルな変革』という季刊雑誌をみずからの編集責任において立ち上げた。この雑誌は数年間続いたが，世界中の第一線で活躍している政治学者や政治思想史家，哲学者や歴史家，評論家や市民運動家などが，この雑誌に寄稿した。そこに掲載された諸論考は当時かなり読まれ，毎号，政治理論の専門家集団の間では大きな話題となった。編集責任者ウォリンは，この雑誌に多くの論考と論説を寄稿したが，そのひとつは，"What Revolutionary Action Means Today" (1982) と題された論考だった。この論考は，日本でもいち早く雑誌『世界』(1983年8月号) に，杉田敦訳で「革命的行為とは何か」という訳稿として掲載されている。

　ウォリンは，この論考において上記のトクヴィル・テーゼがすべての政治状況に必ずや妥当するという点に疑義を呈している。たとえば，自由民主主義の諸制度が全般的に形骸化している場合には，このテーゼは妥当しなくなると言う。彼の指摘によれば，結局，今日のアメリカの民主主義の危機は，形式的に民主主義の装いは保持されたとしても——たとえば人民主権，複数政党制，代表制，投票制など——，この国が巨大国家として，内政と外政の双方において現代の国際的政治経済体制を基軸とした無限に増大する権力の伸張と覇権主義の展開に邁進する結果，立憲主義や民主主義は後退を余儀なくされている点にある。

　こうした主張は，上記の論文だけでなく，ウォリンのその後の多くの論文や著作において展開されていった。たとえば，国家と憲法に関する彼の著作 (*The Presence of the Past*, 1989) の邦訳書『アメリカ憲法の呪縛』(2006年) に「日本語版への序」が掲載されたが，そこでウォリンは，合衆国が帝国的権力へと化したという見方においてほとんどの研究者や評論家，一部の政治家の間でほぼ一致が見られると指摘している。そしてこの新たな政治形態について，新たな定義づけが必要とされる主張している。というのも，西洋の歴史におい

97

I　グローバル化の中のデモクラシー

て「帝国的民主主義」（imperial democracy）が存在したことはなく，古代ギリシャのアテナイがその唯一の例外とも言われるが，実はこの事例は帝国的支配と民主政治との両立不可能性を証明したのだったと説明している[18]。

> 民主主義が，政治制度としてはその形態を維持する一方で，民主主義的実質の多くを放棄するか空洞化させ，それに代えて，国政選挙を操作された国民投票に限りなく近づける装置をあてがう場合，また強権的な行政部があきらかに法を無視する場合，政府の機密保持が通常の『行動様式』となった場合，そして反対運動が抑圧される場合，これらの状況下で，この新しい民主主義を表わす適切な用語は何だろうか。『管理された民主主義』（managed democracy）だろうか[19]。

　こうしたウォリンの問題意識は，その後の諸著作でもさらなる展開を遂げていった。この「管理された民主主義」と「逆立ちした全体主義」（inverted totalitarianism）[20]を主題としたウォリンの最後の単著『民主主義株式会社』（原著2008年）は，上記の問題関心によって著された挑戦の書であった。さらにウォリンの主著『（増補版）政治とヴィジョン』（*Politics and Vision, enlarged edition*, 原著2004年，邦訳書2007年）が刊行されたが，ここでもアメリカの政治体制は自由民主主義体制を脱皮して，グローバル化と外への不断の拡張主義を特徴とするその「突然変異である超強大国（スーパーパワー）」──「形態を欠いた形態」──へと変貌を遂げているという議論がなされている[21]。これは，すなわち，第二次世界大戦後，米ソ冷戦において自由民主主義陣営が全体主義的独裁制と対峙していくなかで，アメリカ自身が巨大国家化と覇権主義的権力の拡張の一途をたどり，皮肉なことに「逆立ちした全体主義」の傾向を強めていったのではないかと，ウォリンは自問自答している。

　ウォリンの理解するところによれば，アメリカ合衆国は，第二次世界大戦においてはナチズムと天皇制ファシズム，戦後の冷戦においてスターリニズムという全体主義やファシズムとの対峙と対決を繰り返していく中で，「全体戦争」と「総力戦」をほぼ半世紀以上にわたって戦うことになったと指摘する。そしてその間，アメリカの政治体制は，同じ「自由民主主義」という名称の下で深刻な実質的な体制変更を経験し，好むと好まざるとにかかわらず劇的な軍事主義化による「戦争国家」としての道筋をたどることになった。米ソ冷戦後はさ

98

らに，アメリカは全体化する権力を各方面において行使する新しい覇権主義体制，つまり，「超強大国」（スーパーパワー）へと転化し，「自由民主主義」とは名ばかりで国内外において「逆立ちした全体主義」の傾向を強めていってしまったのではか，と反問している。[22] さらにその間，アメリカの民衆は「市民」から「その時々の投票者」へと変貌し，「批判的で参加的な市民」の代わりに「帝国的な市民」の擡頭を見た。つまり，市民は脱政治化され，政治参加の義務と責任を忌避するが，他方「熱烈に愛国者である市民」に変貌したのではないか，と指摘している。[23]

（2）革命のロック的モデル

さて既述した「革命的行為とは何か」でのウォリンの一連の問いの問題に戻ろう。それはこのような問いであった。政治制度上，民主主義の特徴のいくつかは保持されたとしても，政府が次第に恣意的に反民主的な法制や政策を施行するようになり，立憲主義の枠組みを無視して暴走し始めた時，民主主義革命の必要について語ることは許されるのか。彼はこの問いを掲げ，そのような場合には許されると論じ，その際，どのような革命的行為が理に適ったものとして要請されるのかという問いを掲げた。彼の印象的な回答は次のようなものであった。

> そこで，民主主義者にとっては，革命についての新しい考えが必要となるが，その際テキストは，カール・マルクスでなくジョン・ロックでなければならない。というのも問題は，ある社会階級が権力を掌握すべきだと示すことなどにはないからである。先進社会では，マルクスが当時の労働者に認めたような普遍的権利を，いかなる社会階級も主張できはしない。真の課題は，集団的生活についての民主主義的な考え方を体現するような形態・制度を案出することにある。[24]

革命というと，過度な暴力やテロルが発動されたフランス革命やロシア革命が想起されるわけであり，そうした武力（暴力）革命モデルが，通常，念頭に浮かんでくるであろう。だが，ここでウォリンは，マルクス＝レーニン主義型の武力革命ではなく，基本的には非暴力革命の可能性すら帯びた選択肢，つまり，ジョン・ロックの抵抗権論や革命権論に根ざした民主主義革命モデルを提

I　グローバル化の中のデモクラシー

起している。市民の自由の政治の現れとしての民主主義革命，これが必要だと彼は議論している。この考え方は，ロックの議論のなかでとくに『統治二論』後篇の最終章（19章）「統治の解体について」で語られている人民の「抵抗権」あるいは「革命権」を根拠とする革命である。それはどのような議論であったかというと，為政者の側に専制ないし暴政が起こった場合，人民の「信託」によって彼らに委ねられていた統治権力——それは「信託的権力」（fiduciary power）に過ぎない——は，信託違反という理由で人民の手に戻り，人民はその権力に基づき今度は新しい政府（立法部と執行部）を樹立することができるという主張であった。ロックは，為政者の信託違反としては大きく2つのケースを考えていた。第1は，君主の横暴で立法部が機能停止に陥り法の支配が立ちゆかなくなった時（立法部の変更）であり，第2は，人民の「生命，自由，財産」への権利（自然権）を踏みにじる仕方で君主ないし立法部が統治権力を行使し獲得しようとした時（自然権の蹂躙）である。その時に為政者の統治権力は正統性を失い，その権力は人民に戻る。こうして人民は元来みずから保持していた統治権力を再獲得し，その権力を用いて，新たに自分たちの欲する政府を作ることができる[25]。ウォリンはロックのこの議論に着目したわけである。

　ここでウォリンが注目したのは，新しい執行部や立法部といった政府の主要な統治機構，新しい憲法や法制度などを，人民の正統な権力行使によって下から自発的に作り上げていくという構想であった。このロックの議論を現代の文脈に落とし込む時に，ウォリンは英語で「シティズンシップ」という言葉を使用する。日本語に訳すことが難しいこの言葉は，市民性，市民の地位，市民権，市民参加などと訳されてきたのだが，その意味は市民の権限および自由な政治参加という意味で理解できると思う。それは，人びとが選挙権を行使したり，権利要求をしたりというだけにとどまらない。市民の自由の政治参加のあり方がここでは決定的に大事になってくる。それは，人びとが協働と連帯を通じて，権力を下から作り出す共同行為であり，そこに生じる共同権力を分かち合い，それを制度の創出につなげていくという考え方である。ロックの時代は君主制なので人びとは臣民だが，現代の民主主義の文脈において人びとは主権者であるから，この議論は今日，さらなる妥当性と有意性と緊急性を保持し

100

ていると言えるだろう。民衆の民意表明と政治参加にこそ，民主主義の活性化の鍵があるとウォリンは想定している。民主主義とは，主権者としての民衆の意思表明と共同行為であり，市民的徳性の陶冶と発揮であり，民衆の政治的主体化の達成だからである。

　民主主義が形骸化し，その実質を失っていく際に，ウォリンがロック的革命モデルという意味で推奨する際，具体的にはどういうタイプの革命的行為なのだろうか。彼は1980年代前半のアメリカ社会で暴力的な反乱や暴動というものは可能性を持たないだけでなく，一般民衆に忌避されことになると指摘する。こうしたウォリンの見地には，ハンナ・アーレントの非暴力的な革命論が踏襲されていると理解することもできよう。つまり，革命とは，そのアーレント的パラダイムにおいては，定義上，「自由の構成」（constitutio libertatis）であり，同時に新しいものの出現（新しい政治体の形成）でもある。武力行使や暴力が革命の定義上の要件から除外され，それゆえにこそ，政治革命ないし憲法革命という基本的性格を保持したアメリカ革命を，社会革命にまで踏み込んだフランス革命よりも高く評価するアーレントの知見がここに確認できるわけである。さらに留意すべきは，ウォリンに対するこうしたアーレントの革命論の影響だけでなく，また1950年代末から60年代半ばにかけてアメリカ社会は公民権運動において非暴力抵抗の意義を確認できた時代に突入していたからである。そして同じ1980年代中葉以降には，フィリピンでは1986年の「人民の権力」（people's power）に依拠してのマルコス独裁政権を打倒した非暴力革命——「黄色い花の革命」と呼ばれた——が生起したのだし，東中欧諸国の1989年の「連鎖型民主主義革命」——これらも総じて非暴力で行われた体制変革だった——が起こったのだった。こうした時代的背景と時代精神の中で，ウォリンが革命のロック的モデルを大幅に非暴力の方向において理解し適用しようとしたことは，納得のいくところである。

　そしてこのようなウォリンのロック読解は，『統治二論』のテキストそれ自体の彼なりの解釈にも根拠がある。というのも，ロックは同書第2編220節において，「暴政（tyranny）から逃れる人民の権利」だけでなく，「暴政を予防する人民の権利」をも強調しているからである。[26]ウォリンはみずから「暴力より

101

I　グローバル化の中のデモクラシー

も政治的創造性を正当化するものとして革命権を考える」[27]際に，こうしたロックの議論の中に，基本的に革命的な暴力行使よりも，信託的統治の正統性に由来する人民の抵抗権や革命権それ自体に注目するロックの意図を汲み取ろうと試みている。ウォリンはその根拠として，ロックが抵抗権や革命権の発動にことのほか慎重であり，専制や暴政が長期かつ不断に行われる場合に限定している事実に注目している。すなわち，ロックは，抵抗権や革命権の発動および新しい制度の樹立を正当化するためには，為政者の専制や暴政が「公的なことがらに関する些細な不手際」（every little mismanagement in publick affairs）だけでは不十分であり，「長く続く一連の悪政，言い逃れ，策謀がすべて同じ方向を辿っている」（a long train of Abuses, Prevarications, and Artifices, all tending the same way）といった悪政の持続の事実が必要になってくると論じているからである[28]。こうした諸条件が担保された時にロックにおいて革命権の発動が承認されるが，ウォリンはその意味合いを次のように表現している。

> 革命権とは，制度を転覆し破壊する権力にとどまるものではなく，為政者が台無しにした旧制度に代わる新たな制度を形成する権利なのである。革命権は新しい形態を創造する権利である[29]。

　民主主義的制度が維持され，また新しい制度が樹立されるためには，問題関心を共有する実践的な市民たちが下からの共同権力を創出し，それを分かち合いつつ，共同行為を積み上げていくことが必要である。このようにウォリンは，シティズンシップの意味を，単に権利主張をするだけのものにとどめるのではなく，主権者たる市民の協働を通じて市民社会の側から共同権力を創出し，新たな制度の樹立に結ぶつけることだと主張している[30]。こうしてシティズンシップの稼働こそ，民主主義の活性化の鍵を握るものにほかならない。その時，「政治的なものは，無数の民衆の日常生活にしっかりと組み込まれたものとなる」のであり，そこでは「デモクラシーは継続的な可能性」となる[31]。

　革命に関するロックの考え方とその後にマルクスやレーニンが展開したそれとの間には，大きな相違がある。マルクス＝レーニン主義の革命論においては，やはり歴史における一回的かつ決定的な「決裂」（rupture）──体制転覆

102

やプロレタリアート独裁など——，これが決定的に重要で，そこに勝敗の分かれ目がある。つまり，プロレタリアートが支配権力を奪取し，民主集中制を布くことによって支配権力の転換が生じる。こうして歴史はある意味で単線的で，ひとつの歴史の流れのなかに「決裂」という革命的モメントがあり，その前後で全く違った世界が生じるという想定である。これは，フランス革命のジャコバン的構想，とくに暴力的転覆という思考が，マルクス＝レーニン主義の革命論のなかに滑り込んでいることに由来すると考えられる。[32] これに対して，ロックの場合は，歴史というのはより複雑で，複数のさまざまなベクトルがいろいろな仕方で反発し共振し合い，複雑に絡み合っている。こうした歴史世界にあって将来の歴史の方向性を規範的に予示しているいくつかのモメントを見出しながら，それらを育てつつ，次第に大きな変革につなげていくことが，重要になる。その場合，不可欠なのは，1回きりの「決裂」や「転覆」を目指す革命的行為ではなく，持続的かつ連続的な一連の共同行為であって，その変革的プロセスこそが重要だということになる。長期的で持続的な闘いが，そこから始まっていくと想定されている。ロック的な民主主義革命とは，市民の連帯と共同行為による民主化の持続的プロセスだということになろう。

4　代表制とシティズンシップの現在

（1）代表制の機能不全の多様な要因

　現代の代表制の機能不全には，それを不可避にするようないくつかの複雑で多様な要因が認められるであろう。ひとつには広くはグローバル化と呼ばれる現代的状況があり，そのなかでもグローバルに展開する金融資本主義の跳梁があることは自明であろう。すなわち，一国においても国際社会全体においても，資本主義が従来の製造業中心の資本主義から，グローバルに機動する大企業ならびに株取引や必ずしも投資とは言えない投機という世界の人々の営みを基軸とする金融資本主義へと転化している。こうした資本主義の変質は，専門家の間でも資本主義が公共性と健全さを消失し，ハイエクが危惧したもうひとつの「隷従への道」へと結実するのではないか，あるいはまたマックス・

103

Ⅰ　グローバル化の中のデモクラシー

ウェーバーがかつて危惧した「賎民資本主義」に頽落したのではないか，と批判されている。そうした状況の中で，アメリカは，政治権力と企業体権力の合体を示す政治経済体制の支配の強化により自由民主主義体制という混合政体であることを止め，グローバルな覇権主義を駆動する「超強大国」（スーパーパワー）へと転化し，国内外において「逆立ちした全体主義」の傾向を示し始めたというウォリンの理解に関しては，すでに述べた。クラウチもまた，金融資本主義の席捲のゆえに，グローバルな大企業体が下支えする権力エリート層（経済エリート，政治エリートほか）による寡頭制支配が格段に強化されてきていると指摘している。[33]こうして行政部も立法部もまた，政治経済体制の権力のインプットを通じて，国民代表の府であることを止め，金融資本主義のお先棒を担ぐような役割を果たす構造になってしまっている。

　さらに代表制の機能不全は，米ソ冷戦期までは一般的に想定できた多くの国民国家の「国民的同一性」が従来の仕方では保持できない状況が生まれた事実によっても説明できる。というのも，旧ユーゴスラビアを嚆矢として，多くの国々で「国民」を構成する民族やエスニック集団それぞれのアイデンティティへの自覚の深まりがみられるようになり，「国民的アイデンティティ」を凌駕するものとしての各民族や各エスニック集団の「アイデンティティの政治」が打ち出されるようになったからである。「国民的同一性」の消失もまた，国民代表という理念に基づく議会制および代表制を内側から掘り崩す基本的要因となっていったことは否定できない。

　代表制とは，もともと人民主権の原理を何とか国民的規模の自由民主主義制度に節合しようとする制度的枠組みであり，各時代において社会のさまざまな影響力や勢力の圧力を受けやすい。つまり，制度としての代表制が，民主主義的理念としての代表制のあり方と不整合になってしまう傾向がつきまとうわけである。[34]それゆえにこそ，代表制には歴史的にいつの時代にも危機がつきまとい，実際，その歴史は危機の連続であったとも言えよう。[35]たとえば，イングランドの19世紀中葉においてミルは，労働者階級の勃興および一般大衆の教養と知見を欠いた大衆の影響力の拡大に多少とも危惧の念をいだいた。1930年代以降40年代中葉までのドイツにおいては，ナチス党の擡頭と権力掌握とともに，

104

第 4 章 代表制, 参加, 民主主義の民主化

ワイマール議会主義および社会全体が上からの「全権委任法」や強制的「均一化」（Gleichshaltung）政策によって危機に瀕したことは，今なお歴史的記憶に，刻明に留めおかれている。そして歴史的現在において，ひとつには地球規模で一元的な支配と覇権を推進していく金融資本主義というイデオロギーと影響力が，いわゆる伝統的な民主主義諸国の代表制を骨抜きにしつつある。

（2）民主主義の複線モデル

　こうした代表制の構造的欠陥の補正の試みとしては，今日，ミニ・パブリックス論や熟議（審議）民主主義論が提起されて久しい。その関連ではとくに注目したいのは，ユルゲン・ハーバーマスほかが議論している民主主義の複線モデル，すなわち，二回路型（ミニ・パブリックスと議会）の熟議民主主義論である。これらの立論や提言は，代表制の質の保持と向上のために，生活者市民主導の下からの信頼できる参加と民意のインプットが必要不可欠だということを示唆している[36]。これはまた，議会などの制度化された審議過程と市民社会における自発的な審議過程との相互作用，議会内（院内）の意思決定と議会外（院外）の民意形成との積極的な循環を促す民主主義の深化の提言でもある。代表制と参加との協働は，この意味では民主主義の制度的次元とその非制度的次元との結びつきをどのように結合させていくのかという問題でもある[37]。しかしまた，熟議民主主義の理性中心主義のゆえに，熟議から排除される人びとも多いという議論もある。というのも，脱政治化と孤立化とは現代社会の趨勢であり，政治問題に無関心な人びとは多数にのぼり，また日々の生活だけで精一杯で，政治問題に関心を寄せられない人びともかなりの数に上るからである。これらの人びとの民意と利益をどのように代表制へと吸収していくのか，この問題も十分に検討される必要がある。こうした問題はまた，脱政治化と孤立化の傾向を示している今日の民衆の日常の具体的な生活世界から，「私の問題」，「ワタシの政治」を，排他的ナショナリズムの回路にではなく，デモクラシーの回路へとどのように接続していくかという問題でもあろう[38]。

105

Ⅰ　グローバル化の中のデモクラシー

むすびにかえて——信託型の代表制にむけて

　本章で筆者は，政治思想史と政治理論のいくつかの観点から，代表制民主主義と参加民主主義，代表制と参加との確執を素描しようと試みた。現代の代表制は，一般的に委任型の制度として機能している。投票，つまり選挙で選んだ代表者に次の選挙まで国政を委任したという理解がここでは基本になっている。もちろん，代表制の本質を「アクター間の委任と責任の連鎖関係」によって「政策決定を行う仕組み」と理解することは歴史的には一理あろう。[39] また確かに，「代議制民主主義」は「人類の巨大知的プロジェクトである」（待鳥聡史）という理解を承認することにやぶさかではない。[40] しかし，代表制に関するこの「委任と責任の連鎖関係」という理念が，今日十分に機能していないところに，現代の民主主義の苦悩がある。

　たとえば現在，選挙の得票数で政権担当党になれば，かなり自由にやりたい放題のことができるという理解がはびこっている。安倍政権の国政の運営については，2014年7月1日の集団的自衛権行使承認の閣議決定も含めて，違憲の疑いの高い決定や取り決めを次々にやっていく手法が目につく。安保法制についても，同年12月14日，衆議院総選挙における自民党のマニュフェストではその末尾の方で数行記されていただけだったが，選挙後の実際の政権運営においてはこれが大きくクローズアップされ，すでに見たように，2015年9月19日未明に採決強行により参院を通過させ，議決へとつなげた。立憲主義の観点からみれば，こうした委任型の代表制理解に基づいて，多数党の有利さを生かし，やりたい放題やる議会運営というのは，日本国憲法下で許されるのだろうか，という疑問がおのずと出てくる。委任型代表制理解が，結局のところ立憲主義の軽視と破壊の温床になっていることは間違いないものと思われる。

　日本国憲法の前文や条文は，委任型代表制を正当化していると言えるだろうか。これを承認することは，困難であるように思われる。たとえば，既述した憲法前文にある国政の「信託」理論から言えば，憲法は信託型（というのはロック型）の代表制を想定していると理解した方が，自然ではないだろうか。

106

第4章　代表制，参加，民主主義の民主化

日本国憲法の前提としている自由や人権は，「国民の不断の努力」(12条) によって実現すべき課題であると考えられている。さらに97条には，人権の成立は「人類の多年にわたる自由権獲得の努力の成果」であると記されている。これはきわめてロック的であり，ウォリン的な定式化であり，信託型代表制を示唆していると言えよう。

こうした憲法の前提との大きなコントラストにおいて，実際に運用されてきた戦後日本型代表制——上述の通り，委任型代表制——の源流には，ホッブズの授権型ないし権威付与型の代表制の理解がある。ホッブズは結局，戦争状態である自然状態から逃れるために，自己保存の権利を含む自然権をほぼ全面的に主権者に譲渡する論理を案出した。主権者はこの委任された権力を行使することで，専制的支配ですらそれを行うことができる。そしてここには，主権者の専制のほうが自然状態における戦争状態よりも，より少ない悪であるとするホッブズの前提をかいま見ることができる。このようにして，近代のたいがいの諸国家の統治制度においてホッブズ流の委任型ないし授権型の統治の理念と代表制が確立し，容認されてきた。[41]

そして，だいぶ古い書物になるが，ハンナ・ピトキンという政治理論家——カリフォルニア大学バークレー校時代のウォリンの当時の若い同僚——が，代表制について1967年に優れた書物を著した。[42] ピトキンはこのホッブズに由来する委任型＝授権型の代表制論に大きなクエスチョン・マークをつけ，アカウンタビリティ型の代表制の意義を提起した。これは，主権者である民衆に説明責任を十分に果たし，立法部や行政部自体に瑕疵があれば，それに対して主権者が埋め合わせを要求できるような責任引受型代表制の提唱であった。これは信託型の代表制とほぼ同一のものと理解してよいであろう。というのも，ロックの「信託的権力」論は民主主義的統治の正統性の論拠となるものであり，その下に作動する「アカウンタビリティ」概念はまた，代表制の説明論理を提供するだけでなく，選挙制と投票行動の説明原理としても理解可能だからである。[43]

代表制に関連して吟味検討が必要なのは，死票が極端に多くなる小選挙区制の是非である。実際の世論をより公平に代表できる中選挙区制に復帰した方がよいという議論も出始めているが，選挙制の問題は喫緊の検討課題となってき

107

Ⅰ　グローバル化の中のデモクラシー

た。さらに今日の政党政治において，党議拘束があまりにも強く，憲法43条１項が想定している国民代表としての議員という考え方がすっぽり抜け落ちている状況である。この問題をどう考えたらよいのか。また女性の議員の比率が日本は常に10パーセント前後（2017年度 IPU 版によれば，10.1パーセントで世界193ヶ国中157位）[44]で際立って低く，改善が急務であることは言うまでもない。さらにはかつてイギリスで G・D・H・コールなどが提唱した職能代表制の一部導入なども，検討に値するのではなかろうか。代表の中身の多様化を促し保障する改革は，待ったなしの状況となってきた。

　代表制と民衆の政治参加は，もちろん緊張をはらんではいるが，決して対立すべきものではない。代表者は選挙で選ばれたことで全権委任されたという誤解を捨て，謙虚に民意に耳を傾ける必要があろう。というのも，路上や集会での民意の表明は，一種の代表機能を果たすものであり，代表制のチャンネルの多元化につながるからである[45]。そしてまた，言うまでもなく代表制の重要性と不可避性と不可能性とは[46]，市民社会においても深く理解される必要がある。今日，路上の民主主義を投票箱の民主主義へとつないでいく必要があり，参加民主主義と代表制民主主義との間に意思疎通の還流をもたせる必要がある。これら２つの民主主義の相互批判的かつ建設的連携は，日本の自由民主主義を保持し，鍛錬し，さらに深化させるために不可欠な課題である。

　　［付記］　本論考は以下の一般読者向けの拙稿を学術的に掘り下げたものです。重なる箇所が多々あることを読者の皆様にお断りし，ご了承のほどお願い申し上げる次第です。千葉眞「自由民主主義と参加民主主義との確執」山口二郎・杉田敦・長谷部恭男編『憲法と民主主義を学びなおす』岩波書店，2016年所収。

【註】
1）　国民各人の請願権を定める憲法第16条は次のような条文になっている。「何人も，損害の救済，公務員の罷免，法律，命令又は規則の制定，廃止又は改正その他の事項に関し，平穏に請願する権利を有し，何人もかかる請願をしたためにいかなる差別待遇を受けない」。
2）　近年の以下の諸著作を参照。五野井郁夫『「デモ」とは何か──変貌する直接民主主義』NHK 出版，2012年。瀬戸内寂聴・鎌田慧・柄谷行人ほか『脱原発とデモ──そして，民主主義』筑摩書房，2012年。山崎望・山本圭編『ポスト代表制の政治学──デモクラシーの危機に抗して』ナカニシヤ出版，2015年。三浦まり『私たちの声を議会へ──代表制民

主主義の再生』岩波現代全書，2015年。中野晃一，コリン・クラウチ，エイミー・グッドマン『いまこそ民主主義の再生を！──新しい政治参加への希望』岩波ブックレット No. 941，岩波書店，2015年。

3) これら実際の3つの民主主義の連関をテーマにした論文集としては以下を参照。田村哲樹・堀江孝司編『模索する政治──代表制民主主義と福祉国家のゆくえ』ナカニシヤ出版，2011年。田中浩編『リベラル・デモクラシーとソーシャル・デモクラシー』未來社，2013年。

4) 自由民主主義体制が直面した歴史上のいくつかの危機に関しては，たとえば以下を参照。宇野重規『政治哲学的考察──リベラルとソーシャルの間』岩波書店，2016年，89-131頁。

5) ジャン＝ジャック・ルソー／桑原武夫・前川貞次郎訳『社会契約論』岩波文庫，1986年，133頁（一部表現を変更）。

6) 自由主義と民主主義との確執について，近年の著作ではたとえば以下を参照。Gordon Graham, "Liberalism and Democracy," *Journal of Applied Philosophy*, Vol. 9, No. 2 (February 2008), pp. 149-160. 森政稔『変貌する民主主義』ちくま新書，2008年。宇野重規・田村哲樹・山崎望『デモクラシーの擁護──再帰化する現代社会で』ナカニシヤ出版，2011年。多少とも異なった視点からフランス革命期前後の思想家たち（ルソー，シスモンディ，スタール，コンスタン）の代表制論の相違とその機微を論じた最近の論考として，以下を参照。古城毅「代表制と理性に基づく統治」『政治思想研究』第16号，2016年5月，31-61頁。

7) Colin Crouch, *Post-Democracy*, Polity Press, 2004.（山口二郎監修，近藤隆文訳『ポスト・デモクラシー』青灯社，2007年）。

8) 千葉眞『デモクラシー』岩波書店，2000年，iii-v 頁。

9) Cf., Monica Brito Vieira and David Runciman, *Representation*, Polity, 2008, p. 45.

10) John Stuart Mill, *Considerations on Representative Government*, Emereo Publishing Classical Edition, 2012, p. 16.（水田洋訳『代議制統治論』岩波文庫，1997年，78頁）。

11) Mill, *Considerations on Representative Government*, p. 21.（邦訳書，97-98頁）。

12) ミルの『自由論』と『代議制統治論』との関連について，また後者の議論の精緻な分析と考察については，以下を参照。関口正司「ミルの政治思想──『自由論』と『代議政治論』を中心に」杉原四郎・山下重一・小泉仰編『J. S. ミル研究』御茶の水書房，1992年，45-71頁。さらに以下をも参照。関口正司『自由と陶冶── J. S. ミルとマス・デモクラシー』みすず書房，1989年。

13) Cf., Dennis F. Thompson, *John Stuart Mill and Representative Government*, Princeton University Press, 1976, pp. 9-90, 175-201. トンプソンと同様に，ペイトマンやライアンもまた，参加民主主義に各人の「自己発展」を促す教育的契機にミルの民主主義論の特質を見出し，とくにライアンは，そこに彼の父のジェイムス・ミルら前世代の功利主義的民主主義者の「市場」モデルの代表制観との相違を見出している。Cf., Carole Pateman, *Participation and Democratic Theory*, Cambridge University Press, 1970, pp. 28-35.（寄本勝美訳『参加と民主主義理論』早稲田大学出版部，1977年，52-63頁）。Alan Ryan, "Two Concepts of Politics and Democracy: James and John Stuart Mills," in *John Stuart Mill's Social and Political Thought: Critical Assessments*, Volume III: Politics and Government, G. W. Smith（ed.），Routledge, 1998, pp. 138-161.

14) Graeme Duncan, "John Stuart Mill and Democracy," in *John Stuart Mill's Social and*

109

I グローバル化の中のデモクラシー

Political Thought: Critical Assessments, Volume III: Politics and Government, G. W. Smith（ed.），p. 82. またコノリーの批判によれば，ミルの代表制の議論は，議会の意思決定と議会外の民意との理想的な循環をおのずと前提としており，その限りで議会外の民意の一部は排除される点を見落としている。William Connolly, "The Liberal Image of the Nation," in D. Ivinson, P. Patron and W. Sanders（eds.），*Political Theory and the Rights of Indigenous Peoples,* Cambridge University Press, 2000, pp. 189-190. 以下をも参照。鵜飼健史「民意は代表されるべきか？」，前掲・山崎望・山本圭編『ポスト代表制の政治学』，216-217頁。

　このコノリーの批判はその通りではあるが，ミルの議論は代表制の理念をあえて純粋に理論化しようと試みている面があり，それゆえに非現実的になっていることは否めない。しかしまた，ミルは労働者階級の影響力の増大が階級立法につながる危険性を指摘しており，上記の代表制の理念を脅かす社会勢力の問題性については十分に認識していたと思われる。

15) Alexis de Tocqueville, *Democracy in America,* J. P.（ed.），1969, pp. 9-12.（松本礼二訳『アメリカのデモクラシー　第１巻（上）』，岩波文庫，2005年，10-15頁）。

16) Cf., Ernesto Laclau and Chantal Mouffe, *Hegemony and Socialist Strategy: Towards a Radical Democratic Politics,* second edition, Verso, 2001, pp. 151-159.（西永亮・千葉眞訳『民主主義の革命——ヘゲモニーとポスト・マルクス主義』ちくま学芸文庫，2012年，335-349頁）。また，ラクラウのラディカル・デモクラシー論と政治思想については，以下の近刊の著作を参照。山本圭『不審者のデモクラシー——ラクラウの政治思想』岩波書店，2016年。

　いずれにしても，ラクラウとムフのこうした「民主主義革命」の漸進性のテーゼは，トクヴィルのみならず，ルフォール，アーレント，フュレの議論から紡ぎ出された彼らの中枢的理解のひとつを構成している。彼らの理解によれば，民主主義革命の出発点は明らかにフランス革命にあり，そのデモクラシーの深化と徹底化は，今日なお民主政治の課題として引き継がれている。つまり，永久革命である。この関連で想起されるのは，かつて著名なアメリカ史家パルマーが，ラクラウとムフの後の議論と同様に，18世紀末を民主主義革命の時代の幕開けと理解したことである。しかし，パルマーは，フランス革命以前のアメリカ革命をそのなかに含めることによって，1776年から1789年を民主主義革命の創始と捉えたのは興味深い。Cf., Robert R. Palmer, *The Age of the Democratic Revolution: The Challenge,* Princeton University Press, 1959.

17) Tocqueville, *Democracy in America,* pp. 634-645.（松本礼二訳『アメリカの民主主義　第２巻（下）』岩波文庫，2008年，155-157頁）。

18) Cf., Sheldon S. Wolin, *The Presence of the Past: Essays on the State and the Constitution,* Johns Hopkins University Press, 1989. シェルドン・S・ウォリン「日本語版への序」千葉眞・齋藤眞・山岡龍一・木部尚志訳『アメリカ憲法の呪縛』みすず書房，2006年，iv 頁。

19) 同上書，v 頁。

20) 「逆立ちした全体主義」（inverted totalitarianism）についてウォリンが初めて言及したのは，2003年５月に刊行された『ネーション』誌においてであった。Cf., Sheldon S. Wolin, "Inverted Totalitarianism," *The Nation,* Vol. 276, No. 19（May 19, 2003），pp. 13-15.（杉

第4章 代表制, 参加, 民主主義の民主化

田敦訳「逆・全体主義」『世界』第717号, 2003年8月, 74-77頁)。その後, 以下の著作ではより詳細にこの表現について説明が付されている。つまり, それはナチズムの全体主義がアメリカで再現されているということではなく, 現代アメリカにおいて立憲民主主義の基本的諸原理に反する覇権的システムの諸傾向を示すものと指摘されている。つまり, 唯一の超強大国(スーパーパワー)としてのアメリカが, 高度な情報・大衆操作・管理のためのテクノロジーを駆使し, 地球規模での軍事的覇権の拡張・優位性・至高権力性を追求する支配のダイナミクスを意味する。それが「逆立ちした」全体主義であるのは, 下から上へ, つまり社会から政府と経済の奪取を追求したナチズムと異なり, 市民社会の動員解除と無力化をはかり, 大企業を支配下に置くのではなく, グローバルに展開する金融資本主義に追随し, それと連携しつつ覇権的権力の全体化を目指すことによる。E. g., Sheldon S. Wolin, *Democracy Incorporated: The Managed Democracy and the Spectre of Inverted Totalitarianism*, Princeton University Press, 2008, pp. ix-xvi. 以下をも参照。千葉眞「〈解題〉『スーパーパワー』批判とポストモダン・デモクラシー論——ウォリン著『西欧政治思想史』増補新版の刊行に寄せて」『思想』第975号, 2005年7月, 68-70頁。

21) Sheldon S. Wolin, *Politics and Vision*, enlarged edition, Princeton University Press, 2004, pp. 557-559. (尾形典男・福田歓一・佐々木武・有賀弘・佐々木毅・半澤孝麿・田中治男訳『増補版 政治とヴィジョン』福村出版, 2007年, 708-711頁)。

22) E. g., ibid., pp. xv-xvii, 557-565, 584-594, 602-606. (邦訳書, 6-7, 708-717, 737-750頁)。Sheldon S. Wolin, "Inverted Totalitarianism," pp. 13-15. (杉田敦訳「逆・全体主義」, 74-77頁)。千葉眞「〈解題〉『スーパーパワー』批判とポストモダン・デモクラシー論」, 66-75頁。Wolin, *Democracy Incorporated*, pp. ix-xvi, 3, 40, 43-50, 54-68, 211-237.

23) Wolin, *Politics and Vision*, enlarged edition, pp. 565, 590-594. (邦訳書, 717, 746-750頁)。

24) シェルドン・ウォーリン「革命的行為とは何か」(杉田敦訳, 『世界』第453号, 1983年8月, 70頁)。

25) John Locke, *Two Treatises of Government*, second edition, Peter Laslett, Cambridge University Press, 1967, pp. 424-446. (加藤節訳『完訳 統治二論』岩波文庫, 2010年, 551-593頁)。以下をも参照。愛敬浩二「J. ロックの『政府解体論』について」『早稲田法学会誌』第43巻, 1993年, 1-47頁。藤原保信「ロックの契約論と革命権——『政府論』第一九章との関連において」齋藤純一・谷澤正嗣編『藤原保信著作集 第10巻 公共性の再構築に向けて』新評論, 2005年所収, 92-106頁。

もっとも, 後に見るようにウォリンは, ロックの革命論を, 『統治二論』のテキスト読解から, さらに現代的状況の視点からも, 非暴力的に再解釈しようと試みている。だが, 歴史的文脈においてロックの立論は, 「天への訴え」論の解釈問題をも含めて, 武力革命論という解釈が従来のロック研究の主流には見られることは否定しがたい。この問題が重要な解釈問題のひとつとして存在することを指摘しておきたい。しかしまた加藤節は, 「天への訴え」論を, 「神の作品」の政治学構想の下での「宗教的義務のいわば極限的な遂行を強いるものであった」と指摘している。以下を参照。加藤節『ジョン・ロックの思想世界——神と人間との間』岩波書店, 1987年, 180頁。加藤節「解説」『完訳 統治二論』所収, 610-613頁。

26) Locke, *Two Treatises of Government*, p. 429. (邦訳書, 559-560頁)。

111

I グローバル化の中のデモクラシー

27) Wolin, "What Revolutionary Action Means Today," p. 25.（邦訳書，71頁）。

28) Ibid.（邦訳書，同上頁）。Cf., Locke, *Two Treatises of Government*, p. 433.（邦訳書，565頁）。ロックのこの議論は，一昔前の通説においてはすでに成就した名誉革命を理論的に正当化するために事後になされたと解釈されてきた。しかし，この解釈は『統治二論』の執筆時期が1680年前後の排斥法案闘争（国王チャールズ二世に対してその弟ヨーク公［ジェームズ］の王位継承者からの排除の要求闘争）の時期（1681年頃）であったことが分かってきており，反証されている。ロックのこの議論は，今日ではむしろ来るべき抵抗を促すものであったと理解されている。この意味において，ロックはウィッグ急進派に立脚していたという解釈が主流を形成するようになった。しかも，この抵抗権思想は，ウィッグ派の通常の古来の憲制論に依拠するのではなく，社会契約に基づく自然権論──「自己保存への生来的で根源的な権利」，「臣民の固有権」，「臣民の生命，自由，財産」ほか──への「侵害」に依拠していたのであり，その点でもロックはウィッグ派の中でも異色であった。E. g., Locke, *Two Treatises of Government*, pp. 429-430.（邦訳書，559-560頁）。Cf., John Dunn, *The Political Thought of John Locke: An Historical Account of the Argument of the 'Two Treatises of Government'*, Cambridge University Press, 1969, pp. 47-53. John Dunn, *Locke*, Oxford University Press, 1984, pp. 28-29.（加藤節訳『ジョン・ロック──信仰・哲学・政治』岩波書店，1987年，16-17頁）。前掲・愛敬浩二「J. ロックの『政府解体論』について」，5-31頁。

29) Wolin, "What Revolutionary Action Means Today," p. 25.（邦訳書，70頁）。

30) Ibid.（邦訳書，同上頁）。

31) Sheldon S. Wolin, "Contract and Birthright," *Political Theory*, Vol. 14, No. 2（May 1986), p. 192.（木部尚志訳「契約と生得権」，前掲・ウォリン『アメリカ憲法の呪縛』所収，196頁）。Sheldon S. Wolin, "Norm and Form: The Constitutionalizing of Democracy," in *Athenian Political Thought and the Reconstruction of American Democracy*, J. Peter Euben, John R. Wallach, Josiah Ober（eds.), Cornell University Press, 1994, pp. 54-55. 以下をも参照。千葉眞『ラディカル・デモクラシーの地平』新評論，1995年（オンデマンド出版，2006年），88，101頁。

32) Cf., Laclau and Mouffe, *Hegemony and Socialist Strategy*, second edition, pp. 1-2, 151-152.（邦訳書，37-38，334-336頁）。

33) コリン・クラウチ，山口二郎監修，近藤隆文訳『ポスト・デモクラシー』青灯社，2007年，1-106頁。以下をも参照。千葉眞「社会保障の劣化と民主主義──ラディカル・デモクラシーの視点から」前掲・田中浩編『リベラル・デモクラシーとソーシャル・デモクラシー』，161-167頁。

34) 鵜飼健史『人民主権について』法政大学出版局，2013年，173-204頁。

35) たとえば以下を参照。早川誠『代表制という思想』風行社，2014年，22-24頁。前掲・宇野重規『政治哲学的考察』，89-131頁。

36) この点についていくつかの方面から掘り下げた前掲・山崎望・山本圭編『ポスト代表制の政治学』所収の以下の諸論考を参照。五野井郁夫「直接民主主義は代表制を超えるのか？」同上書所収，31-56頁。山崎望「代表制のみが正統性をもつのか？」同上書所収，102-110頁。山田陽「熟議は代表制を救うか？」同上書所収，121-148頁。また今日の社会における多様な格差の現状──女性と男性，非正規労働者と正規雇用，所得格差，貧富，ひとり親

112

第4章 代表制，参加，民主主義の民主化

家庭と両親のいる家庭，世代間，社会保障と生活保障における貧困層への締めつけほか——の分析とその是正という視角から代表制民主主義の危機とその再生の道筋を提起した以下の著作をも参照。前掲・三浦まり『私たちの声を議会へ』。

37) 田村哲樹『熟議の理由——民主主義の政治理論』勁草書房，2008年，121-143頁。以下をも参照。田村哲樹「模索する政治，政治の模索」前掲・田村哲樹・堀江孝司編『模索する政治』，10-13頁。

　そもそも熟議（審議）民主主義の議論は，代表制の議論というよりも参加民主主義の議論として出発した。今日ではあたかも代表制民主主義の議論として自由主義的なテーマのように扱われる傾向があるが，この議論の参加民主主義的な出自は忘れ去られてはならないであろう。たとえば，その出自において，地域における市民の対話や公共的討議・コミュニケーション・審議の重要性の強調，「熟議の日」の設定などについて考察や提言がなされてきた。E. g., Joshua Cohen, "Deliberation and Democratic Legitimacy," in *The Good Polity: Normative Analysis of the State,* Alan Hamlin and Philip Pettit (eds.), Basil Blackwell, 1989. James S. Fishkin, *Democracy and Deliberation: New Directions for Democratic Reform,* Yale University Press, 1991. David Miller, "Deliberative Democracy and Social Choice," *Political Studies,* Vol. 40 (Special Issue), 1992. Seyla Benhabib, "Deliberative Rationality and Models of Democratic Rationality," *Constellations,* Vol. 1, No. 1 (April 1994). 篠原一『市民の政治学——討議デモクラシーとは何か』岩波新書，2004年。Bruce Ackerman and James S. Fishkin, *Deliberation Day,* Yale University Press, 2004.（川岸令和・谷澤正嗣・青山豊訳『熟議の日——普通の市民が主権者になるために』早稲田大学出版部，2015年）。

38) 以下を参照。宇野重規『〈私時代〉のデモクラシー』岩波新書，2014年。

39) たとえば以下を参照。待鳥聡史『代議制民主主義』中公新書，2015年，241頁。さらに同書の12-13，123-125，242-252頁をも参照。

40) 同上書，256頁。

41) Vieira and Runciman, *Representation,* p. 60.

42) Hanna Pitkin, *The Concept of Representation,* University of California Press, 1967.

43) E. g., Adam Przeworski, Susan C. Stokes, and Bernard Manin (eds.), *Democracy, Accountability, and Representation,* Cambridge University Press, 1999. 千葉眞「後期近代国家と民主主義的アカウンタビリティ」眞柄秀子編『デモクラシーとアカウンタビリティ』風行社，2010年，101-130頁。

　信託型代表制とは言っても，これは財産問題の法的取扱いのように字義通りに適応可能なものというよりは，一種の比喩的なものという性質は取り除くことはできない。Cf., Vieira and Runciman, *Representation,* p. 79. というのも，行政部や立法部の2，3の信託違反によって当該の代表権限が全面的に反故にされるわけではないからである。ここでは，ロックが付した重要な留保——暴政や専制といった悪政の長期にわたる傾向性と持続性——を必要条件とすることなどが，参考になろう。

44) http://top10.sakura.ne.jp/IPU-All-SeatsP-Female.html

45) 杉田敦『両義性のポリティーク』風行社，2016年，190-192頁。

46) "Editors' Introduction," in *The Future of Representative Democracy,* Sonia Alonso, John Keane, Wolfgang Merkel (eds.), Cambridge University Press, 2011, pp. 1-7.

113

第**5**章

リベラル・デモクラシーを下支えする「公共精神」をどこに求めるか
――新自由主義的世界におけるネイションの規範的重要性の再評価

白 川 俊 介

は じ め に

　新自由主義的なグローバリゼーション，あるいはグローバルな規模の市場原理主義が世界を席巻している。デイヴィッド・ハーヴェイの簡潔な定義によれば，新自由主義とは「何よりも，強力な私的所有権，自由市場，自由貿易を特徴とする制度的枠組みの範囲内で個々人の企業活動の自由とその能力とが無制約に発揮されることによって人類の富と福利が最も増大すると主張する政治経済的実践の理論[1]」である。新自由主義のイデオロギーは，フリードリッヒ・ハイエクやミルトン・フリードマンらによって洗練され，ケインズ主義的な経済学に代わって1980年代頃から米国を中心に本格的に台頭しはじめ，90年代以降，とりわけ旧ソヴィエトの崩壊を機に，グローバルな規模で拡散してきた。

　安倍晋三内閣は，こうした新自由主義的なグローバリゼーションの波に乗り遅れてはならないとして，2012年12月の発足以来，様々な改革を推し進めている。安倍内閣の社会経済政策は一般に「アベノミクス」と呼ばれているが，それによって，安倍内閣発足以前には1ドル＝75円前後まで進んだ円高も，1ドル＝110円前後にまで円安が進み，輸出企業を中心に業績が回復し，民主党政権下では1万円を割り込んでいた株価も，2万円を大幅に超えるまでに持ち直した。あるいは，構造改革や規制緩和によって，諸種の規制で保護されてきた各産業の構造にメスを入れ，新規参入を促すことで，価格競争や新たなイノベーションが起こることが期待される。かつて小泉純一郎元総理は「構造改革

115

Ⅰ　グローバル化の中のデモクラシー

なくして景気回復なし」と言ったが，ある意味ではそうなのかもしれない。

　しかしながら，新自由主義的なグローバリゼーションは，その負の側面として，リベラル・デモクラシーの機能不全をもたらしている。もっとも，リベラル・デモクラシーの機能不全が指摘されはじめたのは，最近のことではない。そもそも思想史的に見れば，個人の自由を称揚するリベラリズムと，個人間の（政治的）平等を志向するデモクラシーは，簡単には折り合いのつかない概念である。そしてすでに，1970年代頃には，「正当性の危機」，「統治能力の危機」，「福祉国家の危機」など，様々な形でリベラル・デモクラシーの機能不全が指摘されていた。

　実のところ，新自由主義は，こうしたリベラル・デモクラシーの機能不全を解決するものとして登場してきた側面もある。とはいえ，1980年代以降，多少の紆余曲折はあったにせよ，基本的には新自由主義的な路線がグローバルな規模で継続的に採用されてきたにもかかわらず，「歴史の終わり」以降もいまだにリベラル・デモクラシーの機能不全が叫ばれているということは，新自由主義のイデオロギーが，リベラル・デモクラシーの機能不全に対する処方箋をほとんど提供できていなかったということになろう。そしてそれは，ある意味では当然である。なぜなら，新自由主義はリベラル・デモクラシーの基盤に据えられるべき「公共精神」，あるいはある種の「市民的徳性」（civic virtue）を蝕んでいくからである。

　再びハーヴェイの議論に目を向けると，新自由主義は，自由市場の自己調整機能に絶対的な信頼を置く議論であり，「市場における契約関係の重要性を強調」し，「人々のすべての行動を市場の領域に導こうとするもの」である。人々は自己利益を最大化するために市場での機会を最大限に活用しようとする。そうすると，人々にとって，刹那的な市場での取引において短期的かつ一時的に取り結ぶ契約関係だけが重要なものとなり，その他の社会関係や人間関係は，市場での円滑な取引の障害であるとみなされるようになるのである。[2]

　しかしながら，私的利益の最大化のために短期的かつ一時的な契約関係を重視する人々のあいだでは，リベラル・デモクラシーが重きを置く価値である，たとえば社会正義（福祉政策）は実現しにくいだろう。というのも，社会正義

第5章　リベラル・デモクラシーを下支えする「公共精神」をどこに求めるか

を実現するには，おそらく一度も会ったことも，これから会うこともないであろう他者のためにみずからの利益の一部を税金や保険料などとして供出するという，「公共精神」を人々が有していなければならないからである。新自由主義的なグローバリゼーションの進展は，かかる「公共精神」を減衰させるように働くために，リベラル・デモクラシーは根元から切り崩されていくのである。

　リベラル・デモクラシーの機能不全に対して，「公共精神」を回復しなければならないという指摘はしばしばなされる。人間が公共精神を身につけるには他者の存在が重要であり，他者と行動や生活をともにする場としての「共同体」や「社会」が必要である。だが，リベラル・デモクラシーの機能不全を前にして，いかなる「共同体」が規範的に重要なのか探求されねばならないだろう。本章の目的は，そうしたリベラル・デモクラシーを下支えする「公共精神」を涵養する場としてのナショナルな共同体（ネイション）の重要性を指摘することである。

　ところが，ネイションを重視する議論には風当たりが強い。とりわけ戦後の政治理論や政治哲学，とりわけリベラリズムの政治理論においては，リベラル・デモクラシーとの関連でナショナリズムを規範的な観点から考察することは，長らく忌避の対象であった。[3] そして，それ以上に，今日のナショナリズム批判は，新自由主義を推し進めようとする政権は一般に，ある種の保守主義と結びつき，ナショナリズム，愛国心，文化や伝統への訴えかけを中核とする政策を採りがちだ，という点にも起因していよう。

　しかしながら，後述するように，新自由主義は，リベラル・デモクラシーを下支えする「公共精神」（ナショナリティ）を切り崩すベクトルを有しているのであって，そうした新自由主義がナショナリズムと結びつくことは，そもそもその性質からして矛盾している。新自由主義とナショナリズムの結びつきが見せかけにすぎないとすれば，新自由主義とナショナリズムを同列に批判する必然性は生じない。むしろ，新自由主義的なグローバリゼーションによって機能不全に陥っているリベラル・デモクラシーにおいて重要な価値である民主主義や平等を達成しようとするならば，それを下支えする「公共精神」が求められ

117

I　グローバル化の中のデモクラシー

るのであり，それを涵養する場としてのネイションの役割を一定程度肯定的に評価しうるのではないか。かかる意味で，ネイションはきわめて重要な規範的意義を有するのである。

1　リベラル・デモクラシーの機能不全

　1991年の旧ソヴィエトの崩壊を機に，リベラル・デモクラシーの勝利が高らかに宣言された。ところが皮肉なことに，たとえばコリン・クラウチが指摘しているように，「歴史の終わり」以後も，リベラル・デモクラシーがすでに定着した社会において，その機能不全が指摘され，リベラル・デモクラシーに対する不信や不満が高まっている。

　こうしたリベラル・デモクラシーの機能不全の要因のひとつを新自由主義的なグローバリゼーションの進展に求めることは大いに可能である。多くの論者が，新自由主義的なグローバリゼーション，あるいはグローバルな市場原理主義に基づく自由貿易の推進は，社会内部における格差を拡大し，そうした社会の分断や亀裂によって，デモクラシーが危機に陥ると指摘している。そもそも新自由主義が支持を集めてきた背景に目をやれば，それはある意味では当然である。

　新自由主義が本格的に台頭してくるのは1980年代頃からだが，70年代にはすでに，「正当性の危機」，「統治能力の危機」「福祉国家の危機」など，様々な形でリベラル・デモクラシーの機能不全が指摘されていた。60年代後半以降，とりわけ米国は，泥沼化するヴェトナム戦争に足を引っ張られる形で財政赤字が肥大化し，インフレが進行して経済が悪化し，いわゆるスタグフレーションにあえいでいた。こうした状況に対して，政府は有効な政策を見いだせず，政府に対する信頼が低下していった。そして実のところ，新自由主義のイデオロギーは，こうした問題点にある種の処方箋を提示するものとして台頭してきた側面があった。

　新自由主義者は次のように論じた。すなわち，デモクラシーのもとでは，政府はどうしても選挙民の意向に引きずられがちなので，必要以上に政府支出を

118

第5章　リベラル・デモクラシーを下支えする「公共精神」をどこに求めるか

行い，財政が膨張する傾向にある。さらに，政策決定には民主的な手続きを踏む必要があるので，政府の経済政策は後手に回りがちである。したがって，政府がむやみに経済政策に介入するのではなく，資源の効率的な配分は市場の自己調整機能にすべてを委ねるべきだ，というのである。換言すれば，デモクラシーの下では「政府の失敗」が生じるので，政府の役割は市場の自己調整機能の円滑化に限定されるべきであり，政治は市場に介入すべきではない，ということである[5]。

ジョン・グレイはこのように述べる新自由主義者に共通する信条を次のように指摘している。すなわち，

> 新自由主義者は，個人の自由における最も重要な条件は自由市場であることを信じている。政府の範囲は厳格に規定されなければならない。民主主義はおそらく望ましいのだろうが，市場の自由を保護するためには制限されなければならない[6]。

実際に，吉田徹が，ジャンドミニコ・マジョーネの研究を参照しつつ指摘しているように，1980年代以降，議会という，人々によって民主的な正当性を付与された機関がやるべき業務を，専門家や独立機関，つまり，いわゆる「非多数派機関」（non-majoritarian institutions）にある種の権限を付与して行わせる「委任統治」が一般化してきている[7]。

ただし，80年代に現在のようなリベラル・デモクラシーの機能不全がそれほど顕在化しなかったのは，市場がまだ本格的にグローバル化する以前だったからであろう。市場の重要なプレイヤーである企業にとって，従業員の賃金は一方ではコストである。だが他方で，企業を一歩離れれば，その従業員は企業にとって重要な消費者でもある。したがって，従業員の賃上げは，確かに企業にとってコストではあるが，従業員が同時に消費者である社会においては，消費者の豊かさの向上につながるので，企業にとって賃上げは単なるコストではなく，次の需要の創出につながる重要な投資でもあるのである。

だが，市場がグローバル化すると，企業の従業員＝消費者という構図が崩れてしまう。国内の消費者のみならず，世界中の消費者を相手に取引をするので，必ずしも国内の消費者に買ってもらわなければならない必然性がなくなるから

119

I　グローバル化の中のデモクラシー

である。したがって，従業員の賃金は企業にとって単なるコストでしかなくなる。しかも労働市場がグローバル化しているので，より低賃金の労働者を世界中から獲得可能になる。それゆえ，労働者の賃金は価格競争に晒され，低下する一方である。アラン・トネルソンはこうした状況を「底辺への競争」（race to the bottom）と名づける[8]。このようなメカニズムが，いわゆる「中間層」の没落を招き，富者と貧者の格差が大幅に拡大することになる。しかもこの格差は，生み出された富がごく一握りの富裕層に集中するような形で生じている。ロバート・ライシュは，かかる富の偏在こそが，危機の核心だというのである[9]。

　しかしながら，先に述べたように，新自由主義は，あくまで市場の自己調整機能を信頼し，自由市場の「黄金律」に従うように各国に強制するので，国家は格差を縮小させるような経済社会政策を実行するのではなく，国内の労働者などの保護という名目で課されている様々な規制の撤廃にますます腐心するようになる。ダニ・ロドリックは一例として，各国の「法人税引き下げ競争」を挙げている[10]。

　企業がグローバルに活動しやすくするためには，資本移動の妨げになる法人税率はなるべく低いほうがよい。自由市場の「黄金律」に従えば，各国はこのような法人税引き下げ圧力に曝されることになる。法人税率を引き下げなければ，企業は法人税率の低い国や地域（タックス・ヘイブン）に移動していくだけである。ところが，法人税率を引き下げれば，企業の税負担は減る一方で，減額分の税収を公債の発行や増税などといった何らかの形で補わなければならない。つまり，人々がその分を負担することになるのであって，人々はそのような決定を簡単には容認できないはずである。言い換えれば，「進化した統合が要求する痛みの強い国内の経済調整は，国内の有権者に納得してもらえない」[11]のである。

　こうした点からして，ロドリックは，グローバリゼーションと国内の民主政治とのあいだには「根本的な緊張関係」があり，グローバリゼーションは，「民主政治の縮小を要求し，テクノクラートに民衆からの要求に答えないよう要請する」というのである[12]。それゆえ，当然ながら大多数の人々は，みずからの意見が代表されていないとして，統治エリートに対する不信感を増大させる

120

ことになり，それはデモクラシー自体への不信感に直結するのである。たとえば2011年9月ごろからアメリカで起こった「オキュパイ・ウォールストリート運動」は，かかる人々の不信感や不満が積もりに積もって起こされたものだと言えよう。以上のように，新自由主義的なグローバリゼーションの進展によって引き起こされる格差の拡大が，デモクラシーの基盤を切り崩し，リベラル・デモクラシーは機能不全に陥るのである。

　リベラル・デモクラシーの機能不全が，新自由主義的グローバリゼーションの深化による格差社会化や社会の分断に起因するものであるとすれば，格差や分断を埋めるための社会福祉政策を実行すべきだということになる。実際，新自由主義的グローバリゼーションに批判的な論者はおおむね，これ以上の格差拡大を防ぐことがまず何より重要だという考えで一致している。ここで，行論の都合上，社会正義やデモクラシーを重要な価値だとして擁護するリベラル・デモクラシーの政治枠組みを，規範理論的にどのようなものとして想定できるかという点に触れておきたい。

2　リベラル・デモクラシーの政治枠組みと文化との関係性

　リベラルな理論家は，「負荷なき」純粋選択主体としての個人が自由に善き生を選び取る環境を整えることを理想とする。したがって，従来のリベラリズム論においては，個人の自律性を基底にした場合，リベラル・デモクラシーの政治枠組みは，個人の選択に干渉すべきではなく，また特定の選択をするように促してはならない。つまり「国家の中立性」が要請されるべきだと考えられてきた。なぜなら，「善き生とは，各個人がそれぞれのやり方で探求するものであって，もし政府がこの問いにたいして旗色を鮮明にするようなことにでもなれば，その政府は不偏性を欠くこととなり，したがってまた，すべての市民を平等に尊重していないこととなる」からである。[13]この点をとりわけ，文化との関連に着目して述べれば，政治と文化の問題を「政教分離モデル」で捉え，文化を各人が私的に追求する価値であるとし，国家は文化から超越的であり，その保護や社会的再生産に積極的に関与すべきでないと考えられてきたのである。[14]

121

I　グローバル化の中のデモクラシー

　しかしながら，こうした考えには近年疑念が呈されている。というのも，事実上既存の国家内部のマイノリティは，たとえ基本的人権が与えられても，不利な状況に置かれていることに変わりなかったからである。リベラリズムの政治枠組みの文化中立性の想定のもとでは，リベラルな国家において文化や伝統に基づく政治的権利要求——分離独立・自治・集団代表権・言語や教育にかかわるものなど——はすべて生じること自体が想定されないか，あるいは非リベラルなものとされてしまうおそれがあった。したがって，リベラリズムの政治枠組みが真に文化中立的であるのかが次第に疑われるようになってくる。

　こうした流れのなかで，とくに英米圏の政治理論において，ある程度の合意を獲得してきているとされるのが，ヤエル・タミール，デイヴィッド・ミラー，ウィル・キムリッカ，マーガレット・カノヴァンらを代表的な論客とする，「リベラルな文化主義」(liberal culturalism) という考え方である。リベラルな文化主義の理論家は，当該社会において支配的な集団の文化が，政治社会の構成原理にある程度不可避的に反映される事実を一定程度積極的に捉え，リベラル・デモクラシーの政治制度の正当性や，それを下支えする個人間の連帯意識の源泉となる文化の重要性を指摘するのである。

　とりわけ再分配政策は，その性格上，当該社会の成員に対してみずからの利益の犠牲と他者のための負担を含意する。だが，それを進んで引き受ける態度は，リベラルの理論がそれ自体では提供できない前提，すなわち，みずからと一定の資質——「そもそもはじめから相互に恩恵を受け，道徳的にかかわり合いをもつ存在としての自分自身を見る何らかの見方」——を共有する人々にたいして抱く，いわば「関係性の感情」(a feeling of relatedness) に依拠している。そして，そうした感情は「ある種の文化的・社会的背景」を人々が共有することによって生まれるというのである。タミールは次のように指摘している。

　　　われわれが福利を考慮すべき「他者」はわれわれが気遣い，アソシエーションにかんするわれわれのアイデンティティとかかわりがある他者である。共同体的な連帯意識は，親密さと共通の運命という感情，あるいは幻想を生み出すのであり，そうした感情ないし幻想は配分的正義の前提条件である。

122

第5章　リベラル・デモクラシーを下支えする「公共精神」をどこに求めるか

このように，リベラル・デモクラシーの政治枠組みが安定的に機能するに
は，人々にあいだに「関係性の感情」のような社会的協働を可能にする精神的
な基盤がなければならないとするならば，留意すべきは，新自由主義は人々の
あいだの「関係性の感情」を壊すように作用する，ということである。この点
に関連して，吉田徹は次のように述べる。すなわち，

> 公式的な政治経済の次元以上に，新自由主義は大きな転換を社会にもたらしたこ
> とは強調されるべきだ。新自由主義が真に非難されるべきなのは格差を拡大させた
> り，権威主義的な政治を行ったりするからではない。それは社会全体を他人に対す
> る不信を前提に組み立てようとした「新自由主義モード」をもたらしたことにあ
> る。[18]

3　新自由主義における「営利精神」の過剰と「公共精神」の減衰

ここで議論を深めるために，サミュエル・テイラー・コールリッジの議論に
目を向けておきたい。コールリッジは，イギリスを代表するロマン派の詩人で
あり文芸評論家であるが，代表的な保守主義者でもある。彼は，1800年前後
の，イギリスにおいて産業革命が完成に向かい，自由貿易に打って出るように
なる頃の人物である。彼はそのようなイギリスにあって，当時主流を占めてい
た，デイヴィッド・リカードら古典派経済学の理論家を批判したのである。

コールリッジの批判で着目したいのは，彼は自由貿易や市場主義自体が問題
であるというよりは，それによって育まれる人々の「精神」，あるいは「メン
タリティ」のほうがより問題だ，と論じている点である。彼は次のように述べ
る。

> 私たちは，多忙で進取の気性に富む商業的な国民です。この国民性に付随した習
> 慣によって，もし適当な対抗力がなければ，私たちはどうしても，効用や実践的知
> 識といったもっともらしい名のもとに，あらゆるものを市場を通じて眺め，あらゆ
> るものを市場価値によって評価するようになってしまうのです。[19]

123

Ⅰ　グローバル化の中のデモクラシー

　彼はこのような精神を「営利精神」と呼び，その「過剰」（overbalance of commercial spirit）に問題があると論じたのである。

　かかるコールリッジの批判は現代においてもきわめて有意義であると思われる。というのも，新自由主義は，市場を絶対的に信頼し，市場での交換が全てであり，人々のあらゆる行動を市場に導こうとするものであり，そこで前提とされる，あるいはそこにおいて醸成される人々の「精神」は，「各人が自己を優先し，他人との関係を利益によって維持し，さらに他者にとっての自分の効用を重視する」という「経済人」の「精神」だからである[20]。

　「経済人」は，「公共の利益」や「公共の事柄」に関心を払う必要がない。なぜなら，「経済人」は自由市場における他者との競争において，みずからの効用を最大化しようとするのだが，もっぱらそこで求められるのは，市場における公正な競争を担保するルールを順守することだけである。市場における他者は，自分と同様に，自己利益の最大化を目論むゲームの競争相手であるから，他者と協力する動機，ましてや他者に配慮する動機など生まれにくいし，仮に生じたとしても短期的なものにすぎないだろう。

　さらに言えば，新自由主義のイデオロギーにおいては，「経済人」は社会から独立した存在であり，いつでもその社会から自由に離脱でき，移動することが可能であると想定されている[21]。たとえば，新自由主義においては，福祉政策としての失業対策を政府が積極的に行うよりは，労働市場の自由化に委ねるほうが効率的だとされる。その理由は，労働者は労働市場における機会を最大限に利用することで，仮に失業しても，その人は地域社会の垣根を越えて，場合によっては国境を越えて，すぐに別の新たな職にありつけると考えられるからである。また，失業でなくとも，みずからの効用をより高める職が別のどこかにあれば，転職することが合理的だと想定される。

　このような当人が属している集団，社会，共同体からいつでも自由に離脱可能な，いわば根無し草のような人々のあいだには，長期的かつ継続的に他者と協力していくという「精神」やメンタリティは生じにくいだろう。なぜなら，協力して何かをなそうとしたところで，その最中に相手がそこから離脱することが想定されるならば，協力する動機が失われるからである。したがって，

第5章　リベラル・デモクラシーを下支えする「公共精神」をどこに求めるか

「経済人」は「公共の事柄」に関心を持ち，私的な利益ではなく「公共の利益」のために他者と長期的かつに協力する「精神」，すなわち「社会的協働」を下支えする「公共精神」を持つことが難しいように思われるのである。

4　「公共精神」を育む基盤となる「自発的結社」?

リベラル・デモクラシーの政治枠組みが安定的に機能するには，人々のあいだに何らかの「公共精神」が求められるのだが，新自由主義的なグローバリゼーションのもとでは，かかる「公共精神」が蝕まれていく傾向が看取されることを確認した。したがって，リベラル・デモクラシーの機能不全を正すには，何らかの方途によって「公共精神」の再生を図る必要があるということになるだろう。

リベラル・デモクラシーの安定性にとって「公共精神」が重要である，という指摘自体は目新しいものではない。たとえば，アレクシス・ド・トクヴィルの議論である。[22] リベラリズムは，強制的な権力からの自由を求めるという意味では，たとえそれが民主的な正当性を付与されたものであったとしても，かかる権力とは相いれない。そういう観点からすれば，リベラリズムとデモクラシーは本質的に矛盾するのだが，その両立可能性をトクヴィルは，アメリカ人が有する「公共精神」に見いだしたのである。

その文脈でトクヴィルは，当時のアメリカ社会に存在していた様々な「結社」の重要性を指摘した。アメリカ人は，様々な結社に所属し，他者との自由闊達な話し合いを通じて，自己と利益や考え方を同じくする人もいれば，異にする人もいることを学ぶことで，みずからの「営利精神」を抑制し，一定の共通の目的を達成するべく他者と協力する動機をもたらす「公共精神」を身につけている，というのである。[23]

こうしたトクヴィルの議論を踏まえ，三浦まりは，近著において，代議制民主主義を立て直す上で，デモクラシーを下支えする「公共精神」を涵養する場として，NPOなどの「自発的結社」(voluntary association) に着目する。三浦は，「誰でも好きな時に作ることができ，出入りが自由な結社がたくさん存在

125

Ⅰ　グローバル化の中のデモクラシー

することで，私たちはその時々の関心ごとに従って，複数の結社を往来しながら，公共的生活の方針決定に能動的に参加していくことになる。そして，自発的結社が市民としての徳を涵養する機会を提供する[24]」（傍点は筆者による）というのである。

　確かに，結社に所属し，そこで他者と交わることで，自己利益の追求のみに終始するようなメンタリティではなく，公共の事柄に関心を持ち，他者とともに協働していく精神が涵養される側面はあるであろうし，そのこと自体の重要性を私は否定しない。しかしながら，「自発的結社」の重要性を指摘するだけでは，ある意味で不十分であるように思われる。というのも，「自発的結社」はむしろ，新自由主義の統治戦略の強化に利用される側面が否めないからである。

　ピーター・ミラーとニコラス・ローズによれば，新自由主義はその統治戦略において，「国家の脱統治化」（degovernmentalization of the State）「統治の脱国家化」（de-statization of government）を推し進める[25]。新自由主義化が進めば，国家は社会福祉から撤退することになり，社会福祉は公的領域から私的領域に移転されることになる。よって，国家からすれば，人々が福祉の問題を私的領域の問題として，自発的に引き受けてくれることが望ましい。ゆえに国家は，福祉の受益者としての市民（passive citizen）ではなく，みずからリスクを引き受け，そのなかでみずからの自己利益を極大化していく活動的・能動的な市民（active citizen）を涵養しようとする。

　ローズが「アドヴァンスト・リベラリズム」（advanced liberalism）と呼ぶこの戦略のポイントは，活動的な市民がリスクを引き受けつつ選択をし，自己実現をする場が，個人にとってごく身近でアクチュアルな「コミュニティ」（自活的結社）であるという点であり，新自由主義は統治戦略において，それを積極的に利用しようとする，というのである。ローズによれば，

　　　活動的で責任を引き受ける自己というこの新たな体制において，個人はそのナショナルな義務を，お互いの依存と義務の関係を通じてではなく，さまざまなミクロな道徳的領域ないし「コミュニティ」——家族・職場・学校・余暇のクラブ・近隣——において，自己実現を通じてなすものとされる[26]。

第5章　リベラル・デモクラシーを下支えする「公共精神」をどこに求めるか

　しかしながら，このような戦略は，渋谷望が指摘するように，ある種の選別の原理として機能する。すなわち，能動的・活動的な市民とそうではない市民とのあいだに修復しがたい断層線を引くことにつながるおそれがある。ここで重要なのは，この両者の差が「質的」な差であるという渋谷の指摘である。要するに，シティズンシップの不適格者とは「何にもまして倫理的・道徳的な意味で」不適格なのである。このように「アドヴァンスト・リベラリズム」の統治戦略は，「コミュニティ」を，活動的市民が住む道徳的共同体と，自己責任を放棄した者たちが住む非道徳的共同体とに二分する。そしてさらに問題なのは，両者の共存関係が危機に陥るどころか，互いに出会わないことによって，ますますお互いを確かなものにしているということである。[27]

　かかる議論から惹起されるのは，「自発的結社」あるいは「コミュニティ」を重視するとすれば，それに自発的かつ積極的に参画しようとする人々とそうではない人々とのあいだに埋めがたい溝を生じさせる恐れがあるということである。したがって，「自発的結社」における他者との社交において獲得する公共精神は，それに積極的に参加する人同士を結びつける基盤にはなりえても，彼らとそうでない人を結びつけるものにはなりえないどころか，排除するように働くおそれすらあろう。

　このような公共精神は，リベラル・デモクラシーの政治枠組みを下支えする公共精神としてはいささか不十分であると言わざるをえない。というのも，リベラル・デモクラシーの政治枠組みを下支えする「公共精神」はむしろ，リスクをみずから引き受けようとしない者であっても，共に社会を営む仲間だとして排除しない，より広範かつ深遠なレベルで人々を結びつける動機となりうるものでなければならないからである。

5　「非自発的結社」としてのネイションの規範的重要性
──「公共宗教」論を補助線として

　ここで先に言及したトクヴィルに立ち戻れば，トクヴィルは，結社の重要性を指摘すると同時に，「宗教」の社会的機能に着目して，次のように述べている。

127

Ⅰ　グローバル化の中のデモクラシー

> 社会にとって最も重要なことは，すべての市民が本当の宗教を信じているということではなく，社会が全体としてひとつの宗教を持っているということである[28]。

　無論，ここで言われている「宗教」とは，具体的な宗教を指すのではなく，トクヴィルより少し前の哲学者ジャン＝ジャック・ルソーが，「厳密に宗教的な教義としてではなく，それなくしては善き市民でも忠実な臣民でもありえないような社会性の感情として」市民同士を結びつけるものとして論じた「公共／市民宗教」（religion civile[29]）のことである[30]。そして，トクヴィルによれば，政治社会が安定的に存続するうえで，その社会に属する人々が何らかの「公共宗教」を有していることが重要だというのである。

> 人々が似かよった信仰を持っていないで繁栄することのできる社会は存在しない。というよりもむしろ，人々のあいだにそのような信仰がなくして存続する社会というものはない。なぜかというと，共通の観念なくして共通の行動はないし，また共通の行動なくして，人間は存在しても社会は存在しないからである。それゆえ，社会が存続するには，まして社会が繁栄するには，市民のあらゆる精神が，いくつかの主要な観念によって結集し団結していなければならない[31]。

　現代における公共宗教論の大家であるロバート・ベラーによれば，「公共宗教」とは，「どの民族の生き方にも見いだされるはずの宗教的特質のことであり，民族はそれによってみずからの歴史的経験を超越的リアリティにかかわらせて解釈する[32]」のであり，それは，いわゆる宗教とは異なり，「秩序，法，権利」に大きく関わる「価値の体系」のことである[33]。

　ここで，森孝一がベラーの「公共宗教」を「見えざる国教」と言い換えている点は注目に値する。というのも，第1に，公共宗教がある種の「国教」だとする点で，それは人々のナショナル・アイデンティティの形成に寄与することを示しており，第2に，そうした「国教」が「見えない」ものであるということとは，「信仰」や「宗教」という言葉が使われているように，人々が理性的に，選択的に，自発的に身につけたものではなく，理屈では理解できない「非合理」なものだ，という点を示唆するものだからである（傍点は筆者による）[34]。したがって，「公共宗教」は，言ってみればマイケル・ポランニー[35]が論じるところの「暗黙知」（tacit knowledge）の次元に属するものであるといえよう。だと

第5章 リベラル・デモクラシーを下支えする「公共精神」をどこに求めるか

すれば、それは人々の思考の無意識の部分に蓄積されるものであり、簡単に拭い去ることができない。換言すれば、人々は「公共宗教」を共有する集団から自由に離脱し、移動することは難しい、ということになるだろう。そして、この「離脱不可能性」こそ、マイケル・ウォルツァーが他の集団と政治共同体を分かつ特徴だとみなす点である。

ウォルツァーは「交互に支える用意のある相互支援の政治体制がなければ、自由な個人からなる政治体制は存在しえないだろう」という[36]。とすれば、人々のあいだに「交互に支える用意」が生まれる契機はどこにあるのかということが問題である。彼はその点について、ある集団の「閉鎖性」、あるいは「離脱不可能性」の重要性を指摘するのである。

ウォルツァーは、政治共同体を隣人関係との対比で論じる。隣人関係とは、誰であっても出入り自由であり、場当たり的で「ランダムなアソシエーション」である[37]。他方で、政治共同体とはそのようなものではない。彼によれば、

> 隣人関係はある自発的な基盤のうえに、一世代あるいは二世代は結合力のある文化を維持できるかもしれない。しかし、人は出入りを繰り返す。結合力はすぐになくなってしまうかもしれない。文化と集団の特徴は閉鎖性に依存しており、それなしでは人間生活にとって安定したものとはならないであろう。ほとんどの人がそう思っているように、もしもこの特徴に価値があるのなら、閉鎖性がどこかで許されなくてはならない[38]。

すなわち、政治共同体とは「自発的結社」ではなく、むしろそこからの離脱が難しく、入ることも制限された一定程度閉じられた「非自発的結社」（involuntary association）だというのである。そして、共同体的な拘束に個人がいうがおうでも従わなければならないことが、当人に「その内部で行動しなければならない理由」を与えるという[39]。

また、タミールも、とりわけ配分的正義の構想を長期にわたって営むうえで、自由な出入りが難しい閉じた社会のなかで育まれる「公共精神」の重要性を指摘して、次のように述べる。すなわち、

> 配分的正義にかんする構想が国家において意味を持つのは、国家がみずからを自発的なアソシエーションではなく、同じ運命のその成員たちが共有するところの自

129

Ⅰ　グローバル化の中のデモクラシー

発的かつ比較的閉じた共同体と見なす場合のみである。そうした共同体の内部において成員たちは，お互いにたいする愛情を育む。そうした愛情は相互的な責務——それなくしては「ケアする国家」（caring state）という理念は保持できない——を引き受けるために必要な道徳的正当化の根拠を提供する。[40)]

　そして，ウォルツァーやタミールのいう閉鎖的な非自発的結社としての政治共同体とは，ナショナルな共同体のことである。リベラル・デモクラシーの政治枠組み，とりわけ社会正義の制度枠組みを下支えする「公共精神」を有する集団としてのネイションの重要性を指摘するミラーは，次のように述べる。

　　社会正義の枠組み，とくに，市場での取引を通じて自活できない者に対する再分配を含む枠組みを各個人が支持する条件について考えるとき，信頼は特別な重要性を帯びるようになる。この意味での福祉国家を目指し，同時に民主的な正当性をも保持しようとする国家は，構成員がそうした正義の義務をお互いに承認しあっている共同体に基礎を置いていなければならない。[41)]

　そして，そのような精神をもたらすのは，現在ではネイションへの帰属意識をおいて他にはない，とミラーは言う。その根拠に，社会正義の原理にとって不可欠な背景を形成する共通の意味や理解を含む「公共文化」（public culture）の存在を挙げる。公共文化とは，「ある人間集団がどのようにして共に生活を営んでいくかに関する一連の理解[42)]」であり，また「様々な責任を確定するためにも役立つ共同体の性格をめぐる一連の観念[43)]」でもある。したがって，いわば社会正義の構想を模索していくうえでの手がかりとなる，半ば無意識に人々が共有している感覚や社会的意味・経験の集合であるといえよう。そしてこの公共文化を保持していることが，ネイションという共同体の特徴であるとされる。公共文化の共有が一因となり，同じネイションに所属する人々はお互いを文化的に同質な仲間であると認識し，生活の多様な場面で継続的協力を常に行い，社会を共同で作っていこうと考えるのである。

　したがって，ネイションとは，当該社会に帰属する人々と，いやがおうでも協力していかねばならない道徳的な理由や動機づけを与える「公共宗教」を有する社会だと言える。換言すれば，ネイションとは，そこからの離脱が容易でないからこそ，リベラル・デモクラシーを安定的に機能させるうえで必要な

第 5 章　リベラル・デモクラシーを下支えする「公共精神」をどこに求めるか

「公共精神」を涵養するという意味で，リベラル・デモクラシーを下支えする「動力源」のようなものなのである。したがって，リベラル・デモクラシーの機能不全をただし，それを安定的に機能させるという観点からすれば，ネイションは，他の集団に比して，規範的な重要性を帯びているといえるであろう。[44]

むすびにかえて──「エリートの反逆」に抗して

これまで本章では，ネイションを「公共宗教」を共有する，自由な出入りが難しい閉鎖的な社会として捉え，ネイションへの帰属が育む「公共精神」こそがリベラル・デモクラシーを下支えするという観点から，ネイションの規範的な重要性を指摘してきた。最後に，新自由主義的グローバリゼーションが進む現代世界において，かかる「公共精神」を，とりわけ誰が有するべきかという点に若干触れて，本章を終えたい。

かつてオルテガ・イ・ガゼーは，リベラル・デモクラシーを脅かすのは「大衆」であると論じたが，現代ではむしろ「エリート」の堕落がリベラル・デモクラシーに対する人々の信頼を失墜させている。そう論じたのはクリストファー・ラッシュである。[45]ラッシュは20年以上前にすでに，社会に対する「エリートの反逆」が問題であると論じていた。とりわけ何が問題なのかといえば，本章の言葉を使えば，能力やその他の面で社会からの離脱が比較的容易なエリートこそが「公共精神」を失い，「営利精神」むき出しで私的な利益の追求に奔走する様である。

しかしとはいっても，社会はエリートなしで済ますことは難しい。デモクラシー，とりわけ代議制は，選挙で選ばれた統治エリートが社会のために尽力してくれるという信頼のうえに成り立つ制度である。したがって，エマヌエル・トッドが述べるように，「民主制とポピュリズムを分かつものは，民衆がエリート層の必要性を受け入れ，それに信頼を寄せることである」。[46]

現代のリベラル・デモクラシーの機能不全から立ち直るためには，エリートが再び「公共精神」を取り戻し，「ノブレス・オブリージュ」を引き受けるよ

131

I　グローバル化の中のデモクラシー

うになることが何より重要であるように思われる。おそらくエリートの多く
は，最初からエリートであったわけでなく，当人が帰属する社会における機会
に恵まれたからエリートになりえたのではなかろうか。だとすれば，みずから
を育んでくれた社会に敬意を払い，同世代の他者や後の世代の人々も同じよう
な機会を享受できるように尽力するする責務があるのではないだろうか。それ
はエリートがその社会の内部に留まるひとつの大きな理由になりうる。「公共
精神」は，そうしたことから涵養されていくように思われるのである。

【註】
1）　Harvey（2005）p. 2＝（2007）10-11頁。
2）　Harvey（2005）p. 2＝（2007）12頁。
3）　Beiner（2003）pp. 104-105.
4）　Crouch（2004）.
5）　*see* Buchanan and Wagner（1977），Brittan（1977）.
6）　Gray（2007）p. 120＝（2011）123頁。
7）　吉田（2011）p. 128-141頁。
8）　Tonelson（2002）.
9）　Reich（2010）.
10）　Rodric（2011）pp. 193-194＝（2014）226-227頁。あるいはライシュは次のように指摘す
　　る。すなわち，「政治家たちは，自由市場は全知全能だという社会通念の影響を受けてお
　　り，激変する環境下にあっても中間層が活躍できるような新たな対策を講じるのではなく，
　　逆に規制緩和と民営化を進め，労働組合を批判し減退させ，富裕層に対する減税を行って，
　　社会的セーフティネットをずたずたにしてしまった」（Reich（2010）p. 5＝（2011）p. 8）.
11）　Reich（2010）pp. 187＝（2011）220頁。
12）　Reich（2010）pp. 189-190＝（2011）223頁。
13）　Taylor（1992）p. 18＝（2004）24頁。
14）　Kymlicka（2001）pp. 23-24＝（2012）35頁。
15）　Tamir（1995）pp. 118-119＝（2006）259-263頁。
16）　Tamir（1995）p. 128＝（2006）279頁。
17）　Tamir（1995）p. 121＝（2006）265頁。
18）　吉田（2014）124頁。
19）　Coleridge（1972）189頁。
20）　ラヴァル（2015）21頁。
21）　たとえば，ラヴァルは次のように述べる。すなわち「市場社会は，生活の必要性から自
　　由になって，物質的享楽を約束してくれるだけでなく，生活のあらゆる次元である種の
　　〈個人の自由〉を約束してくれる。自分個人に快楽を与えてくれる最もふさわしい財，
　　人々，場所，時間，これをいつでもどこでも選べる理想的消費者としての自由である。

第5章　リベラル・デモクラシーを下支えする「公共精神」をどこに求めるか

人々が市場社会を望むのは，伝統，信仰，義務，帰属から解放してくれるのに役立ち，解放されれば，〈経済的〉価値という新たな抽象的論理に自発的に従えばよいからに他ならない」（ラヴァル（2015）p. 25。傍点は筆者）。

22）　トクヴィル（1987）。

23）　たとえば，トクヴィルは次のように述べている。すなわち，「私はアメリカで正直なところそれまで想ってもみなかったような結社に出会い，合衆国の住民が手段を尽くして共通の目標の下に多数の人々の努力を集め，しかも誰もを自発的に目標の達成に向かわせる，その工夫にしばしば驚嘆の声を上げた。」（トクヴィル（1987(下)）201頁）。

24）　三浦（2015）185-186頁。

25）　Miller and Rose（2008）p. 212.

26）　Rose（1996）p. 57.

27）　渋谷（2003）64-67頁。

28）　トクヴィル（1987(中)）252頁。

29）　"religion civile"あるいは" "civil religion"をどのように訳出するかという点は議論があるが，煩雑さを避けるために，本章では以降，「公共宗教」という語で統一する。

30）　ルソー（2008）255-278頁。

31）　トクヴィル（1987(下)）30頁。

32）　Bellah（1992）p. 3＝（1998）29頁。

33）　Bellah（1991）p. 171＝（1973）348頁。

34）　（森 1996：第1章）。藤本龍児はかかる森の議論を踏まえ，次のように述べる。すなわち，公民宗教は，「アメリカ国民に共有される最大公約数的な宗教的志向性を示し，多様な文化的背景を持つアメリカ国民に共通の感情と集団的目標を与え，連帯感や倫理観の源泉となってきた」（藤本 2014：56）。

35）　Polanyi（1966）.

36）　Walzer（2004）p. 17＝（2006）33-34頁。

37）　Walzer（1983）p. 37＝（1999）69頁。

38）　Walzer（1983）p. 39＝（1999）73頁。

39）　Walzer（2004）ch. 1＝（2006）第1章。

40）　Tamir（1995）pp. 117-118＝（2006）259頁。

41）　Miller（1995）p. 93＝（2007）163頁。

42）　Miller（1995）p. 26＝（2007）46頁。

43）　Miller（1995）p. 68＝（2007）121頁。

44）　「公共宗教」をナショナルな共同性の源泉としてのみ位置づけるのは，「公共宗教」の含意を狭く取りすぎであるという批判があるだろうが，紙幅の都合上，この点については稿を改めて論じたい。また，トクヴィルの「公共宗教」に関する議論を導きの糸として社会的な連帯や紐帯を論じるのは，いわゆる「トクヴィル右派」的な議論であり，かかる議論に対する懸念も示されているが（たとえば，宇野（2016）第III部第3章，森（2002），森（2014）第6章），この点についての応答も別稿における検討課題としたい。

45）　Lasch（1994）.

46）　トッド（2009）282頁。

133

Ⅰ　グローバル化の中のデモクラシー

【参考文献】

Bellah, R.（1991［1967］＝1973）"Civil Religion in America," in *Beyond Belief: Essays on Religion in a Post-Traditional World*, University of California Press, pp. 168-191.（「アメリカの市民宗教」，河合秀和訳『社会変革と宗教倫理』未來社，343-375頁）

―――（1992＝1998）*The Broken Covenant: American Civil Religion in Time of Trial*, Second edition, University of Chicago Press.（松本滋・中川徹子訳『新装版　破られた契約――アメリカ宗教思想の伝統と試練』未來社）

Brittan, S.（1977）*The Economic Consequences of Democracy*, Temple Smith.

Buchanan, J. M. and Wagner, R. E.（1977＝2014）*Democracy in Deficit: The Political Legacy of Lord Keynes*, Academic Press.（大野一訳『赤字の民主主義――ケインズが遺したもの』日経 BP 社）

Coleridge, S. T.（1972［1852］）*Lay Sermons: The Collected Works of Samuel Taylor Coleridge Vol. 6*, White, R. J.（ed.）, Princeton University Press.

Crouch, C.（2004＝2007）*Post-Democracy*, Cambridge: Polity.（近藤隆文訳，山口二郎編『ポスト・デモクラシー――格差拡大の政策を生む政治構造』青灯社）

Gray, J.（2007＝2011）*Blackmass: Apocalyptic Religion and the Death of Utopia*, Penguin Books.（松野弘監訳『ユートピア政治の終焉――グローバル・デモクラシーという神話』岩波書店）

Harvey, D.（2005＝2007）*A Brief History of Neoliberalism*, Oxford University Press.（渡辺治監訳『新自由主義――その歴史的展開と現在』作品社）

Kymlicka, W.（2001＝2012）*Politics in the Vernacular: Nationalism, Multiculturalism, and Citizenship*, Oxford University Press.（岡崎晴輝・施光恒・竹島博之監訳『土着語の政治――ナショナリズム・多文化主義・シティズンシップ』法政大学出版局）

Lasch, C.（1994＝1997）*The Revolt of the Elites: And the Betrayal of Democracy*, Norton.（森下伸也訳『エリートの反逆――現代民主主義の病』新曜社）

Miller, D.（1995＝2007）*On Nationality*, Oxford University Press.（富沢克・長谷川一年・施光恒・竹島博之訳『ナショナリティについて』風行社）

Miller, P. and Rose, N.（2008）*Governing the Present*, Polity Press.

Polanyi, M.（1966＝2003）*The Tacit Dimension*, Routledge and Kegan Paul.（高橋勇夫訳『暗黙知の次元』ちくま学芸文庫）

Reich, R.（2010＝2011）*Aftershock: The Next Economy and America's Future*, Knopf.（雨宮・今井章子訳『余　震　そして中間層がいなくなる』東洋経済新報社）

Rodric, D.（2011＝2014）*The Globalization Paradox: Why Global Markets, States, and Democracy Can't Coexist*, Oxford University Press.（柴山桂太・大川良文訳『グローバリゼーション・パラドックス――世界経済の未来を決める三つの道』白水社）

Rose, N.（1996）"Governing 'Advanced' Liberal Democracies," in Barry, A., Osborne, T. and Rose（eds.）, *Foucault and Political Reason: Liberalism, Neo-Liberalism and Rationalities of Government*, University of Chicago Press, pp. 37-64.

Tamir, Y.（1995＝2006）*Liberal Nationalism*, Paperback Edition with new preface, Princeton University Press.（押村高・森分大輔・高橋愛子・森達也訳『リベラルなナショナリズムとは』夏目書房）

第5章　リベラル・デモクラシーを下支えする「公共精神」をどこに求めるか

Taylor, C. (1992 = 2004) *The Ethics of Authenticity*, Harvard University Press.（田中智彦訳『「ほんもの」という倫理——近代とその不安』産業図書）

Tonelson, A. (2002) *The Race to the Bottom: Why A Worldwide Worker Surplus And Uncontrolled Free Trade Are Sinking American Living Standards*, Westview Press.

Walzer, M. (1983 = 1999) *Spheres of Justice: A Defense of Pluralism and Equality*, Basic Books.（山口晃訳『正義の領分——多元性と平等の擁護——』而立書房）

—— (2004 – 2006) *Politics and Passion: Toward a More Egalitarian Liberalism*, Yale University Press.（齋藤純一・谷澤正嗣・和田泰一訳『政治と情念—— より平等なリベラリズムへ』風行社）

宇野重規（2016）『政治哲学的考察——リベラルとソーシャルの間』岩波書店。

渋谷望（2003）『魂の労働——ネオリベラリズムの権力論』青土社。

トクヴィル，アレクシス（1987）井伊玄太郎訳『アメリカの民主政治（上・中・下）』講談社学術文庫。

トッド，エマニュエル（2009）石崎晴己訳『デモクラシー以後——協調的「保護主義」の提唱』藤原書店。

藤本龍児（2014）「二つの世俗主義——公共宗教論の更新」島薗進，磯前順一編『宗教と公共空間——見直される宗教の役割』東京大学出版会，51-90頁。

三浦まり（2015）『私たちの声を議会へ——代表制民主主義の再生』岩波書店。

森孝一（1996）『宗教からよむ「アメリカ」』講談社。

森政稔（2002）「ニーチェと政治的徳の終焉」『国際社会科学』第52巻，41-60頁。

—— (2014)『〈政治的なもの〉の遍歴と帰結——新自由主義以後の「政治理論」のために』青土社。

吉田徹（2011）『ポピュリズムを考える——民主主義への再入門』日本放送出版協会。

—— (2014)『感情の政治学』講談社。

ラヴァル，クリスチャン（2015）菊地昌実訳『経済人間——ネオリベラリズムの根底』新評論。

ルソー，ジャン＝ジャック（2008）中山元訳『社会契約論，ジュネーヴ草稿』光文社。

135

Ⅱ

グローバル化の中のセキュリティ

第**6**章

領土と主権に関する政治理論上の一考察
――暴力，人民，国連をめぐるアポリアに抗して

前 田 幸 男

は じ め に

　第二次世界大戦後，各国の領土保全と植民地独立を主権平等という価値で包み込むことでなんとか形を保ってきた国連を中心とする世界秩序が，冷戦の崩壊と9.11を経る中でガラガラと音を立てて崩れようとしている。

　たとえば，国境線の変更は伴わないまま，国境内部の秩序の回復をめぐって大国が関与しながら内戦が恒常化する状態は国連を中心とする世界秩序への根源的な挑戦となっている。その背後には，一部の主権国家が「テロとの戦い」を起こすことで，国内の少数派勢力が結果的に交渉相手ではなくテロリストに「なる」という逆説がこの根源的な挑戦の背後に見え隠れする。こうした深刻な挑戦は，これまでの常識とされてきた領土概念と主権概念の激しい動揺として顕在化しており，本章ではこうした今日的状況を踏まえ，国際政治社会学や政治地理学といった視点から，領土概念と主権概念の再検討を通して既存の一国を前提とする政治理論の問い直しを試みる。

　その際，デモクラシーを制度的に実現しているとされる「人民主権」を構成する「主権者＝人民」という「価値」の中に含まれている根源的な問題について指摘しながらも，動揺する領土概念と主権概念を抱える諸国家を接合する装置としての国連を，今後の世界秩序を維持する担い手として位置付けていくためのヒントを提示してみたい。

II　グローバル化の中のセキュリティ

1　領　　土

　国際政治論におけるリアリズムの依拠する国家中心主義的アプローチの限界が批判されて久しいが，その過程の中で「領土」は国家に自動的に付随するものとして議論の俎上にも載ってこなかった。多くの国際紛争に「領土」にまつわる問題が絡んでいるにもかかわらずである。自明の概念としての「領土」はいわば政治理論・国際政治論における盲点と言っていいだろう。ところがミッシェル・フーコーが統治性概念を通して人口に焦点を合わせていたことがわかってくるのに並行して，「領土」も統治の射程の中に包含する形での理論化が進んでいく。他方で，この領土─統治ネクサスが国家の精緻化の中で強化されていくプロセスと並行して，領土概念は自決権との関係で根源的な矛盾を抱えることとなっていく。第 1 節では，この領土をめぐって二転三転してきた政治状況に光を当てながら，どのような挑戦が投げかけられているのかについて論じる。

（1）なぜ領土の罠にはまったのか？

　国際政治学の世界ではすでに定着した議論となったジョン・アグニューの 3 つの「領土の罠」の議論がある[1]。それは国際政治学での議論には以下の 3 つの地理的な前提が暗黙裡に置かれているとする。すなわち，第 1 に近代主権国家は明確な境界を持つ領土を必要とする。第 2 に，世界は国内と国際の二分法的立て分けによって理解することができる。最後に，領域国家は近代社会の地理的なコンテナーである。これは政治学・国際政治学における「領土神話」といってもいいだろう。

　グローバル化が進展する中，政治理論・国際関係学の研究者が「領土」を国家に所与とされる固有の付属物として議論してきたことを「領土の罠」としてアグニューが批判したのは，国家中心主義的アプローチを脱構築するために画期的だったといえるが，その副作用として「領土」そのものについての掘り下げがされなくなった。それどころか「領土」は議論の俎上にさえ載らなくなっ

140

第 **6** 章 領土と主権に関する政治理論上の一考察

ていった。なぜなら，一方でポスト・ウェストファリアを掲げる連帯主義的国際社会を目指す研究が世に出るようになり，[2] 他方で国家を相対化するポスト構造主義的なアプローチが席巻していく中で，もっとも「マテリアルな」言及対象に向き合うことは敬遠されてきたからである。[3]

　むしろ近年のいわゆる「領土ターン」が起きてきたのは，ウェストファリア条約が近代主権国家体系の出発点であるという物語が詳細に検討・脱構築されていく中で，[4] 国家の来歴を系譜学的に洗い直すと同時に領土をも系譜学的に問い直そうという動きが始まったからということが言える。

　もうひとつの理由として，フーコーの講義録『安全・領土・人口』が世に出されたことで，統治研究の対象が領土というよりも人口にシフトしていったことが挙げられる。この点，フーコーはマキャヴェッリの時代とそれ以降で，権力の標的が領土とそこに住む臣民だったのが，統治される当のものは「事物」になったと指摘している。

> 統治が関わるのが領土ではなく，人間と事物とからなる一種の複合体なのだということを示そうということだと思います。つまりラ・ペリエールの言うには，統治が引き受けるべき当の物事とは人間たちのことだけれども，それは富や資源や食糧といった事物と関係・結びつき・絡みあいをもつかぎりでの人間である。事物にはもちろん領土も含まれる。国境をもち，質・風土・旱魃，豊穣を備えた領土である。[5]

続けてフーコーはこの統治のことを船や家族を引き合いに出すことによって説明する。そこで本質的に目標となるのが船員とその積み荷，あるいは家族を構成する諸個人とその諸個人の財産・繁栄である。「本質的なのは人間と事物とからなるこの複合体です。これこそが主要な要素であって，領土や土地所有権はいわば変数にすぎない」[6] とする。

　こうして政治理論・国際政治論における統治性研究も「人口」をひとつの研究対象として発展していくのだが，フーコーの講義録で語られている「領土」には「取得するもの」という含意があったことからこの概念が後景に退いていってしまった。

　こうした理解から導かれる「領土」というものは人口に対して単なる静的な背景・物質的な基礎・コンテナーに縮減される傾向にあった。そのためグロー

141

Ⅱ　グローバル化の中のセキュリティ

バル化との関係で脱領域化／再領域化が語られる時はいつでも，原風景に「マテリアルな」領土を措定してしまうというもうひとつの「領土の罠」にはまってきたのである[7]。

（2）領土への再注目——人々を生かすための統治との関係で

　「領土」を単に取得対象としてだけ捉えるのではなく，むしろ国家の力関係や富といったものの計測・算定（calculation）にとって決定的に重要な要素と理解すべきだとの議論が登場してきた[8]。分割，境界画定，係争，占領，所有，資源の採取，植民地化，測量と数量化，脅威と防衛といった問題群にはすべて領土的要素が関わっている。

　その意味で「領土」と「人口」は，「土地」と「人々」を表し，理解し，そして統治する新しい方法として歴史的には比較的現代に近い時期に同じようなタイミングで登場してきた。地理政治（geopolitics）[9]と生政治（biopolitics）は，お互いに緊張関係にある，もしくはオルタナティブの関係にあるのではなく，完全に相互に関係し合い，複雑かつ重層的に絡みあっているのだ[10]。

　この「土地」と「人々」の関係については実は後期のカール・シュミットが注目していた点だった。シュミットの「ノモス」という概念が何を意味しているのか不明であるとしばしば指摘されてきたが，それは3000年以上もの歴史の中でノモスの意味が変異してきたことと関係している[11]。名詞であるノモスという語はギリシャ語の動詞ネメイン（*nemein*）に由来する。このネメインには３つの意味が含まれており，それが「取得すること（*nehmen*）／分配すること（*teilen*）／牧養すること（*weiden*）」である（カッコはドイツ語）[12]。つまりノモスにはこの３つの行為が含みこまれているのだが，シュミットによれば，やはりまず取得が最初に来る。陸地が取得されてはじめて，そこから分配と牧養へと進むことができる。しかしノモスの意味がこのトリアーデで構成されており，しかもこの３つは一見まったく異なる類の行為であるにもかかわらず，より深いレベルでまとまっているということが見えてくる。人類が長い年月をかけて遊牧から定住へと生活形態を変化させる中，ノモスがギリシャ語でいうところの家（*oikos*）に接続され，*oiko-nomia* あるいは *oiko-nomos* として現れてくる

第 6 章　領土と主権に関する政治理論上の一考察

ことはきわめて示唆的で[13]，これが現代で言うところのエコノミーへと連なって
くることはここで改めて指摘しておきたい[14]。

　しばしば「例外」の政治学者として理解されるシュミットだが，取得された
陸地の中で人々を生かすという営為に注目し，かつ近年の統治における領土へ
の再注目を経由すると，それはフーコーの統治性の問題系に限りなく近づいて
くる。

（3）領土概念のグローバル化

　領土が暗に国家を指し示すようになるようになるには，長い歴史を系譜学的
に紐解いていく必要があるが，スチュアート・エルデンによれば，それはまず
「空間」という概念の発明が鍵になってくる。彼はデカルトが「心（*res cogi-
tans*）」が不可分であるとするのに対して，「延長を持つ実体（*res extensa*）」は
可分であると論じている点に注目する[15]。そしてこの「延長」こそ物体の本質と
考えたデカルトが，世界を把握するために幾何学を通して幅・奥行き・高さと
いう三次元概念を利用し，その「延長」を数学的に計測可能と捉えたことが空
間概念の誕生であったとする[16]。

　さらに単子論で知られるライプニッツが当時仕えていたハノーヴァー公に請
われてウェストファリア条約以降の「主権」の位置づけについて論じた内容に
注目する。すなわち，ライプニッツは，ちょうどジャン・ボダンがしたよう
に，至上権と主権を区別すべきものとし，前者を皇帝に，そして後者をその帝
国の下位に包摂される領土の領主に属するものとした。ここから主権の対内的
至高性と対外的独立の特徴が見出されると同時に，領土が主権と接合されてい
ることがわかる[17]。

　16世紀から17世紀にかけてのヨーロッパと新大陸における王朝間の戦争の中
で，各国は国富の計測技術の精緻化と対をなす形で地図作成術の精緻化も成し
遂げていく。この統治技術の精緻化の流れが「領土」の析出を果たすことと
なった。その顕著な例が，フランスとスペインの間の国境線の画定作業の中に
見出せる。三十年戦争後も続いていた両国間の戦争を終結させたピレネー条約
を受け，両国間の国境を正確に画定するための共同委員会が立ち上がった。そ

143

II グローバル化の中のセキュリティ

こで作られた国境が近代的な意味における初の公式の境界線となった。[18] そのプロジェクトは18世紀に入ってやっと完成したが，完成までにはセバスティアン・ル・プレストル・ド・ヴォーバンの境界の要塞化技術やセザール・カッシーニによる地図作成技術が動員された。[19] その中で地図は，グリッドをその上にかけて，新たに長方形に切り分けられた政治地図として誕生することとなる。

　もちろん，そこから緯度の発明とは対照的に「経度」を正確に測ることができるようになるまでかなりの年月を経なければならなかった。そのことはトルデシリャス条約によって分割線の東をポルトガル，西をスペインが領有するという取り決めにまつわる逸話に象徴的である。その分割線の意味は東に位置しているとされたアフリカをポルトガル，西に位置しているとされたアメリカ大陸をスペインが領有するということだった。ところが，当時，経度の正確な把握がいまだできていなかったことから，その分割線から東部で南米の一部が発見され，そこがポルトガル領ブラジルとなったということは，いかに経度の正確な把握が困難だったかを物語っている。[20] さらに当時の危険な外洋の航海を安全に実現できるようにするために1667年にパリ天文台，1675年にグリニッジ天文台がそれぞれ建設されたのは，この大航海時代以来激化していた海洋覇権の獲得を，経度の正確な計測を通して成し遂げようとしていたことを物語っている。[21]

　クロノメーターの発明などを経由して経度の正確な設定が可能になると，もはや砂漠やツンドラなどが広がる山岳地帯のような未知の場所でも，植民地化されていれば抽象的な「分割」が可能となった。こうした植民地分割において，計測技術が決定的な役割を果たしたのである。[22] 見たことも行ったこともない場所をあたかも己が場所であるかのように把握する技術。アンリ・ルフェーブルのいう抽象空間とは，まさしくこうした技術から生み出されたものといえる。[23] こうした技術に本来的に暴力性が備わっていると指摘されるのはそのためである。この帝国主義と植民地主義が浸透する過程の中でヨーロッパ以外の地域に住む人々の意識の中にも領土概念が浸透していくことになる。

　その後，もちろん世界の多くの国家が脱植民地化の産物として誕生したこと

第6章 領土と主権に関する政治理論上の一考察

は，国民国家モデルがグローバルに浸透する条件としては無視できない[24]。その際，重要な役割を果たしたのが自決権概念と主権概念である。19世紀から20世紀にかけて，国際法の次元で自決権概念と各国の主権平等概念が組み込まれていった。このことはコインの裏側で地図上での国境画定によって正確に計測された領土もそのまま引き継がれることを意味したことから，国家と領土の関係が強固に制度化されていくことの証左でもあった。

（4）領土に関する国際法の抱える根本的矛盾

　こうした領土概念のグローバル化とそれに伴った国民国家モデルが浸透する中で国際社会は世界大に形成されていったのだが，その過程は領土保全と自決権の間の根本的な矛盾という問題を抱えながらであったため，その矛盾が噴出するのは時間の問題だったといえる。ここではこの矛盾に焦点を当ててみたい。

① 「ウティ・ポッシデティス原則（*uti possidetis juris*）」

　国連は「人民の自決権」と「国家の領土的一体性」という2つの価値の間でバランスを取ろうとしてきたが，実際は後者の尊重が第二次世界大戦後一貫して支配的だった。つまり，国連のレジーム内で主権は究極的には人民に帰するというよりも国家に帰するように取り扱われてきた[25]。

　たとえば，1960年の国連総会決議1514（植民地独立付与宣言）[26]や1970年の国連総会決議2625（友好関係原則宣言）[27]といった決議，さらには1975年の「全欧安全保障協力会議（CSCE）」で採択されたヘルシンキ宣言でもこの原則が浸透していることを垣間見ることができる。

　注意すべきは，こうした植民地からの独立もしくは信託統治の枠組みを想定した文言は，独立国家の中での分離権を容認しているわけではないということだった[28]。このことは1991年の欧州連合理事会の下に置かれた旧ユーゴ和平会議調停委員会（通称バダンテール委員会）での「ウティ・ポッシデティス原則」の確認へと引き継がれていく。ウティ・ポッシデティス原則とは，関係国家間にて合意がなされる場合を除いて，自決権には既存の境界線の変更を含んではいけないという原則のことである。歴史的文脈に置き換えれば，宗主国から独立

145

Ⅱ　グローバル化の中のセキュリティ

した国家の国境確定において，従前の宗主国の行政区域をそのまま国境とみなすことで，現状維持（*status quo*）を意味する。

　領土保全を自決権よりも優位させるこれまでの国際社会の取り組みは，他国の領土取得という選択肢の除外を通して安定を得ようとするものだが，裏返せば国内の独立運動や境界線の変更を許さないことを含意する[29]。

　これはつまり植民地時代に分割された領域を尊重して受け入れるということであり，これに反する分離独立の要求は拒絶された。法的権利としての自決権はその行使の際に領域的制限を受けることになり，独立国家内の少数者は保護の対象にはなっても，その枠組みを尊重する限りにおいて保護されるに過ぎない。この原則の典型的なケースが，ロシア連邦内のチェチェン共和国や，中国内に位置する新疆ウイグル自治区，インドネシア内のアチェ州などである[30]。

　既存の領土の一体性の枠組みに挑戦するいかなる勢力（たとえば分離派勢力）も自決権を行使する人民とは見なされず，むしろテロリストとして見なされることが増えてくる[31]。「テロとの戦い」を口実に分離独立派の弾圧を行うという構図の中で，分離独立派の一部が本当にグローバルなテロリズムのネットワークの一部へと連結していくというのは皮肉でしかない。国家が「テロとの戦い」を起こすことで，国内の少数派勢力が交渉相手ではなくテロリストになるという逆説が生じている。

②　領土の一体性保護の意味

　また国連憲章の2条4項はしばしば戦争の違法化を規定したものとして引き合いに出されるが，領土という観点からすれば，武力による国境線の変更を認めないということを意味している。言い換えれば，それは加盟国が世界の現状の国境線を力で変更するいかなる活動も許されないというメッセージであり，それが既存の国境線を所与のものにするという規範として人々の間に定着していく。つまり，国連加盟国にとって「国境線の変更」は選択肢の中から予め除外されるか，もしくは国際法上の違法行為として咎められると同時に各国からの強い抵抗があることを当然予想しなければならないほどに規範化したルールの侵犯となる。

　他方で，国境線はそのままにその領域内で機能しているはずの政府がまった

第6章　領土と主権に関する政治理論上の一考察

くの機能不全に陥っていたり，そもそも政府自体が存在しないケースさえ少なくない[32]。このことは国境線の変更を伴わないまま，国境内部の秩序の回復をめぐって内戦が発生し，大国が関与しながら内戦が恒常化することまで可能にする。

（5）領土「への／を守る」暴力──テロトリー

確かに今日的に言えば領土とは国境線によって囲まれた場所として理解され，その領土を攻撃する者はテロリストとして捉えられているが，そもそもの「領土」という語の語源を調べると，この用語法は一面的であることが見えてくる。

「領土（territory）」の語源はラテン語にたどることができるが，そのひとつに土地や大地を意味する *Terra* がある。土地には人々を養うという含意がある。しかし領土は「町の周囲の土地」という意味のラテン語 *Territorium* にも由来する。接尾語の -orium というのは「何かの場所」，「何かの周辺」という意味を持つ。さらに「人々が近寄るなと警告される場所」という意味も *Territorium* には含まれている。なぜなら，それは「怖がらせる，脅えさせる」という意味の *Terrere* にも由来するからだ。

ここから Territory と Terror は同じ語源を持つということが指摘される[33]。よって，領土という語には，暴力の行使を通して占領した土地であるということが含意される。その意味で，まさしくテリトリーはテロトリーとして再定式化が可能となる[34]。なお，テロリズムという語は，フランス語 *terrorisme* に由来する。そしてこの語はフランス革命における恐怖政治（Terror）に由来しており，その語が辞書に初めて掲載されたのは1798年だった[35]。したがって，テロリズムとは「対立している双方がすぐに共有することになる一つの手法（*modus operandi*），つまり戦闘方法」である以上，「テロとの戦い」という表現自体が無意味な定式となる[36]。

その意味で，トマス・ホッブズ『レヴァイアサン』の構想は，国内的には契約関係に入った人民には国家による暴力の独占を通して作られた秩序を享受させつつ，他国には暴力の行使を躊躇させることで，不十分だが戦争の発生を阻

147

Ⅱ　グローバル化の中のセキュリティ

止することができるというものだった。[37]

　戦争の違法化を経て国連体制に参加する国々の領土の一体性を尊重する（＝国境線の変更は認めない）という現在の枠組みは，このホッブズの秩序原理の尊重の延長線にあると言うことができるだろう。ただし，この国家間システムが機能するためには，各国の「主権」が実効性を持っていることが条件になる。

　しかし現実はむしろ精度の高い領土の保全・管理を行うことのできる主権国家と，それができない半「主権」国家との間にある溝が糊塗できないところまで深まっているのではないだろうか。つまり，ウティ・ポッシデティス原則の当然の帰結として現行の国境線の変更（＝領土の拡張）はフォーマルには認めない一方で，「国家とは領土内で正当な物理的暴力行使を独占する主体である」というマックス・ウェーバーの主権国家の定義に当てはめることさえ憚られるくらい機能不全に陥っている国家が散発的に「誕生」している。なぜなら，一握りの主権国家によって，そうした機能不全化した国の領土に対して絶えざる介入がなされているからである。これが領土概念の動揺を招来している世界の状況である。

　この領土保全原則の遵守／侵犯の同時発生状況がなぜ可能なのかという点を理解するために，以下では「主権」概念の問い直しを行ってみたい。

2　主　　権

　アグニューは個々の国家の固定した領土に基づくとされる「絶対主権」とは異なり，必ずしも領土には基づくわけではないが実際に影響を与える主権を「実効主権」と呼んだ。この立場に依拠するとすれば，実際はむしろ，主権は分割もできるし，可動的でも可変的でも可塑的でもあるという点を出発点にしなければならないと言える。[38] 以下では多様な主権の現れ方について考えてみたい。[39]

（1）空戦の登場と主権平等原則の有名無実化

　対内的至高性と対外的独立性を備える「主権」が国家には備わっているとい

148

第 6 章　領土と主権に関する政治理論上の一考察

う物語の有効性が弱まってきた理由のひとつとして，戦争の形態が変化したという点は確認しておかなければならない。具体的には空戦の登場が主権平等原則に与えた影響についてである。

　これについてペーター・スローターダイクは「空軍による射程範囲の爆発的増大という要因を考慮に入れなかったら，"遠隔操作システムを媒介にした戦争のグローバル化"という現象は説明がつかないだろう」と論じている。[40]

　こうした変化の結果，戦争において主体同士が隣接した地点にいるかどうかということは付随的なものになってしまった。このことはかつてシュミットが空戦の登場によって伝統的な意味での戦争（陸戦と海戦）が終焉し，戦争が「治安攪乱者，犯罪者，害毒者に対する警察行動へ変わる」と論じたことの延長線上にある。その意味で，対テロ戦争とは警察活動の異名でしかない。[41]ドローンのような無人機による標的殺害（targeted killing）は，戦地に行かずして爆弾投下をなしうる空戦というものをさらに洗練化したものということがわかる。これはかつて陸戦の際に主権が対等に配置されていたような時代とは異なり，空から突然「主権」国家が襲われるということが示唆されているのである。そこでは主権はまったくもって対等ではなく，制空権を握る主権と握られる主権の非対称的関係が立ち現れている。軍事技術の革新の中で主権国家という概念が乗り越えられてきたことの証左でしかない。主権が可動的であるといわれる所以でもある。

　こうして，(1)空戦が登場したこと，(2)「大気テロリズム」が技術的に可能になったこと，(3)その技術を国家以外のアクターが行使できるようになったおかげで，あらゆる国家は「潜在的な敵」と常に隣り合わせになっているということを意識しなくてはならなくなった。[42]

　その結果，自決権の行使としての独立運動というものは，今日テロリズムというコードへと変換される以上，先に指摘した領土の語源から考えても，またシュミットが世界内戦と呼んだ状況が今日現出しているという意味でも，「テロリズムは近代性の申し子」だと言わなければならない。[43]

149

II グローバル化の中のセキュリティ

（2）主権国家崩壊とともに生み出される剝き出しの生と NATO 主権

　空戦の登場を経て，実際に主権神話の崩壊が顕在化した事例はいくつか挙げられるが，ターニングポイントとなったのは人道的介入がなされたときだったと言える。

　1992年のユーゴスラビア社会主義連邦共和国（SFRJ）の崩壊に伴い，次々と構成共和国が独立する中，セルビア共和国とモンテネグロ共和国によってユーゴスラビア連邦共和国[44]が結成された。これに合わせる形でSFRJを構成していた6つの共和国のうちのひとつだったセルビア人民共和国の中に設置された自治州だったコソボも同連邦共和国の中に組み込まれた。[45]

　他方，1991年にコソボでは独立を問う住民投票が実施され，9割超の住民がコソボ共和国の独立に賛成するも，登場は違法で無効であるとされる。その後の1996年のセルビア治安部隊による攻撃が発生する中で「コソボ解放軍」が登場する。現地住民のアルバニア人の多くはこの解放軍を正当な組織と考えていたが，ユーゴスラビア連邦共和国政府はテロリスト勢力と呼んだ。またいみじくも米国国務省は1998年にコソボ解放軍をテロリストに指定する。

　これが1998年から1999年にかけてのコソボ紛争となるが，この紛争によってコソボから多くのアルバニア人が脱出し，難民となった。この難民流出の危機を食い止める目的で北大西洋条約機構（以下，NATO）が介入することとなった。しかし，逆に地上ではセルビア人による民族浄化作戦は激化し，空爆が始まって1週間で30万人のアルバニア人が難民化したとされる。ここではNATOの空爆をセルビア政府軍兵士がどう捉えていたかという点は確認しておきたい。

> いまNATOがおまえを助けてくれるだろう。アメリカへ行け。クリントンもおまえを助けるだろう。かれらにこの場所はセルビアだと伝えとけ。[46]

NATOの空爆がまったく有効性を持たず，むしろ民族浄化を後押ししてしまったことがわかるような認識である。そして大量に発生したコソボ難民はマケドニア領内の難民キャンプで受け入れられるも，そこで使用されたテントは英蘭仏独軍で構成されたNATO軍によって用意された。またブラズダ（Braz-

150

da）の難民キャンプは3.5kmにもおよぶ鉄条網で囲まれた。その後，コソボ難民は希望する場所にさえ送られることなく，そのうちのおよそ2万人はキューバのグアンタナモ収容所に送られている。[47]

ここまでで明らかなのは，確かに暴力という形で主権権力を発動したのはユーゴスラビア連邦共和国という名のセルビア人勢力で，それに対抗したコソボ解放軍は自決権を行使した独立派としてではなくテロリストとして指定されたということである。しかし，さらにこの「緊急事態」を収拾するためのNATOによる空爆とそれ以降のアルバニア人難民の処遇における決定権はNATOにあったということだ。人道的介入という力が発動した時点で，主権は国家の手を離れ超国家組織へと移ったと同時に，剥き出しの生としての難民が国家の崩壊の中で生み出されていった。

つまり，ジョルジオ・アガンベンがホモ・サケルとして特定した「剥き出しの生[48]」は，国家による主権権力の発動の中でしか生み出されないわけではなく，崩れ去ろうとする主権国家の外部に位置する国際社会の深い関与の中で排出されもするということである。このような包摂しながら排除するという主権権力の作用は，主権国家が存在して初めて成り立つ暴力だが，主権国家が崩壊しながら生み出される剥き出しの生＝難民をどのような形で救済するのかについて，いまだ国際社会は解答を持たない。

その意味で，2015年に起きたシリア内戦に端を発する，近年では前例のないほどの大規模な数の難民がEUに向かったケースは主権のあり方を考える上で注目に値する。EU加盟国のギリシャとEUの東部境界線の外部に位置するトルコの間を難民が渡航するのに対して，EUに加盟する28か国は欧州対外国境管理協力機関（FRONTEX）との共同作戦でNATO傘下の海軍をエーゲ海に展開することに合意した。[49]難民危機に対してNATOを関与させるという決定が有効かどうかという問題は別として，EUが危機に陥った際にNATOが登場するというのはコソボの再演であり，もはや主権が国家の上位に移行する方式が定着したとも言える。ただし，その上位への移行といっても，まったく機能していない国連憲章第7章を前提とする強制措置の枠組みではなく，地域的取り決めが主権国家の上位にビルトインされているという意味においてである。

151

II　グローバル化の中のセキュリティ

　以上のように，「主権」は特定の国家にあっては依然として，その国家の手中にある一方で，実際は国家の手を離れた別様の「主権」が様々な形で国家を攻撃したり，呑み込んだり，統制したりしていることがわかる。主権平等の理念が崩れているのみならず，一部の超大国主権，グローバル金融のような形として立ち現れる実効主権，NATO 主権，〈帝国〉主権といったそれぞれの多様な形での発現がありうる。そこでは皮肉にも，前節で論じたように領土に備わる様々な国富や隣接する他国との力関係といったものを国家が正確に算定できるようになってきたにもかかわらず，主権が国家の手から離れていくという逆説のようなことが起こる場合もあるのである。

　しかし，そもそも近代主権国家が登場してきた背景として，君主主権から人民主権へとシフトしていくという，正統性の問題があることは改めて確認しておかなければならないだろう。

（3）人格としての国家／代表としての主権

　ホッブズは『レヴァイアサン』第16章の中で，仮想の feined または人為的な artificiall 人格のことばと行為は，それらが帰属する本人 AUTHOR の委任または許可によって権威 AUTHORITY を付与されると論じている。また擬制によって代表されることができないものは，ほとんどないとも論じている。その上で第17章でこの人格をになうものが主権者と呼ばれ，主権権力を持つとされる。[50] この点，クエンティン・スキナーは，代表を任命するための合意を通して群衆＝マルチチュードを一者に転換する際に生み出される人格の名は，主権者ではなく国家であると指摘する。そして，主権者とは一者に統合された群衆＝マルチチュードの代表の名であり，したがって主権とは国家の代表の名だという点を確認している。[51] 人格の名が国家で，国家の代表の名が主権者となる。つまり，国家と主権はイコールではない。ホッブズが注意深く論じていたのは，統治者＝主権者（sovereigns）は主権（sovereignty）の所有者（proprieters）ではないという点である。むしろ統治者＝主権者は，人民の安全と満足を獲得する基本的な義務を果たす執務室の保持者（holder of offices）なのである。[52]

　とすれば，ホッブズの理論から見れば，国家の代表であるはずの主権が国家

152

の命運を決定できない状況は，正統性の危機ということになるだろう。今，世界では，様々なイシューに対して主権を専有するどころか，まったく剥奪されているような状況に置かれている国家がじわじわと増えつつあるというのは，この正統性の危機がそれだけ多くの場所で顕在化していることを意味する。

（4）主権神話を支える人民主権

他方で，主権論の理念型と現実の主権の形の間の乖離が顕在化する中で，前者は多くの批判を受けるようになってきたにもかかわらず，いまだこの理念型は傷ついていないとも言われる。なぜこのいわゆる主権神話が依然として有効なのだろうか。この点についてアグニューは，(1)日常生活における民主化，(2)法の支配，(3)これまで従属させられてきた社会集団の自決，(4)社会的権利と経済的権利の拡大，(5)消費者と労働者を保護するための経済活動の規制など，近年の国家を基盤にした諸活動の多くの成功が，刺激と正統化の両面で人民主権に依拠してきたからだと指摘する。[53]

もし領域主権を批判すれば，それは人民による統治の批判となる。この立論によれば，「主権なくして民主政治なし」（No sovereignty, No democracy）ということになる。確かに，法よりも主権を上位に置くことで行政国家に対して人民 – 主権を上位に置く回路を結果的に切り開いた前期シュミットのような立論は，ある種の民主主義に資するという観点からすれば，今日の規範と現実の乖離があっても擁護する価値があると主張することには一理ある。

しかし，このナショナリズムに親和性を持つ人民という価値にこだわるあまりに，実際に作動する多様な主権の立ち現れ方を正確に把握できなくなるという別の問題がこの立場にはどうしてもついて回る。[54]

この点，人々の生活に影響を与えるような力を主権と呼ぶことは，法として人々に効果をもつデ・ユーレ *de jure*（法令上）の決定を経由して作用する力と，デ・ファクト *de facto*（事実上）の力を混同することから，後者を主権という用語で説明すべきではないという立場がありうるだろう。

しかし，アグニューの言うような実効主権という概念が登場してきた背景のひとつとして，一国の憲法以下の法体系に対する外部からの諸力が一国政府の

Ⅱ　グローバル化の中のセキュリティ

行動を予め規定する事例が増えてきたことが挙げられる。

　たとえば，米軍基地が沖縄に存在し続けることについて，沖縄県民の民意の多数派が反対だったとしても日米地位協定等の関係から，その民意とは異なる結論を一国政府が下す場合などは条約が存在することからデ・ユーレなのだろうか，それともその背後にあるアメリカ合衆国のデ・ファクトの力ゆえなのだろうか。

　またグローバル資本循環に適合しようとして国家の政策担当者が選挙時のマニフェストとはまったく異なる法制化を行う場合などが頻発する中で，デ・ユーレ主権をハイジャックする事例が増えている。つまり，実際はこのデ・ユーレとデ・ファクトの二分法が意味のない区分となりうる場合があることが意識されなければならない。

　アグニューの区分に従えば，前者の基地の事例は「集中型権力」のネットワーク版であり，後者は市場での交換や社会の相互作用の中で顕在化する「分散型権力」ということになるが，どちらも人民主権とは異なる実効主権というカテゴリーで理解すべき事例となる。

　たとえ為政者が実際に手続的には人民主権を称することはできたとしても，政治における決定が別の大きな力によって，何か他の意向を反映しなければならないような形で主体化された上での決定だったとすれば，それはもはや人民主権とは別の主権が立ち現れていると捉え返さなければ，デモスの正統性と法─行政作用の正統性のズレの問題は扱えなくなってしまう。

（5）主権者＝人民の臣民化とその暴力性

　主権者としての人民にこだわったとしても，実際の主権の多様な発現を捉え損ねながら，正統性のズレをどう埋めるのかという難問に回答できないという問題は未解決なのに加えて，主権者＝人民が客体／主体の両面からのダブル・バインドによって臣民化されていくという問題をどう乗り越えるのかについても回答できていない。そしてその帰結として，主権者＝人民の背後で作動する暴力の問題からも目を背けることになりかねない。ここではこの問題を指摘しておきたい。

154

① 客体化される人民

　そもそも人民はどうやって形成されるのだろうか。この問いに人民主権論者はほとんど回答しないし，できない。これは社会契約論が抱えるアポリアである。領土の主人は国家だが，国家の主人は人民であるという大前提の下に人民主権は立ち上がってくるが，他方でそこでは国家の諸制度を確立するに際して，政治的共同体成立以前の人々のイメージを想起させる[57]。つまり，国家に先んじて社会契約がなされなければならないが，国家が成立する以前に人民は果たして存在しうるのかというアポリアである。これへの回答はある意味簡単だ。これはフィクションであって現実にどうかという話ではなく，正当／正統性を理論化したに過ぎないと応答するか，民族概念を引き合いに出しながら国家成立以前に人民は存在しうると応答するかである。

　フィクションだとして議論を終結させたり，後付け的に民族形成の兆候であると歴史を再構成する議論は枚挙にいとまがないが，系譜学的にこの「人民がいかに形成されてきたのか」を詳らかにする作業は，これまでほとんどなされてこなかったと言わざるをえない。既存の一国政治学や政治理論の枠内にとどまっていては理解できないとさえ言えるだろう。この点，かつてトマス・ハンフリー・マーシャルが市民権 citizenship は市民的権利・政治的権利・社会的権利と拡大・重層化してきたと論じた。しかし，明確に指摘されてこなかったことは市民権深化の過程で「人民の範囲」の画定にパスポートの果たした役割が決定的だったという点である。なぜ決定的だったか。それは「民主化の結果，国民と国家の関係がいっそう緊密になると，その国家の一員として政治的・経済的恩恵を享受することが問題となった場合に，誰が「内」であり誰が「外」であるのかを決定することに強い関心が払われるようになった」からである[58]。

　ただし，ジョン・トーピーが正しくも指摘しているように市民権とパスポートが自動的に連動しているわけではないという点も見逃してはならない。国家は市民権を持たない者にも，その国の都合でパスポートを持たせる場合もあるし，逆に市民権を持つものに理由をつけてパスポートを発給しない場合もあった。

Ⅱ　グローバル化の中のセキュリティ

　ただし，これは裏返して言えば，大部分の市民権を付与された者が希望すればパスポートが発給されることを意味しており，市民権とパスポートには深い関連性があると言わなければならない。この点についてバリー・ハインデスが示唆的かつ挑発的な指摘をしている。

> 市民権は大規模で文化的に多様で相互に依存する世界の人口を統治する分散したシステムの重要な構成要素であり，またその人口を一連の個別の下位人口へと分割し，かれらがお互いに対峙するように配置することでそれは作動する…。…市民権の文化は，…すべての近代国家にそれらの国境線を越境したり，あるいはその内部で生活する非─市民を差別するためのもっともな理由を提供する[59]。

　つまり，市民権は人口管理にとって必須の枠組みであり，それに関連してパスポートが自国民と外国人を識別する際のツールとなっているのである。そしてそれは市民権が他国民と自国民を分かつ分割線としてのみならず，自国内に住む自国民と非自国民の住人とを区別するためにも機能するという意味で，二重に分割統治するための技術であることは言うまでもない[60]。これはアグニューが国家の注視の下で人間が市民へと仕立て上げられることで「個人」になると論じている点[61]，およびロブ・ウォーカーが「われわれはまずもって市民であり，われわれのシティズンシップの結果としてのみ人間となる」と指摘している点[62]と通底する。

　本章の領土と主権の揺らぎという観点からこの問題を捉え返すとすれば，客体としての人民を「個別的かつ全体的に」正確に把握できる国家とできない国家の裂け目が修復できないレベルにまで顕在化しているということを付け加える必要がある。

② **主体化される人民**

　人民の構成員の正確な把握は，国家内でメディアを通した日々のナショナリズム的経験（たとえば，領土問題，慰安婦，難民受入，テロリストからの攻撃対象化など）による増幅された不安という感情の動員を経由した日々の「ネーションの形成」[63]によってすでに常に補強される。アーンシ・パーシは，領土は４つの要素（①物理的側面，②シンボル，③制度，④アイデンティティ）によって構成されていると指摘しているが[64]，紛れもなく客体として把握された人民が，今度は不

安を解消するために「主権者＝人民」の政治的身体である領土を何度も参照項にすることで上記4つの項目と関連付けながら，トートロジー的に自らの正統性を確認する作業を行っている。

　すると，こうした日々の作業は反転して，「正統な主権者＝人民」であるかれらがなんらかの危機に陥ったと判断した段階で，かれらの意識は今度はその危機を招来させたあらゆる原因に対する敵意の眼差しへと転換される。

③　リベラリズム——人民・ネクサス

　何らかの推定上の脅威の援用と，その脅威に対するセキュリタイゼーション（緊急事態宣言を繰り返す行為など）によって主権は必ずしも強化されるわけではない。むしろ，そうした行為の反復は実質的な意味で主権を掘り崩しかねない。[65]というのも，安全の確保のために，自由を制限するというロジックは，価値としての自由／安全の間にはトレードオフ関係があるという前提に立っているが，その（監視や取り締まりの強化による）自由の制限の帰結が主権者＝人民の選別へとつながるからである。このような共同体を構成するはずの主権者＝人民の中に分割線を引く行為が，国内での国家にとっての理解不可能な「他者」を生み出す（たとえばフランスで同化不可能との烙印を押された移民第二世代を想起せよ）。これが国家が自らを攻撃するというデリダがいう「自己免疫的な自殺[66]」の問題系とつながることは言うまでもないが，同時に外部にいる推定上の脅威にも容易にその刃が向くことも確認しておかなければならない。

　この点，タラル・アサドはリベラリズムの教義と実践の基底に暴力が潜在していることを指摘する。

> リベラル国家が，自らを防衛したり，秩序を維持するために監獄を守ったりするために軍隊が必要とされている，というだけではない。暴力によって，政治的共同体が創設されると同時に法が創設されるのであり，それゆえ暴力はリベラルな教義の中核にある自由の概念そのものの中に埋め込まれている。……殺害権は，他者——とりわけ戦時における外国市民や，文明化されておらず，その存在そのものが文明的な秩序に対する脅威となっている人々——に対して暴力的にふるまう権利である。他者を殺害することが，安全を守るために必要な状況もあり得る[67]。

この殺害権は，国家の内部に対しても外部に対しても作動すると考えられる。

II　グローバル化の中のセキュリティ

それはテロを受けた国家が内で緊急事態を宣言しつつ，間髪入れず外の「敵」に対する空爆へと突き進む場合を考えれば十分だろう。ただし，国家は人民主権の体現者として行動するからこそ，この殺害権を実際に行使するという点を忘れてはいけない。アサドの指摘は重要だが，人民主権の接ぎ木によってその暴力性が具現化されることは確認する価値があるだろう。というのも，その再構成によってリベラリズムの暴力の問題は，揺らぐ主権の暴力の問題として顕在化していることが明らかになるからである。

　そしてこの暴力の極限状態からこの世に絶望した者の新たなテロ行為の引き金を引く準備が整っていくのかもしれないが，同時にこの一連の流れが，より根源的な近代の暴力性によって規定されているということはあまり指摘されない。この点についてもアサドは鋭くもこう論ずる。

> この複雑な宇宙が，近代の世俗主義の教理によって二元論へと分割される。すなわち，私たちが社会的存在として現実に生きている場としての，諸々の事物が自らの真性なることを自ら証しする世界と，私たちの想像力の中でしか存在しない宗教的な世界との二つに分割される。このことを強調しておく必要がある。[68]

すなわち，現代世界で理解できる事象を，国家や領土や主権や人民といった世俗的＝近代的概念に流し込むことで（テロ／反テロ双方に関わる）人々は認知するが，その理解の解釈図式にうまく乗らない出来事は想像の領域である「宗教的な世界」を作って，その中に投げ込むことで処理するということが見えてくる。たちが悪いのは，国家とテロリストのどちらも，意図せざる共犯関係の中で理解不能なものを理解するための宗教的領域を作り上げ，世俗／宗教の境界線を強化し，何度もフィードバックしながら暴力の連鎖を練り上げているという点だ。アサドは，その世俗／宗教の二分法を支える思想としてのリベラリズムの暴力性に着目しているのである。

　デモクラシーの実現のために人民主権以外に寄る辺がないと考える人々は，客体化／主体化される人民の被操作性の問題と，人民に接ぎ木されたリベラリズムの暴力の問題をどのように乗り越えていくことができるのだろうか。血で血を洗う内戦を前に，この問題の乗り越えは喫緊の課題ではないだろうか。

おわりに――揺らぐ領土概念と主権概念の中で平和を創ることとは

　以上，領土と主権の今日的状況を見てきたが，その中でどちらも非対称性が顕在化してきたことが見えてきた。領土概念は「国境管理の強化／単なる地図上の線」の間で引き裂かれつつあり，それに呼応するように主権概念も「実効主権の強化／人民主権の危機」の間で変態の途上にある。さらにこの人民主権の危機というのは，「主権者＝人民として包摂される者／非人民のホモ・サケル化」という非対称的な取り扱いの顕在化による正当／正統性の危機でもあることが見えてきた。

　こうした領土と人民主権の揺らぎの問題は，ある種の「国連体制（の限界）への挑戦」という課題について考えなければならないところまで来ていると言える。明らかなのは，戦後国連が領土の一体性を優位において，自決権を正当性の根拠として分離独立を掲げることを差し控えるよう動いてきたということだ。しかし，それが可能だったのは多民族を抱える大国が冷戦期のイデオロギー対立の中に「自決権」の問題を周到に隠蔽することができたからという側面はあるだろう。ただし，六度にわたる中東戦争など，戦後国連体制下でも，このジレンマが噴出する兆候は存在していた。というのも，「国連体制への挑戦」はすでに初発の段階から織り込まれていたからである。冷戦崩壊後，その矛盾が様々な形（9.11，ウクライナ問題，アラブの春以降の中東の状況など）で前面に出てきたということなのだろう。ヨーロッパ内部にあってさえも，グローバル化の中で／だからこそ独自路線を歩もうとした動きを見逃せない（スペインのカタルーニャや英国のスコットランドなど）。

　そもそも大国の中で分離独立という選択肢が現実味を帯びるようになるのは，少数派の弾圧や自治権の剥奪といった問題が顕在化したことを理由にという場合は少なくない。そこで「国連体制の限界への挑戦」について考える余地が出てくる。

　現在の世界は，「領土」保全できる一部の国家群と，それができないどころか政府すら機能しない形ばかりの国家群が非対称的に配置されていることが顕

Ⅱ　グローバル化の中のセキュリティ

在化しつつある状況にある。その理由の一端に，様々なスケールでの統治の正当／正統性の問題があることは明らかだ。

この各国の「領土」と「主権」の動揺が激しくなるとその延長に打ち立てられた国連体制ももちろん動揺する。国家による統治の機能不全の同時多発的な登場は国連体制の限界を一瞬にして露呈するだろう。これに対する私の処方箋は，ある意味でいたって穏当かつ退屈に映る内容とも言える。それは「領土の一体性」と「自決権」を比較して前者を優先するにしても，「対話」を通した自治権の付与に真剣に向き合うこと，後者を優先する場合でも「対話」を通しての円満な分離独立の可能性を目指すこと[69]。これである。いずれに進むにせよ，アイデンティティの純化を通して政治的共同体の統合度を高めていくアプローチは，政治的共同体の内部にも外部にも，その枠組みから零れ落ちる人々を不可避的に生み出してしまう。そのとき人と人の間の「差異」は，多様な「生の豊饒さ」の証から共同体から排除されるべき「絶対的他者」へとコード変換される[70]。

9.11以降の世界中でくすぶっているイスラム教徒への差別意識の先鋭化などは，第二第三のパリ襲撃の引き金を引くだけである。そこで必要なのは普遍的な「われわれ」というアイデンティティではない。この普遍的な「われわれ」意識は，原理主義のみならずリベラリズムにもナショナリズムにも当てはまる。普遍的な「われわれ」概念が危険なのは，外部からの（精神的もしくは物理的）攻撃を受けたとき，その攻撃の因を自らに問うてみるのではなく，まさしく攻撃の主体の特定を通して，反撃の正当化を当然含みこんでいるからである。そこにはラディカルな自らの問い直しの作業を含む，ウィリアム・コノリーいうところの「批判的応答性」が完全に欠落している。

逆に，領土も主権も揺れているということは，多様な生の交差が起きている証左でもあり，危機は好機に転換する契機も包含しているはずである。形は変わっていくかもしれないが当面は国連体制のある種の継続と相互理解の中で平和を目指す他に道はないだろう。

ただし，その中でもかつてジャック・デリダがヴァルター・ベンヤミンを引きながら示した態度でその作業に臨まないといけないということだけは指摘し

ておきたい。というのも，「暴力に対する道徳的でしかない批判は，無力であると同時に，正当なものにはならないだろう」からである[71]。それは単に平和／戦争が対概念であるという世界観にわれわれを引き戻すだけである[72]。領土，主権，人民すべてが矛盾をはらみながら動揺する世界の中にあっても，やはり問題になるのは国際法なのだろう。現在露呈する国連体制の限界にもかかわらず，現行の法／権利に対して新たな法／権利の基礎づけが緊張関係をはらむとき，現行の法／権利の引き延ばし，徹底，変形といった解釈が起こるだろう。それはデリダが述べているように紛れもない汚染作用でもある。しかし，その作業の中で，「仕事をする脱構築，力を尽くして取引する脱構築」を辞めないこと[73]。その中で，戦争の反対語とは異なる別様の平和を析出していく。われわれはこの作業に賭けざるをえない。

【註】

1) Agnew（1994）.
2) Cf. Linklater（1998）.
3) Elden（2010）p. 3.
4) Osiander（2001），明石（2009），Teschke（2009）.
5) Foucault（2004）p. 100＝（2007）119-120頁。
6) Foucault（2004）p. 100＝（2007）120頁。
7) Shah（2012）p. 69.
8) Elden（2005）.
9) ここでの geopolitics は，資源や領土の確保を国益に資するものとして見なす伝統的な地政学（geopolitics）の一部へと接続するように見えるが，それは(1)実証的な知を通して計測される地形と資源の存在と，その背後に国家が養うべき人口にその資源を供するという統治性の問題系へと接続される点と，(2)地図作成による資源の可視化という権力作用までを射程に入れている点，さらには西洋中心の視点で構築されてきたことを指弾することまでを含んでいることを鑑みると，両者は同種のカテゴリーに入れるにはあまりに異質だといわざるを得ない。その意味で，日本語では手垢のついた地政学という用語とあえて意味的な差異化を図るために「地理政治」とした。
10) Elden（2013b）p. 17.
11) Schmitt（2006）p. 341.
12) Schmitt（2006）pp. 70-71＝（2007）55-56頁；See also Schmitt（2006）Part V, Appendix.
13) Schmitt（2006）p. 339.
14) なお，この「家」（oikos）の統一の話は，神の家を示すとするオイコノミア神学へと接続されることもシュミットによって示唆されているが，別の機会に政治神学の視点でこのテーマにアプローチしたい。

161

Ⅱ　グローバル化の中のセキュリティ

15)　デカルト（1973）。

16)　Elden（2013a）p. 295.

17)　Elden（2013a）pp. 319-321. ただし，ライプニッツは1683年にオスマン帝国によってなされた第二次ウィーン包囲を同時代で経験している。よって，この至高権と主権の区別・階層化はヨーロッパがキリスト教の王国として再度の統一がはかられることを望んでいたという文脈の中に置かれなければならない。

18)　Elden（2013a）p. 325.

19)　ヴォーバン（1633-1707）は，ルイ14世に仕えたフランスの軍人（技術将校）であり建築家。彼の築城技術が権力による空間編成を成し遂げていく過程についてはハーストの仕事を参照（Hirst（2005）Part Ⅲ）。

20)　Storey（2001）.

21)　ただし，本来は陸戦，海戦，空戦と戦争形態の変容が，主権の形をドラスティックに変容させていく様を描くべきだが，本稿では海戦と領土・主権との関連性についての詳細な検討は行えておらず，このテーマについては別の機会に向き合いたい。

22)　Elden（2013a）p. 326.

23)　ルフェーヴル（2000）。

24)　Agnew（2009）p. 84.

25)　Elden（2009）p. 166.

26)　「五　信託統治地域及び非自治地域はまだ独立を達成していない他のすべての地位において，これらの地域の住民が独立及び自由を享受しうるようにするため，なんらかの条件又は留保もつけず，その自由に表明する意識及び希望に従い，人種，信条又は皮膚の色による差別がなく，すべての権利を彼らに委譲するため，速やかな措置を講じる。

　　　六　国の国民的統一及び領土の保全の一部又は全部の破壊をめざすいかなる企図も，国際連合憲章の目的及び原則と両立しない。」

27)　「植民地その他非自治地域は，憲章上，それを施政する国の領域とは別個のかつ異なった地位を有する。憲章に基づくこうした別個のかつ異なる地位は，植民地又は非自治地域の人民が，憲章とりわけその目的及び原則に従って自決権を行使するまで存続するものとする。」

28)　Zacher（2001）.

29)　Elden（2009）p. 147.

30)　イスラエル内のパレスチナ，シリア内の反政府勢力，トルコから見たクルド民族なども本質的には同じカテゴリーとして理解できる。

31)　Elden（2009）p. 149.

32)　この点，ヴィンセントが国家の領土を奪取されない限りで保護される「領土の一体性」と領土に対する排他的管轄権を行使する国家の権利を意味する「領土の不可侵性」を区別している点は示唆に富む（Vincent（1974）p. 234）。なぜなら，前者は国境線の現状維持を暗黙に認めながら，後者が実質的に機能していない状態を考えるための素地を提供してくれるからだ。

33)　Cf. Connolly（1995）p. xxii.

34)　Hindess（2006）p. 244.

35)　Elden（2009）p. xxiii.

162

第 **6** 章　領土と主権に関する政治理論上の一考察

36)　スローターダイク（2003）24-25頁。

37)　Hindess（2006）p. 248.

38)　こうした主権のヴァリエーションを理解するために，たとえば以下の事例を挙げることができるだろう。1つの中国，香港における2つのシステムや，中国と台湾の奇妙な主権状況などは「分有主権（shared sovereignty）」として，またEUのような超国家システムは「共同利用主権（pooled sovereignty）」として理解できる（Cf. Agnew（2009）p. 111）。

39)　その意味で，ハートとネグリが論ずる〈帝国〉主権論も（Hardt & Negri（2000）），主権神話葬送のリンシーンだったことがわかる。ただし，アグニューの「実効主権」論と〈帝国〉主権論には共通点もあるが大きな違いもあり，その点は別の機会に詳細な比較検討を行いたい。

40)　スローターダイク（2003）54頁。

41)　Schmitt（2006）p. 321＝（2007）424頁。

42)　「大気テロリズム」とはスローターダイクの造語で，兵器による敵への直接攻撃ではなく，生物化学兵器などで大気を操作・統制して，敵を殲滅する攻撃手段をこう呼んでいる。

43)　スローターダイク（2003）28頁。

44)　同連邦共和国は，2003年に国家再編し，国家連合セルビア・モンテネグロに移行するも，2006年に行われたモンテネグロの住民投票で独立が支持されたことに伴い解消された。その結果，2006年にはモンテネグロ，セルビアの両国はともに独立国となっている。

45)　1997年に同連邦共和国大統領に選出されたのがスロボダン・ミロシェヴィッチだったが，1999年1月に同連邦共和国内でラチャクの虐殺が起こされ，後にミロシェヴィッチらが戦争犯罪者として裁かれる契機となった。

46)　Edkins（2003）p. 200. Originally Emma Daly, "Numbed by Fatigue and Fear the Refugees Flee Serb Death Squads," *Independent,*（March 30, 1999）.

47)　Edkins（2003）p. 201.

48)　Agamben（1998）.

49)　Originally Emma Daly, "Numbed by Fatigue and Fear the Refugees Flee Serb Death Squads," *Independent,*（March 30, 1999）.

50)　Hobbes（1996）.

51)　Skinner（1999）p. 20.

52)　Skinner（1999）p. 20. もちろんスキナーはホッブズの主権権力を保持する者についての議論が，キケロの以下の議論に共鳴している点を確認している。すなわち，「官職にあるものの本質的なつとめは，自分は国家に代ってその役割を演じていることを自覚して，国家の威信と名誉を護持し，法律を守護し，法廷権利を画定し，そしてこれらが自分の信義に委任せられていることを，忘れてはならないことである」（キケロー（1961）69頁）。

53)　Agnew（2009）p. 48.

54)　かつてホッブズが国家を擬人化して政治理論を構築したように，擬人化された国家の身体は領土であるとの理解と相まって，様々な土着の物語や神話を国民国家の物語に接合する努力は，「ナショナリズム」と「人民」と「領土」をつなぐ政治的な技術として捉え返すことができるが，この点については別の機会に論じたい。

55)　Agnew（2009）p. 115.

56)　アグニューは，実効主権に対置する概念として国家が行使する主権を絶対主権と呼んで

163

II グローバル化の中のセキュリティ

いるが（Cf. Agnew（2006）p. 98），ここでは論点を明確化し，より問題を先鋭化させるため人民主権を対置する。

57） Agnew（2009）p. 106.
58） Torpey（2000）p. 121.
59） Hindess（1998）p. 67.
60） Hindess（2004）p. 309.
61） Agnew（2009）p. 66.
62） Walker（2009）p. 88.
63） Agnew（2009）p. 60.
64） Paasi（2008）p. 116.
65） Cf. Agnew（2009）p. 58.
66） デリダ（2009）。
67） アサド（2008）90-91頁。
68） アサド（2006）254頁。
69） Cf. Galtung & Fischer（2013）.
70） Cf. Connolly（1995）p. xxi.
71） デリダ（1999）127頁。
72） デリダ（1999）122-123頁。
73） デリダ（1999）126頁。

【参考文献】

Agamben, Giorgio（1998）*Homo Sacer: Sovereign Power and Bare Life*, Stanford University Press.

Agnew, John（1994）The Territorial Trap: the Geographical Assumptions of International Relations Theory, *Review of International Political Economy*, 1(1), pp. 53-80.

——（2005）*Hegemony: the New Shape of Global Power*, Temple University Press.

——（2009）*Globalization and Sovereignty*, Rowman & Littlefield.

Connolly, William. E.（1995）*The Ethos of Pluralization*, University of Minnesota Press.

Edkins, Jenny（2003）*Trauma and the Memory of Politics*, Cambridge University Press.

Elden, Stuart（2005）Missing the Point: Globalization, Deterritorialization and the Space of the World, *Transactions of the Institute of British Geographers*, 30(1), pp. 8-19.

——（2009）*Terror and Territory: The Spatial Extent of Sovereignty*, University of Minnesota Press.

——（2010）Land, Terrain, Territory, *Progress in Human Geography*, 34(6), pp. 1-19.

——（2013a）*The Birth of Territory*, University of Chicago Press.

——（2013b）How Should We Do the History of Territory？*Territory, Politics, Governance*, 1(1), pp. 5-20.

Foucault, Michel（2004＝2007）*Sécurité, Territoire, Population: Cours au Collège de France （1977-1978）*, F. Ewald, A. Fontana, & M. Senellart（eds.）, Seuil/Gallimard.（『安全・領土・人口——コレージュ・ド・フランス講義1977‐1978年度』高桑和巳訳，筑摩書房）

Galtung, Johan & Dietrich Fischer（2013）*Johan Galtung: Pioneer of Peace Research*,

Springer.

Hardt, Michael & Antonio Negri (2000) *Empire*, Harvard University Press.

Hindess, Barry (1998) Divide and Rule: the International Character of Modern Citizenship, *European Journal of Social Theory*, 1(1), pp. 57-70.

―― (2004) Citizenship for All, *Citizenship Studies*, 8(3), pp. 305-315.

―― (2006) Terrortory, *Alternatives: Global, Local, Political*, 31(3), pp. 243-257.

Hirst, Paul (2005) *Space and Power: Politics, War and Architecture*, Polity.

Hobbes, Tomas (1996) *Leviathan*, R. Tuck (ed.), Cambridge University Press.

Linklater, Andrew (1998) *The Transformation of Political Community: Ethical Foundations of the Post-Westphalian Era*, Polity Press.

Osiander, Andreas (2001) Sovereignty, International Relations, and the Westphalian Myth, *International Organization*, 55(2), pp. 251-287.

Paasi, Anssi (2008) Territory, in J. Agnew, K. Mitchell, & G. Toal, *A Companion to Political Geography*, Malden: Blackwell, pp. 109-122.

Schmitt, Carl (2006＝2007) *The Nomos of the Earth: in the International Law of the Jus Publicum Europaeum*, G. L. Ulmen (ed.), Telos Press. (『大地のノモス――ヨーロッパ公法という国際法における』新田邦夫訳, 慈学社出版)

Shah, Nisha (2012) The Territorial Trap of the Territorial Trap: Global Transformation and the Problem of the State's Two Territories, *International Political Sociology*, 6 (1), pp. 57-76.

Skinner, Quentin (1999) Hobbes and the Purely Artificial Person of the State, *The Journal of Political Philosophy*, 7(1), pp. 1-29.

Storey, David (2001) *Territory: the Claiming of Space*, Prentice Hall.

Teschke, Benno (2009) *The Myth of 1648: Class, Geopolitics, and the Making of Modern International Relations*, Verso.

Torpey, John (2000) *The Invention of the Passport: Surveillance, Citizenship and the State*, Cambridge University Press.

Vincent, Raymond J. (1974) *Nonintervention and International Order*, Princeton University Press.

Walker, Rob (2009) *After the Globe, Before the World*, Routledge.

Zacher, Mark W. (2001) The Territorial Integrity Norm: International Boundaries and the Use of Force, *International Organization*, 55(2), pp. 215-250.

明石欽司 (2009)『ウェストファリア条約――その実像と神話』慶應義塾大学出版会。

アサド, タラル (2006) 中村圭志訳『世俗の形成――キリスト教, イスラム, 近代』みすず書房。

―― (2008) 苅田真司訳『自爆テロ』青土社。

キケロー (1961) 泉井久之助訳『義務について』岩波書店。

スローターダイク, ペーター (2003) 仲正昌樹訳『空震――テロの源泉にて』お茶の水書房。

デカルト, ルネ (1973) 三宅徳嘉訳『デカルト著作集　第3巻』白水社。

デリダ, ジャック (1999) 堅田研一訳『法の力』法政大学出版局。

―― (2009) 鵜飼哲・高橋哲哉訳『ならず者たち』みすず書房。

ルフェーヴル, アンリ (2000) 斎藤日出治訳『空間の生産』青木書店。

第7章

ポスト・ヘゲモニー時代の国際秩序思想
——地政学的思考の陥穽

高 橋 良 輔

は じ め に

　2017年1月，ドナルド・トランプは「アメリカを再び偉大にしよう」と呼び
かけて合衆国大統領に就任した。こうしたなかで現在，国際秩序をめぐり再び
地政学が参照されるようになっている。国際関係の行方が地理的要因によって
規定されると見るその思考様式は，21世紀の複雑な国際政治力学を解きほぐ
し，あたかも確固としたシナリオがそこに隠されているかのように流行してい
る。

　だが地理学者のジェロイド・オツァセールやジョン・アグニューが警告した
ように，地政学は理想主義やイデオロギー，人間の意志に対立する科学的客観
性を示すどころか，むしろこれらの主観的要素を色濃く反映してきた。「……
地政学的記述の大きな皮肉は，それがいつもイデオロギー的で深く政治化され
た分析形式であったことである[1]」。アグニューによれば，地政学は決して客観
的なものでも公平なものでもなく，いつもその提唱者の世界観や野心そして政
治哲学を映し出している。

　それゆえ本章では，ポスト冷戦秩序の融解から古典地政学への回帰に至る国
際秩序言説をたどり，近年流行している地政学的思考の陥穽を浮かび上がらせ
てみたい。以下では，まずポスト冷戦秩序のアメリカ的性格を確認したうえで
（第1節），「ポスト・アメリカ」をめぐる秩序構想が多重的な地域主義の再生
へと傾斜していくプロセスを検討する（第2節）。これに続き，近年の地政学へ
の回帰を「ライン思考」の観点から分節化し（第3節），それが19世紀後半から

167

II　グローバル化の中のセキュリティ

20世紀前半にかけて提唱された古典地政学の世界観を再生産していることを明らかにしよう（第4節）。考察の最後では，こうした地政学的思考の政治性を検証し，その国際秩序観の問題性を指摘する。

1　ポスト冷戦秩序のアメリカ的性格

　国際秩序の歴史的変容を追跡してきたイアン・クラークによれば，ポスト冷戦秩序は典型的な「戦後の平和構築[2]」であった。彼によると，「ポスト冷戦の平和」にはパワー配分と合意調整という2つの局面が存在した。一方のパワー配分という局面では，ソヴィエトの解体によりロシアが弱体化し，ヨーロッパに安定した平和が訪れた。「平和の配当」は，アフリカや中東といった地域では必ずしも十分には享受されなかったが，この時期，通常兵器・核兵器の軍備縮小やグローバリゼーションを通じた新たな世界経済の再編が進んだことも事実である。いわば冷戦の終結は，政治的・軍事的・経済的なパワーの再配分によって「戦後の平和」を創り出していった。

　他方この時期に進展したグローバリゼーションは，ポスト冷戦秩序の合意調整の局面も示していた。そこでは，多国国間主義とグローバル経済，安全保障の集団化，そしてリベラルな諸権利に基づいた秩序が広く世界に浸透する。これら「調整による平和」のメカニズムは決して目新しい概念ではなかったが，その空間的な拡大と諸社会への浸透はポスト冷戦期の国際秩序を特徴づけるひとつのメルクマールとなった。

　ポスト冷戦期の幸運のひとつは，これら「パワー配分による平和」と「合意調整による平和」がうまく合致したことである。国際秩序が合意による調整に基づいていれば，よほど深刻な修正主義が台頭しないかぎり，そこには相当の安定性が期待できる。だが，この調整による平和が単なるパワー配分の反映に過ぎなければ，そこに長期的な持続性は期待できない。調整による解決は他の手段によるパワー配分の継続でもあったが，国際秩序は剥き出しのパワー配分とは異なる合意の結果——正統性——の下ではじめて安定的な持続性を持つのだった[3]。

168

第7章　ポスト・ヘゲモニー時代の国際秩序思想

　確かにパワー配分という観点から見れば，ポスト冷戦秩序の最大の特徴はアメリカを頂点とする一極構造であった。ネオ・コンサバティヴの論客チャールズ・クラウトハマーは，1991年初頭にいち早く「いまや一極の時代なのだ[4]」と宣言した。またその10年後には，ステファン・ブルックスとウィリアム・ウォールフォースが再びアメリカの覇権を確認している。ポスト冷戦秩序では，アメリカがあまりに見事に支配的優位を確立しているため，現状変革を求める国家が出現する可能性はきわめて低かった[5]。9.11同時多発テロの翌年にも関わらず，彼らはアメリカの覇権に絶大な自信を示し，それがこれまでのどの秩序主導国よりも大きなパワーを有しているがゆえに，寛大さと自己抑制を示さなければならないと説いた。

　むろんこのようなアメリカの覇権には，早くから危惧の念も表明されている。かつて日米経済摩擦問題で日本異質論を唱えたチャルマーズ・ジョンソンは，9.11同時多発テロの前年に次のような警告を発している。

　　世紀末のアメリカはどのような挑戦を受けても相手を無力化するにたる火力と経済的資源を保持しているようだが，私はまさにその驕りこそがわれわれの破滅につながると信じている。帝国運営者の古典的な誤りは，支配している領土のどこにも――アメリカの場合は地球上のどこにも――自分たちの存在が重要でない場所は存在しないと信じるようになることだ。遅かれ早かれ，すべての場所に関与するわけにはいかないと考えることが心理的に不可能になるが，これがもちろん帝国的な手の広げすぎの定義である[6]。

帝国の過剰拡大（imperial overstretch）の問題はしばしば論じられてきたテーマであり，決して目新しいものではない。だがアメリカを頂点とする一極構造を文字通り地球大の帝国とみなすこの警告自体，そのパワーがグローバルな空間性（global spatiality）に投射されていることをはっきりと認めてもいた。

　さらにイラク戦争後の2004年には，かつてカーター政権で大統領補佐官を務めたズグビニュー・ブレジンスキーもアメリカ帝国のヤヌス性に注意を促している[7]。アメリカは歴史上初めて真の意味での世界的大国となったがゆえに，自国よりはるかに小さな諸勢力の憎しみと脅威に曝される。ポスト冷戦期に経済理論から覇権国の使命にまで「格上げ」されたグローバリゼーションは，たし

169

II グローバル化の中のセキュリティ

かに非公式の世界帝国にとってうってつけのドクトリンだったかもしれない。だがそれは同時に，テロリズムのネットワークをはじめ地理的な障壁や政治的な境界を簡単に越えていく脅威の遍在化を招き，国家の主権と安全保障を同一視できる時代の終わりをもたらした。領域性の観点から見れば，ポスト冷戦秩序の特性は，アメリカによる一極構造が文字通りのグローバルな空間性を生み出したところにある。

　もちろんこのグローバルな空間性は，合意調整による平和，つまり正統性の承認という局面も有していた。『リベラル・リヴァイアサン』の著者ジョン・アイケンベリーは，アメリカがつくってきた国際秩序を「合衆国のみならずより広い世界に，長期的な経済の流れと安全保障上の利益をもたらした」[8]と正当化する。彼によれば，第二次世界大戦以降にアメリカが主導してきた国際秩序には３つの特徴が見出せた[9]。第１に，それは非差別的な市場の開放という規則を世界に拡大するという規範を反映している。第２に，それは単独行動主義ではなく他の諸国家との連携を基盤とするリーダーシップの所産である。そして第３に，この秩序はアメリカ以外の諸国家も望むような問題解決を実現できる機能性を備えていた。アメリカの覇権的権威，開放的な市場，協調的な安全保障，多国間主義に基づく諸制度，社会的な諸協定，そして民主的な諸国家からなる共同体に支えられた国際秩序は，ポスト冷戦期どころか，第二次世界大戦終結時から一貫してリベラルな国際秩序として構築されてきたとアイケンベリーは主張した。

　またチャールズ・カプチャンによると，アメリカの覇権的秩序はかつてのオスマン帝国や中華帝国はもちろん，大英帝国とも大きく異なる４つの論理によって駆動されている[10]。第１に地政学の論理では，アメリカは敵対国との勢力均衡ではなくその征服と民主化を目指してきた。第２に社会経済の論理では，アメリカは経済的リベラリズムを推進して平等主義的な社会規範を拡大していく。第３に文化の論理では，アメリカはあらゆる差異を乗り越える普遍主義を掲げ，人種やジェンダーの平等に基づくリベラルな社会を擁護する。そして第４に商業の論理では，アメリカは植民地主義を批判し，多国間主義に基づく自由貿易を推進してきた。これら地政学／社会経済／文化／商業にわたる「アメ

170

リカの論理」は，勢力均衡による地域分割よりもグローバルな統合と親和性が高い。このためアメリカがつくる国際秩序は，価値規範の観点からもグローバルな空間秩序として編成されねばならなかった。リベラルな国際秩序の擁護者にとって，アメリカはグローバルな空間秩序のいわば「保証人」であった。

このように，伝統的なリアリストからアメリカの使命を説くネオ・コンサバティヴの論客たち，さらには経済的相互依存を重視するリベラリストにいたるまで，ポスト冷戦秩序がアメリカに主導されたグローバルな空間秩序であったという点では幅広い認識の一致が見られる。それを「覇権」，「帝国」あるいは「リベラルなリーダーシップ」のいずれと呼ぼうとも，ポスト冷戦秩序は紛れもなく，アメリカが主導するグローバルな空間秩序として表象されていた。

2 「ポスト・アメリカ」から地域主義の多重再生へ

それゆえこの国際秩序の終わりが，今日なによりもアメリカによる平和（pax americana）の融解として表象されていることは不思議ではない。ことにゼロ年代にアメリカが始めた3つの戦争は，パワー配分と合意調整の双方の局面でポスト冷戦秩序の制度疲労を加速させることになった。

まず2001年の9.11同時多発テロから始まったグローバルな対テロ戦争（Global War on Terror: GWOT）は，そもそも「敵が誰であるのか描きづらいうえに，目的が際限なく拡大していく」「終わりが遠ざかる戦争[11]」であった。また9.11テロのわずか1ヵ月後に開始されたアフガニスタン紛争も，開戦当初こそ国際連合憲章第51条に基づく集団的自衛権の発動として正当化されたものの，タリバン政権崩壊後もアフガニスタンの治安は安定せず，「オバマのベトナム」とも呼ばれる状態に陥った。さらに大量破壊兵器の開発・保有が開戦理由となったイラク戦争では，アメリカとそれを支持したイギリスや日本等と，国際連合安全保障理事会での新たな決議を求めたフランス，ドイツのあいだに開戦の正当性をめぐる深い亀裂が生じた。2011年12月，米軍はようやくイラクから完全撤退したものの，同国北部とシリアではISIL（Islamic State in Iraq and the Levant）がその勢力を拡大し，アメリカの「無為の蓄積」への批判が広がって

171

Ⅱ　グローバル化の中のセキュリティ

いった。

　こうしたなか，2006年にネオ・コンサバティヴとの決別を宣言したフランシ
ス・フクヤマは，アメリカの「善意による覇権」に３つの問題を見出してい
る[12]。第１にアメリカが世界のために公共財を提供するのは，公的な理想と自国
の利益とが一致した場合に限られる。第２に，この想定はアメリカが覇権国と
して圧倒的な能力を持ち続けることを前提としている。そして第３に，アメリ
カでは国際情勢に対する国民の関心は低く，コストのかかる介入への支持は決
して高くない。この指摘は，グローバルな空間秩序の保証人としてのアメリカ
の役割に根源的な疑問を呈するものであった。

　またこれと同じ頃，ネオ・クラシカルリアリズムの立場からアメリカの覇権
に警告を発してきたクリストファー・レインは，冷戦後のアメリカが「覇権国
の誘惑」に屈したと批判している[13]。民主主義の拡大と経済的開放を追求する
ウィルソン主義は，第二次世界大戦終結時から一貫してアメリカを地域外覇権
へと突き動かしてきた[14]。だがこのイデオロギーはアメリカに過剰拡大と不必要
な軍事介入を促し，平和の構築にも安全の確保にも寄与しない。門戸開放世界
こそがアメリカのパワー，影響，そして安全を促進するというウィルソン主義
の約束は「幻想の平和」であり，ポスト冷戦期，過剰に覇権的な政策をとった
アメリカはいまや歴史上の覇権国と同じ衰退の道を歩みつつある。その批判
は，他でもなくパワー配分の観点からグローバルな空間秩序の持続性に警鐘を
鳴らしていた。

　こうしてゼロ年代の３つの戦争は，アメリカが主導したグローバルな空間秩
序をパワーと正統性の両局面から侵蝕した[15]。たとえばチャールズ・カプチャン
は，アフガニスタン紛争の翌年，早くも次のように「アメリカ時代の終わり」
を予告している。

　　　　アメリカの覇権から生まれていた安定と秩序は，優位をめぐるあらたな競争に
　　　よって徐々に取って代わられるだろう。とどまることを知らないグローバリゼー
　　　ションという機関車は，アメリカ政府が制御をやめたとたんに脱線し，パックス・
　　　アメリカーナは，はるかに予測不能で危険な世界環境に道を譲ることになる[16]。

一方で，冷戦終結とEUの統合・拡大は，ヨーロッパにアメリカの対抗勢力と

172

第7章　ポスト・ヘゲモニー時代の国際秩序思想

なる新たな機会をもたらす。他方，アメリカ自身の内部では，現実主義と理想主義の戦い，北部と南部の経済利害や文化の違い，そしてポピュリズムに象徴される国内の党派政治が根強い。これらはアメリカのリベラルな国際主義を孤立主義と単独行動主義の混合物へ転化させていく。ここに姿を現すのがいわば「やる気のない保安官」としてのアメリカである[17]。むろん中山俊宏も指摘するように，「アメリカ衰退論」は歴史上何度も繰り返されてきた特殊アメリカ的な言説パターンでもある[18]。だがカプチャンの予測は，一方ではイラク戦争開戦をめぐるアメリカと独仏との確執として，また他方ではグルジア，ウクライナ，シリア，あるいは南シナ海等をめぐるオバマ政権の「無為の蓄積」として現実化することになった。

　さらにポスト冷戦秩序の融解をより鮮やかに描き出したのは，ファリード・ザカリアの『アメリカ後の世界』（2008年）であろう。彼によると，過去500年のあいだに世界は3回，構造的なパワー・シフトを経験してきた。1回目は近代初頭の西洋の台頭であり，2回目が19世紀末のアメリカの台頭であり，3回目は現在進行中のその他の国の台頭である[19]。ポスト‐ポスト冷戦期には，世界経済が政治に優越し，既存の秩序への適応を目指さない新興諸国が誕生した。アメリカは依然として最強国だが，いまや正統性の力を著しく欠いているため，その他の国々の発展とともに「アメリカ後の世界[20]」が到来する。

　しかもこのポスト一極構造の世界がいかなる極性（polarity）に帰着するのかは，依然として明らかではない。イアン・ブレマーは，この新たなる不透明を「Gゼロの世界」という言葉で巧みに表現した。「現在，国際社会が行動を起こすことを妨害する力をもつ国の数は多いが，現状をつくり直すほどの政治的，経済的な体力を持つ国は存在しない[21]」。拡大していく債務問題と雇用をはじめとする国内課題への関心傾斜，そして単一の明白な敵国の不在という21世紀初頭の政治経済条件は，トランプ政権誕生にはるかに先立って，アメリカを内向きにする強いインセンティブを生み出していた。

　そのためブレマーは，来るべき世界の展望として，①アメリカと中国が責任を分担する〈G2〉，②米中両国といくつかの強国の〈協調〉，③アメリカと中国が衝突する〈冷戦2.0〉，④米中両国に加え複数の強国が競合する〈地域分裂

173

Ⅱ　グローバル化の中のセキュリティ

世界〉という４つのシナリオを描き，さらに各国内部が無政府状態に陥っていく〈Ｇマイナス〉の可能性にも言及する[22]。それは単なるアメリカ衰退論である以上に，ポスト冷戦秩序のグローバリティが明白な覇権国の交代を伴うことなく「融解」しつつあることを示していた。

　もっとも，こうしたポスト－ポスト冷戦秩序への悲観的展望に対して，アミタフ・アチャリアは「アメリカ的世界秩序の終わり」を積極的に認め，「アメリカ後の世界」を多極（multipolar）秩序ではなく，多重（multiplex）秩序として描いている[23]。たとえば安全保障分野では，欧州安全保障機構（OSCE）や東南アジア諸国連合（ASEAN）といったポスト－覇権的多国間協力が，北大西洋条約機構（NATO）のような「対抗的安全保障 security against」とは異なる「協調的安全保障 security with」のメカニズムを発展させている。また経済分野でも，国際通貨基金（IMF）や世界貿易機関（WTO），世界銀行といったアメリカ主導のメカニズムに代わり，平等や社会正義，富の再配分を重視する「新たな多国間主義」が提唱されてきた[24]。

　これらのことからアチャリアは，アメリカ主導のグローバルな空間秩序の融解の先に新たな地域秩序の萌芽を見出す。現代の世界では，地域レベルとグローバルレベルは密接に結びつき，新興国がグローバルな水準でパワーを追求しようとすれば，その地域グループからの支持が必要になる。自らが埋め込まれている地域で紛争や混乱が生じると，それはグローバルレベルでのパワーの追求の妨げとなるため，新興国はより包摂的な地域秩序を築くはずだとアチャリアは主張した[25]。

　なるほど領域性の観点から見れば，アメリカ後の世界には２つの秩序の可能性を想定できる。第１の可能性は，「グローバルな協調モデル」である。そこではアメリカは新興国とパワーや権威を共有する。だがアチャリアの見るところでは，このモデルは３つの理由から成立し難い。第１に新興諸国はそれ自体決して一枚岩ではなく，しばしば互いに対立し合っている。第２に，幅広い協調にはある程度のイデオロギー的収束が必要だが，既存の強国と新興国のあいだでも新興諸国間にも，そのような収斂を見出すことはできない。そして第３に，協調は本質的には諸大国のクラブを意味し，脆弱な国家は周辺化されるか

174

二次的地位におかれる。これらの問題は,「グローバルな協調」という秩序モデルの実現をきわめて困難にしてしまう。

これに対し第2の「地域世界モデル」は,もはやグローバルな統合に固執することはない。そこで描き出されるのは,かつてヨーロッパが生み出したような分裂した多極 (multipolar) 世界ではなく,文化的多様性のもとで小国のニーズも配慮される多重 (multiplex) 秩序である。

> ……多重的な世界秩序は,古典的なヨーロッパ協調とは似ても似つかない。むしろそれは弱小国家のニーズに責任をもち,より包摂的な秩序であることによって,いっそう大きな正統性を得ることになる……多重秩序は,文化的に多様な世界における政治秩序である。それは,単一のアクターや仕組みではなく,さまざまな諸アクターのパワーや目的に基づく制度的な取決めと同じように,政治的・経済的な相互連関に基盤をおいている[26]。

今日の国際秩序をめぐる不透明性を拭い去るのは,グローバルな覇権秩序の再生でもなく,またいくつかの強国が中小国を支配する多極秩序でもない。アチャリアにとって,ポスト－アメリカ時代のあるべき秩序像は,1つの建物内のそれぞれの部屋で異なる映画が上映されているマルチプレックス・シネマのような世界である。新たな地域主義のもとで各々の正統性が担保されたこのポスト覇権的な多重秩序は,国際秩序の基盤がグローバルな空間性からリージョナルな場所性 (locality) へと分化しつつあることを暗示していた。

3 現代地政学におけるライン思考

こうしてポスト冷戦期から今日までの国際秩序言説のいくつかをたどると,そこにグローバルな空間秩序の融解と新たな領域性の再編成が浮かび上がってくる。だが仮にアチャリアが想定するように,ポスト・アメリカ世界の地域秩序が多次元的で包摂的な性質をもつとしても,その生成過程が必ずしも平和的である保証はない。今日,このことを最も直裁に論じているのが,冷戦の終わりから間もない1994年に「アナーキーの到来」を警告したロバート・カプランであることは決して偶然ではないだろう。

175

Ⅱ　グローバル化の中のセキュリティ

　2012年に公刊した『地政学の逆襲』の冒頭で，カプランはポスト冷戦期の
「思想サイクル intellectual cycle」に言及している。第１の思想サイクルは
1990年代の「ミュンヘンの教訓」の時期である。「ミュンヘンの教訓は，平和
と繁栄の時代が続き，戦争の苦しみが遠い過去の抽象的な記憶になるとき，ま
たぞろ頭をもたげはじめる[27]」。1994年にルワンダでの虐殺を止められなかった
ことは，世界と遠くの他者の運命に共感を寄せる普遍主義を鼓舞し，1990年代
後半のNATOによるユーゴスラヴィアへの軍事介入に強い動機づけをもたら
した。湾岸戦争（1991年）やボスニア（1995年），コソボ（1999年）での空爆に象
徴されるように，1990年代の軍事介入は主にエアパワーに依拠して地理的条件
を克服し，道徳的普遍主義のもとでグローバルなパワーの投射が可能であると
いう空間認識を産み落とした。

　しかしカプランによると，この「幻想の時代」はアフガニスタンの山岳地帯
とイラクの市街地で終わりを迎える。2000年代には，ポスト冷戦時代の思想サ
イクルの第２段階として，ミュンヘンに代わり「ベトナムの教訓」が持ち出さ
れた。「1990年代には，世界各地の民族間・宗派間の争いは努力して克服すべ
き障壁と見なされたのに対して，その後の10年間では，こうした憎悪のある場
所では軍事行動は控えるべきだったと考えられるようになった[28]」。泥沼化する
イラクとアフガニスタンでの戦争は，アメリカのパワー投射が必ずしも道徳的
に望ましい成果を生み出すとは限らないこと，地理がいまだに現実的な制約条
件であることを思い起こさせた。この時代診断では，ポスト冷戦秩序の融解は
単にアメリカのパワーや正統性の相対的低下に尽きるものではない。むしろそ
れは，グローバルな空間性（global spatiality）と地理的な場所性（geographical
locality）とのあいだに広がる〈ギャップ〉が，戦争の泥沼化を通じて次第にあ
らわになってきたことを意味していた。

　この点では，1970年代にアメリカのベトナム介入を分析した永井陽之助が，
いち早く通信可能空間（communicable space）と統治可能空間（governable
space）のギャップを指摘していたことは注目に値する[29]。振り返ってみれば，
ポスト冷戦期のグローバルな空間秩序は，主に前者の拡大によって特徴づけら
れてきた。トーマス・フリードマンは，「世界をフラット化した10の要因」と

176

第7章　ポスト・ヘゲモニー時代の国際秩序思想

して，ベルリンの壁崩壊，インターネットの普及，新たなソフトウェアを通じたワークフローの接続，アップローディング，アウトソーシング，オフショアリング，サプライチェーン，インソーシング，インフォーミング，そして共同作業テクノロジーを挙げている。[30]経済的グローバリゼーションを推し進めるこれらの要因は，たしかにグローバルな通信可能空間の生成を促進したかもしれない。だがそれは，必ずしも統治可能空間のフラット化を意味しなかった。いまや通信可能空間のグローバリティと，統治可能空間のローカリティの懸隔は世界の至るところで広がりつつある。

　現代世界におけるこの「空間の二重化」をカプランも次のように表現する。

> グローバリゼーションによって，地方主義（localism）がかえって息を吹き返している……マスメディアと経済統合の力によって，個々の国（地理に逆らって人為的につくられた国を含む）の力が弱まり，一部の重要地域で対立の絶え間ない不安定な世界がむき出しになった。個々のイスラム国家は，内部では国内勢力によって脅かされているが，情報通信技術によって，汎イスラム主義運動がアジア・アフリカのイスラム圏全域で勢いを増している。[31]

つまり今日の「地政学への回帰」の実相とは，ますます緊密に接続されていくグローバルな空間性と互いに異なる論理で結び付けられてきた地理的な場所性とのギャップの拡大に他ならない。グローバルな空間秩序の保安官兼保証人であったアメリカの撤退は，覆い隠されてきた通信可能空間と統治可能空間の隔たりを露呈させる。カプランの言う「地政学の逆襲」は，まさにこのはざまに生じていた。

　ポスト冷戦期のグローバリゼーションの裏側で開いてきたこの裂け目に注目し，いち早くそれを可視化したのがトーマス・バーネットである。2003年，彼は1990年から2003年におけるアメリカの主要な軍事行動を振り返り，部隊が配備されたカリブ海沿岸，アフリカ，バルカン諸国，コーカサス地方，中央アジア，中東および南西アジア，そして東南アジアの大部分がグローバリゼーションの経済的恩恵に十分に与っていない「統合されないギャップ」であることに注意を促した。[32]このギャップに相対するのは，積極的にグローバル・エコノミーに参画する「機能するコア」である。そこには北米，ヨーロッパ，日本，

177

オーストラリアなどの「古いコア」と，中国，インド，南アフリカ，アルゼンチン，チリ，ロシアなどの「新しいコア」が含まれていた。ビンラディンとアルカイダは，まさに統合されないギャップの無法地帯の産物であり，価値ある未来を築くためには，まずコアの免疫システムを強化し，次にギャップからコアへの悪影響を防ぐ縫合線上の諸国（seam states）を防壁として機能させ，最終的にはギャップそれ自体を縮小させていかねばならない。ここに推奨されたのは，いわばグローバルな通信可能空間とローカルな統治可能空間の懸隔を疫学的な思考のもとで縫い合わせることであった。

　今日振り返れば，この「ペンタゴンの新しい地図」は21世紀にサブカテゴリーとしての圏域（sphere）が再登場してくる徴候だったのかもしれない。コアとギャップの区分は，各地に散らばる不安定地域と安定や発展に与る地域を画定し，いくつかの圏域に再編成していく。バーネットの地図に表されるように，「機能するコア」と「統合されないギャップ」という空間の意味づけは，いわば機能主義的な境界線によって世界を分割する，極めて政治的な効果をもっていた（地図1）。

　さらにこうしたサブカテゴリーとしての圏域の再登場は，近年，アメリカの世界戦略として掲げられる「オフショア・バランシング」にも反映されている。ポスト冷戦期に一貫してオフェンシヴ・リアリズムを掲げてきたジョン・メアシャイマーは，2014年に刊行した『大国政治の悲劇　改訂版』の結論部で，アメリカを含むいかなる国も世界覇権を達成することなどできないと宣告する。遠距離を越えて他の大国にパワーを投射し，さらにそれを持続的に維持することは困難であり，とくにそれが大西洋や太平洋のような大規模な水域を越える場合にはよりいっそう難しい。まさにこのために，アメリカはモンロー主義のもとで設定した西半球の外側では，沖合から勢力均衡を保つ役割を果たす国家——オフショア・バランサー——として振舞ってきた。

　このオフショア・バランシングにとって理想的な戦略は，自らは可能な限り域外にとどまりつつ，地域外の中小国と効率的な同盟関係を構築し，彼らに各地域での潜在覇権国の封じ込め（containment）を担わせることである。メアシャイマーによれば，封じ込めは征服不可能な潜在覇権国の台頭を制止する防

第7章　ポスト・ヘゲモニー時代の国際秩序思想

■ 地図1　「機能するコア」と「統合されないギャップ」

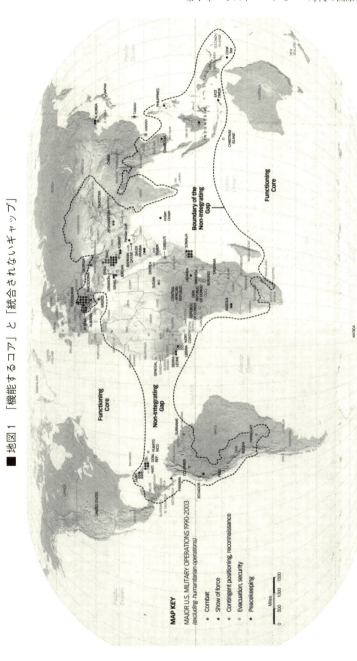

出所：Thomas Barnett, *The Pentagon's New Map : War and Peace in the Twenty-first Century*, 2004.

Ⅱ　グローバル化の中のセキュリティ

御的戦略であり，地域覇権国とその地域外の潜在覇権国との戦争の代替策として採用される。ただし，「現地の国々が潜在覇権国を自分たちの力で封じ込められない場合には，沖合に位置しているオフショア・バランサーは，実質的にはオンショア，つまり岸にあがらなければならない」。問題は，この「岸辺というライン」をどこに画定するかであり，圏域の再登場は，不可避に世界の内部にいかなるラインを引くべきかという問いかけを提起するのだった。

　この点では，オフショア・バランシングは本質的に同盟国に責任を転嫁する戦略である。だがこのバックパッシングを有効に機能させるためには，緩衝地帯を設ける「防疫線 cordon sanitary」や侵蝕されてはならない「不後退防衛線 defensive perimeter」といった「ライン思考」を通じて，地理的な場所性として圏域を画定する必要がある。すなわちある地域の圏域化構想は，いつもすでに古くて新しいライン思考のカタチをとって現れる。かつて冷戦時代の幕開けにあたって提唱された封じ込め政策が，「過剰介入からの離脱」を志向する「隔離」のレトリックに憑りつかれていたのは決して偶然ではなかった。

　たしかに現在，ユーラシア大陸をめぐるあからさまなライン思考を各国の国際秩序観のなかに見出すことは難しくない。たとえば9.11テロから間もない9月30日，アメリカ国防総省が発表した QDR（Quadrennial Defense Review）2001では，アジアが次第に大規模な軍事競争の舞台になりつつあることが指摘され，中東から北東アジアにいたる地域が「不安定の弧 arc of instability」として圏域化された。また2014年3月4日に発表された QDR2014 では，「過去60年間，合衆国は自由で開かれた通商，公正な国際秩序の推進，共有の領域への開かれたアクセスを維持することによって，アジア太平洋地域が平和と繁栄を確保できるように助けてきた」と明言される。それはアメリカの「リバランス」の再宣言だったが，そこには明らかにアジア太平洋地域という古くて新しい圏域化の構想が映し出されている。

　他方，日本でも2006年11月に麻生太郎外務大臣が日本国際問題研究所で行った演説の中で，「自由と繁栄の弧」と呼ばれる空間ビジョンが提示されている。日本から東南アジアを経てインド，中央アジア，イラク，旧ユーゴを通り EU 諸国にいたるこの圏域構想は，ユーラシア大陸の外周に成長してきた新興民主

180

第 7 章　ポスト・ヘゲモニー時代の国際秩序思想

■地図 2　日本外交の空間ビジョン？

出所：外務省 HP

主義国を帯のようにつなぐ。それはまた，露骨なまでにアメリカの不安定の弧をなぞるように設定されていた（地図 2）。

　さらに2013年に中国の国家主席に就任した習近平は，「シルクロード経済ベルト」と「21世紀海上シルクロード」からなる「一帯一路」の構想を提唱した。一方のシルクロード経済ベルトは，中国から中央アジアを経てヨーロッパに至る第 1 のライン，中国から中央アジア，西アジアを経て，ペルシア湾と地中海に至る第 2 のライン，そして中国から東南アジアを経て，南アジア，インドに至る第 3 のラインという 3 つの陸路からなる。他方，21世紀海上のシルクロードは，中国の沿海から南シナ海を通り，マラッカ海峡からインド洋，紅海，地中海東岸を抜けてヨーロッパに至る第一の航路と，中国沿海部から南シナ海を経て南太平洋に到達する第二の航路から構成される[38]。そこに画定されるラインの大部分は，やはり「不安定の弧」や「自由と繁栄の弧」と重なり合う

181

Ⅱ　グローバル化の中のセキュリティ

■地図3　中国の「一帯一路」のイメージ

出所：公益財団法人環日本海経済研究所（ERINA）

（地図3）。

　こうして現在までに，地政学に基づく国際秩序構想は，繰り返しユーラシア大陸の外縁部をめぐるライン思考として立ち現れている。それは言い換えれば，「境界線の政治学」[39]の巨大なリバイバルに他ならないのである。

4　古典地政学の呪縛

　もっとも，これらアメリカ，日本，中国のあいだでほぼ重なり合う3つのライン思考は，21世紀の地政学の思考様式が，いまなお20世紀前半の古典地政学に拘束されていることを示している。周知のように，現代地政学の祖とも呼ばれるハルフォード・マッキンダーは，「地理学からみた歴史の転回軸」（1904年）において，世界を3つの領域に区分した[40]。主にロシアを想定したユーラシア大陸中心部のピボットエリア，この回転軸のすぐ外側を取り囲むドイツ，

第7章　ポスト・ヘゲモニー時代の国際秩序思想

■ 地図4　マッキンダーの世界観

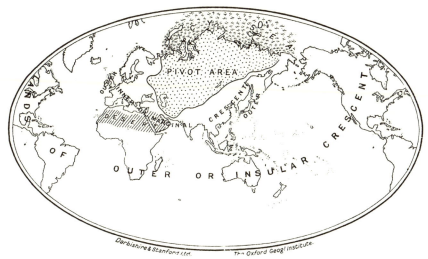

出所：Klaus Dodds edited, *Geopolitics* Vol. 1, SAGE, 2009, p. 342.

オーストリア、トルコ、インド、および中国等からなる内周の半月弧（inner crescent）、そしてさらにその外側を囲い込むイギリス、南アフリカ、オーストラリア、アメリカ、カナダ、日本等が構成する外周の半月弧（outer crescent）は、文字通りユーラシアをめぐる3つの圏域として地理的な場所性に基づいて編成されている（地図4）。

　ここで重要なことは、ライン思考に基づく圏域化を志向するこの世界観が、文字通り地球そのものを理解し、把握しようとする知的営みとして生じていたことである。第一次世界大戦が終結する1919年、マッキンダーはすでにそのグローバルな空間認識を次のように記していた。

> たとえば地球の表面のどの部分をとってみても、それらは気象的に、経済的に、軍事的に、また政治的に関連している。過去の時代のように、すでに知られている事実が曖昧にされ、いつしか忘れ去られるといったことは、もうなくなった。政治的な国境を越えて領土を拡大するゆとりも、またない。あらゆる衝撃的な事件、あらゆる災難、そしてまたあらゆる一見無駄な出来事は、今やことごとに地球の反対側にまでその余波をおよぼすばかりか、また反対にこちら側に跳ね返ってくる。[41]

183

II　グローバル化の中のセキュリティ

■ 地図5　ユーラシア大陸の地政学地図

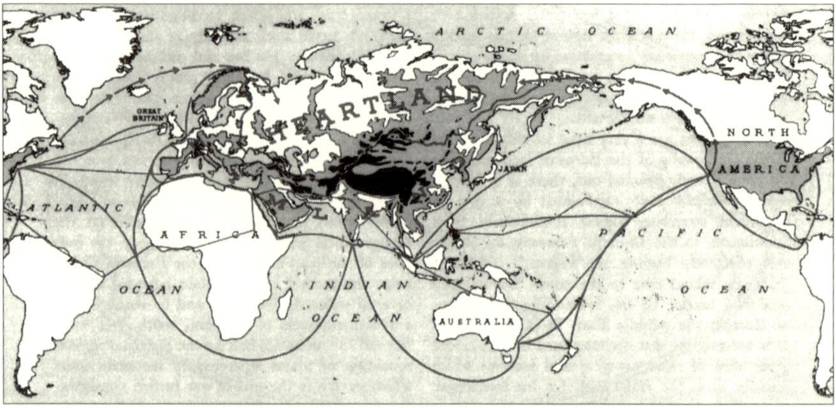

出所：ニコラス・J. スパイクマン，奥山真司訳『平和の地政学——アメリカ世界戦略の原点』芙蓉書房出版，2008年，19頁。

あたかも，現代の経済的相互依存やインターネットの発達を描写しているかのようなこの文章は，まぎれもなく20世紀初頭のものである。マッキンダーのライン思考／圏域構想は，決してグローバリゼーションと矛盾しなかった。むしろ圏域化による世界の分割は，まさに大英帝国の地理的拡大が限界に達し，地球の一体性がはっきりと認識されたそのときにこそ生じたのである。

　さらに，この世界観を修正したアメリカの地政学者ニコラス・スパイクマンは，3つの圏域をハートランド／リムランド／沖合（off-shore）の島嶼部へと読替え，「リムランドを支配するものはユーラシアを制し，ユーラシアを支配するものが世界の運命を制す」[42]と喝破した。リムランドはユーラシア内陸部のランドパワーとそれを取り囲むシーパワーとがぶつかり合う広大な緩衝地帯である。陸と海とに向き合うその両生類的性格ゆえに，この地域の国々はあるときはランドパワー，またあるときはシーパワーの脅威との対峙を運命づけられているのだった（地図5）。

　もちろんこの二人の古典地政学は，それぞれに異なる重心を持っている。一方でマッキンダーは，シーパワーとしてのイギリスとランドパワーたるロシアの対立を念頭に置きながら，その世界史的な衝突の舞台を東欧に見出してい

184

第7章　ポスト・ヘゲモニー時代の国際秩序思想

た。つまり第一次世界大戦前後に培われたその世界観は，当時の大英帝国の国際秩序観を裏書きするものだったのである。他方「沖合の島嶼」アメリカでその思考を紡いだスパイクマンにとっては，リムランドの支配こそがユーラシアでの覇権を握るための必要条件であった。すなわち，マッキンダーとスパイクマンとの「視差」は，第一次世界大戦時のイギリスと第二次世界大戦時のアメリカの国際政治上のポジションを忠実に反映している。

　ただし同時に，両者の世界観にはその場所性／時代性の差以上の共通性も見出せる。それは世界が一体化すればするほどユーラシアの外縁部が重要となり，そこに画定される圏域の支配権がグローバルな覇権に不可欠となるという視点である。振り返れば，アメリカ国防総省が提示した「不安定の弧」，その反転模写としての「自由と繁栄の弧」，そしていずれのルートも中国から発して西方・南方へと延びる「一帯一路」の圏域構想は，その発信源こそ異なるものの，どれもこれら古典地政学のグローバルなライン思考を踏襲している。

　こうしてライン思考に基づく圏域化は，グローバリゼーションの進展と矛盾するどころか，むしろその産物であったことがわかる。エアパワーやサイバースペースの重要性が高まるグローバリゼーションのさなかにあって，通信可能空間と統治可能空間の二重性は解消されないどころか，ますます拡大する。ポスト冷戦期に，覇権的な一極構造とリベラルな価値規範の拡大によってグローバルな空間秩序がかたちづくられてきたからこそ，いまや地理的な場所性との再接続を強く志向する圏域構想が芽生えてくる。この意味で，今日のライン思考はパワーと価値規範のグローバルな投射の帰結に他ならない。

　近年，アメリカ海軍大将を務めたジェイムズ・スタヴリディスが吐露したように，[43] このライン思考の源流に19世紀末から20世紀初頭にアメリカの門戸解放政策を推し進めたアルフレッド・セイヤー・マハンの世界観を見出すことは決して難しくない。その世界観の第1の特徴は，海洋を「偉大な公路」と見なした点にある。[44] 海洋は公有地であり，世界を自由に結びつけるハイウェイであった。またその第2の特徴は，海上のパワーと陸上のパワーをはっきりと区別し，前者の役割を平時にまで拡張した点にある。[45] マハンによれば，海軍は平時においても海外の拠点を維持し，政治的影響力を維持するために有効であっ

185

た。そして第3に，その戦略論は一連のライン思考の組合せによって構築される。その重要因子は「中央位置」「内線」「交通線」という3つのライン思考である。2つの相対する敵対勢力の中央位置を確保すれば，両勢力を分断しその合同を妨げることができる。またこの中央位置を延長していけば内線となり，敵対勢力に対して迅速にパワーを集中することができた。他方，自らの勢力の作戦行動全般を保証するラインは交通線とよばれ，内線が攻撃路だとすれば，交通線は防衛路を意味する。[46]

　これら，世界につながる公路としての海洋，平時におけるパワー投射，そしてライン思考の編成に基づいた戦略的位置の確保を特徴とするマハンの海軍戦略論は，ヨーロッパの海外拡大がほぼ物理的な限界にまで達した19世紀末，グローバルに連結された世界を圏域として再編するための思考様式を提供した。そして皮肉にも，いまやマハンの世界観はグローバリゼーションの下で成長しつつある新興国に採用されつつある。『地政学の逆襲』の中で，カプランはその様子を次のように述べる。

> 一方では，アメリカ海軍が，縮小傾向にあるがまだ圧倒的な艦隊によって，アフリカから北東アジアまでの同盟国とともに，コルベットの精神で警備を行い，安全な貿易環境を確保するために海を守っている。他方では，主に中国，次いでインドが，マハン的な思想を盾に，増大する軍事力を誇示している。[47]

いまやマハン，マッキンダー，スパイクマンの衣鉢を受継ぐのは新興国である。ポスト冷戦秩序の融解後は，もちろん19世紀の世界ではない。だがそこで採用されている思考様式が，しばしば20世紀前半までの古典地政学にまでさかのぼれることは，われわれの21世紀に不気味で濃い影を落としている。

むすびにかえて

　以上，本章では近年の国際秩序言説の動向を通じて，ポスト冷戦秩序がアメリカの相対的な地位低下とともに融解し，より多重的な圏域構想が芽生えつつあることを明らかにしてきた。世界を分割する圏域化は，いつもすでになんらかのライン思考のもとで構築されており，今日ユーラシア大陸を取り囲む3つ

第7章　ポスト・ヘゲモニー時代の国際秩序思想

のライン思考もまた，実のところかつての古典地政学の世界観を再生産したものに他ならない。

　だがグローバリゼーションが拡大し，社会変化の速度がますます早まるなかで，古典地政学の思考様式はどこまで不変なのだろうか。この点に関して，国際関係と地政学の関係についても洞察してきたアグニューは，地政学を素朴な決定論として受容れないために2つの留意点を挙げている[48]。その第1は，地政学においては，「政治的なもの」と「知的なもの」は決して分離できないということである。通常，地政学はある特定の国家の政策に奉仕するために客観性の装いをまとって提示される。だが前節でマッキンダーやスパイクマン，そしてマハンについて確認してきたように，それはいつも「いまここ」の偏った視点を反映している。地政学には地理的客観性と視差に基づく偏向性との鋭い緊張関係が埋め込まれており，「知的営為」としての地政学は同時にまた「政治的行為」でもあることを認識しておく必要がある。

　そして第2に，アグニューによれば近代の地政学的想像力の諸要素は決して過去のものにはなっていない。ここまで見てきたように，その思考様式は単なる過去のテキストや文書としてではなく，一連の政策実践や社会的行為として命脈を保ち続けている。19世紀末のマハンの世界観は第一次世界大戦前夜にイギリスのマッキンダーに引き継がれ，その圏域構想はふたたび第二次世界大戦中にアメリカのスパイクマンに受容された。しかもこの思考様式は，過去の遺物ではなく，今あらためてユーラシアの新興諸国に採用されている。地政学的思考は一種のコモンセンスとして世代間で受け継がれ，歴史的文脈を解釈するために，文字通りリサイクル（再利用）されていく。

　こうしたなかで現在，地政学的なライン思考に基づく国際秩序構想はしばしば地理的な宿命論として立ち現れてくる。そこでは国際秩序の行方は，まるで地理的なパワー配分によって運命づけられているかのように表象されてしまう。だが国際秩序とは，本来，パワー配分と合意に基づく正統性とのアマルガムである。いわば地政学的思考の陥穽とは，秩序の成立と持続にはパワーとその空間配置のみならず，幅広い合意に基づく正統性が不可欠であることを看過してしまう点にある。

187

II　グローバル化の中のセキュリティ

　この点で冷戦期にアメリカ外交を担ったヘンリー・キッシンジャーは，「われわれの時代」の国際秩序について，パワーと正統性の均衡を求めて次のように述べている。

> この骨折りを成功させるためには，さまざまに異なる人間の条件と，人間に深く根付いている自由への探求の両方を反映した手法が必要だろう。こういった意味からも，秩序は育てられるものでなければならない。押しつけることはできない。瞬時のコミュニケーションと革命的な政治流動の時代では，ことにそれが欠かせない。世界秩序のいかなるシステムも，持続可能であるには，公正であるとして——指導者ばかりではなく市民にも——受け入れられなければならない。[49]

むろんリアリストであるキッシンジャーは，パワーの重要性を指摘することを忘れない。だがポスト・ポスト冷戦期において，剥き出しの力の衝突を越えて新たな秩序像を見出そうとするならば，幅広く合意されうる正統性のあり方を模索することが不可欠である。それが新たな大国間協調になるのか，あるいは複数の圏域に分かたれた多重秩序になるのかは，いまだ明らかではない。しかしこの意味で，デモクラシーとセキュリティの緊張に満ちた関係性は，これからの国際秩序の行方にも深く関わっているのである。

　　[付記]　本稿は，日本国際政治学会2015年度研究大会　公募企画「国際秩序と領域性の変容——圏域・境界・統治」の報告原稿を大幅に改編したものであり，当初の原稿は『青山　地球社会共生論集』創刊号に高橋良輔「ポスト・グローバル時代の空間秩序像——古典地政学への回帰？」として掲載された。企画にご協力をいただいた岩下明裕先生（北海道大学），宮脇昇先生（立命館大学），前田幸男先生（創価大学），ならびにフロアからのコメントにこの場を借りて深く御礼申し上げたい。

【註】

1 ）　Ó Tuathail & Agnew（1992）p. 227.
2 ）　Clark（2001）p. 3.
3 ）　こうした国際秩序観は，Ikenberry（2000）の戦後秩序論と親和性をもつ。ただしクラークは，アイケンベリーの見方を制度とパワーの関係を単純化しているとも批判した。なお国際秩序をパワーと規範のアマルガムとみる見方は，高橋（2015）を参照。
4 ）　Krauthammer（1991）.
5 ）　Brooks & Wohlforth（2002）＝（2003）97頁。
6 ）　ジョンソン（2000）273頁。

第7章　ポスト・ヘゲモニー時代の国際秩序思想

7）　ブレジンスキー（2005）278頁。
8）　Ikenberry（2011）p. 333f.
9）　Ikenberry（2014）p. 101f.
10）　Kupchan（2014）pp. 48-53.
11）　千知岩・大庭（2014）91頁。
12）　フクヤマ（2006）133頁。
13）　レイン（2011）337頁。
14）　Ikenberry（2009）.
15）　なお，ウォーラースティン（1991：16-17）は，すでに湾岸戦争が3つの点でアメリカの衰退を示していると述べていた。第1に，むき出しの軍事力を行使しなければならないという事態そのものがアメリカのパワーの衰えを示している。第2に，アメリカはこの戦争を戦うための資金を自国で捻出できず，クウェート，サウジアラビア，ドイツ，日本等に依存していた。第3に，湾岸戦争の勝利は「ベトナム戦後症候群」からの決別という誤った教訓を指導者にもたらした。
16）　カプチャン（2003）(上)31頁。
17）　2013年9月10日，当時の合衆国大統領バラク・オバマは，テレビ演説のなかで「アメリカは世界の警察官ではない」と明言した。スティーブンズ（2015）によれば，アメリカの撤退は世界の無秩序を意味するため，アメリカは世界の警察官の役割を維持しなければならない。
18）　中山（2013）4頁。
19）　同じく西洋およびその他の諸国の台頭を検討した文献として（Kupchan（2012））。
20）　ザカリア（2008）324頁。
21）　ブレマー（2012）23頁。
22）　Bremmer（2015）p. 198 では，アメリカはもはや他国の問題解決に責任を負わず，「自立したアメリカ」として手本を示すべきだとされている。
23）　Acharya（2014）.
24）　2011年にIMF専務理事に就任したラガルドは，2014年2月にロンドンで行った講演「新しい多国間主義」でケインズ主義の正当性を主張した（Lagarde（2014））。
25）　Acharya（2014）p. 103.
26）　Acharya（2014）p. 113.
27）　Kaplan（2012）p. 15＝（2014）38頁。
28）　Kaplan（2012）p. 19＝（2014）44頁。
29）　永井（1979）99頁。
30）　フリードマン（2010）.
31）　Kaplan（2012）p. 35＝（2014）60頁。
32）　Barnett（2003）p. 152.
33）　Mearsheimer（2014）p. 365＝（2014）484頁。
34）　Mearsheimer（2014）p. 385＝（2014）511頁。
35）　Department of Defense（2001）p. 4.
36）　Department of Defense（2014）p. 4.
37）　外務省（2006）。

189

Ⅱ　グローバル化の中のセキュリティ

38)　関（2015）.
39)　杉田（2005）.
40)　Mackinder（1904）p. 37.
41)　マッキンダー（2008）40頁。
42)　スパイクマン（2008）101頁。
43)　スタヴリディス（2017）286頁。
44)　マハン（2008）41頁。
45)　マハン（2008）46頁。
46)　マハン（2005）33頁。
47)　Kaplan（2012）p. 112＝（2014）141頁。
48)　Agnew（2003）p. 127.
49)　Kissinger（2014）p. 8＝（2016）16頁。

【参考文献】

Acharya, Amitav（2014）*The Ends of American World Order*, Polity.

Agnew, John（2003）*Geopolitics : Re-visioning World Politics*, second edition, Rooutledge.

Bernett, Thomas P. M.（2003）"The Pentagon's New Map," Esquire（March 2003）in Gearóid Ó Tuathail, Simon Dalby & Paul Routledge ed.（2006）*The Geopolitics Reader*, second edition, Routledge, pp. 151-154.

Bremmer, Ian（2015）*Superpower : Three Choices for America's Role in the World*, Penguin Books.

Brooks, Stephen G. and William C. Wohlforth,（2002＝2003）"American Primacy in Perspective," *Foreign Affairs*, Vol. 81, No. 4, July / August 2002.（「アメリカの覇権という現実を直視せよ——単極構造時代の機会と危機」フォーリン・アフェアーズ・ジャパン編『ネオコンとアメリカ帝国の幻想』朝日新聞社，91-114頁）

Clark, Ian（2001）*The Post-Cold War Order : The Spoils of Peace*, Oxford University Press.

Department of Defense（2001）*Quadrennial Defense Review Report*, September 30, 2001.

——（2014）*Quadrennial Defense Review Report*, March 4, 2014.

Ikenberry, John G.（2000）*After Victory : Institutions, Strategic Restraint, and the Rebuilding of Order after Major Wars*, Princeton University Press.

——（2009）"Woodrow Wilson, the Bush Administration, and the Future of Liberal Internationalism," in G. John Ikenberry, Thomas J. Knock, Anne-Marie Slaughter & Tony Smith, *The Crisis of American Foreign Policy : Wilsonianism in the Twenty-first Century*, Princeton University Press, pp. 1-24.

——（2011）*Liberal Leviathan : The Origins, Crisis, and Transformation of the American World Order*, Princeton University Press.

——（2014）*Power, Order, and Change in World Politics*, Cambridge University Press.

Kaplan, Robert D.（2012＝2014）*The Revenge of Geography : What the Map Tells Us about Coming Conflicts and the Battle against Fate*, Random House.（櫻井祐子訳『地政学の逆襲 :「影の CIA」が予測する覇権の世界地図』朝日新聞社）

第7章　ポスト・ヘゲモニー時代の国際秩序思想

Kissinger, Henry (2014＝2016) *World Order : Reflections on the Character of Nations and the Course of History*, Penguin Books. (伏見威蕃訳『国際秩序』日本経済新聞出版社)

Krauthammer, Charles (1991) "The Unipolar Moment," *Foreign Affairs*, Vol. 70, No. 1, January/February 1991.

Kupchan, Charles A. (2012) *No One's World : The West, the rising Rest, and the Coming Global Turn*, Oxford University Press.

―――― (2014) "Unpacking hegemony: the social foundations of hierarchical order," in G. John Ikenberry (ed.) (2014) pp. 19-60.

Lagarde, Christine (2014) "A New Multilateralism for the 21st Century," February 3, 2014, https://www.imf.org/external/np/speeches/2014/020314.htm

Mackinder, Halford (1904) "The Geographical Pivot of History," *Geographical Journal*, (23), in Gearóid Ó Tuathail, Simon Dalby & Paul Routledge (ed.) (2006) *The Geopolitics Reader (second edition)*, Routledge, pp. 34-38.

Mearsheimer, John J. (2014＝2014) *The Tragedy of Great Power Politics* updated edition, W. W. Norton &Company. (奥山真司訳『改訂版　大国政治の悲劇――米中は必ず衝突する』五月書房)

Ó Tuathail, Gearóid and John Agnew (1992) "Geopolitics and Discourse: Practical Geopolitical Reasoning in American Foreign Policy," in *Political Geography*, 11 (2), pp. 190-204, in Klaus Dodds (ed.) (2009) *Geopolitics*, Vol. 3, pp. 225-243.

Spykman, Nicholas J. (2008) *America's Strategy in World Politics : The United States and the Balance of Power*, Transaction Publishers.

ウォーラーステイン，イマニュエル (1991) 丸山勝訳『ポスト・アメリカ――世界システムにおける地政学と地政文化』藤原書店。

外務省 (2006)「自由と繁栄の弧をつくる――拡がる日本外交の地平」外務大臣 麻生太郎・日本国際問題研究所セミナー講演。

カプチャン，チャールズ (2003) 坪内淳訳『アメリカ時代の終わり（上・下）』NHKブックス。

ザカリア，ファリード (2008) 楡井浩一訳『アメリカ後の世界』徳間書店。

ジョンソン，チャルマーズ (2000) 鈴木主税訳『アメリカ帝国への報復』集英社。

杉田敦 (2005)『境界線の政治学』岩波書店。

スタヴリディス，ジェイムズ (2017) 北川知子訳『海の地政学――海軍提督が語る歴史と戦略』早川書房。

スティーブンズ，ブレット (2015) 藤原朝子訳『撤退するアメリカと「無秩序」の世紀――そして世界の警察はいなくなった』ダイヤモンド社。

スパイクマン，ニコラス (2008) 奥山真司訳『平和の地政学――アメリカ世界戦略の原点』芙蓉書房出版。

関志雄 (2015)「動き出した「一帯一路」構想――中国版マーシャル・プランの実現に向けて」独立行政法人 経済産業研究所 HP, http://www.rieti.go.jp/users/china-tr/jp/150408world.htm.

高橋良輔 (2015)「国際秩序」押村高編『政治概念の歴史的展開　第七巻』晃洋書房, 87-106頁。

191

Ⅱ　グローバル化の中のセキュリティ

千知岩正継・大庭弘継（2014）「対テロ戦争──終わりが遠ざかる戦争」高橋良輔・大庭弘継
　　編『国際政治のモラル・アポリア──戦争／平和と揺らぐ倫理』ナカニシヤ出版，60-96
　　頁。

永井陽之助（1979）『時間の政治学』中央公論社。

中山俊宏（2013）『介入するアメリカ──理念国家の世界観』勁草書房。

フクヤマ，フランシス（2006）会田弘継訳『アメリカの終わり』講談社。

フリードマン，トーマス（2010）伏見威蕃訳『フラット化する世界──経済の大転換と人間の
　　未来　普及版』日本経済新聞出版社。

ブレジンスキー，ズグビニュー（2005）堀内一郎訳『孤独な帝国アメリカ──世界の支配者
　　か，リーダーか？』朝日新聞社。

ブレマー，イアン（2012）北沢格訳『「Ｇゼロ」後の世界──主導国なき時代の勝者はだれか』
　　日本経済新聞出版社。

マッキンダー，H. J.（2008）曽村保信訳『マッキンダーの地政学──デモクラシーの理想と
　　現実』原書房。

マハン，アルフレッド T.（2005）井伊順彦訳『マハン海軍戦略』中央公論新社。

───（2008）北村謙一訳『マハン海上権力史論』原書房。

レイン，クリストファー（2011）奥山真司訳『幻想の平和──1940年から現在までのアメリカ
　　の大戦略』五月書房。

第**8**章

例外状態における正統性をめぐる政治
——セキュリティによる統治／民衆による支配

山 崎 　 望

は じ め に

　現在の世界秩序を主導している国民国家システムは，脅威から自国を守るセキュリティと国民によるデモクラシーから正統性を得てきた。

　しかし2つの正統性の源泉が無効化する事例が噴出している。対テロ戦争下の世界ではテロ攻撃や軍事介入によって一国単位のセキュリティが揺さぶられ，セキュリティの確保を理由に自由民主主義体制諸国でも権力の集中が進み，デモクラシーの危機が指摘されている。

　両者の正統性の危機をカール・シュミットが定式化した「例外状態」の観点から把握してみよう。例外状態とは，法＝秩序が機能していない状態だがカオス（無秩序）ではなく，秩序は維持されている。この秩序は機能していない法によって基礎づけられている。例外状態は法により規定される法＝秩序の外部という両義的性格を持つ。例外状態においては，法律一般のみならず，構成する権力（憲法制定権力）の産物たる憲法も形骸化する。シュミットは法＝秩序が危機に陥った時に例外状態にあるか否かを判断し，実定法を一時的に停止し，法律の力を持つ政令を通じて秩序を作り出す「例外状態に関して決断する」主権者という主体を要請した。

　しかし現代世界において「例外状態が日常的規則になり，戦時が終わりのない状態になるに従い，従来の戦争と政治の区別はますます曖昧」となり，地球全体が永続的な戦争状態に陥り「民主主義の停止も例外ではなく，常態＝規範となる」中で，誰が民主主義による立法を通じた秩序を回復できるのであろう

193

II　グローバル化の中のセキュリティ

か。それともデモクラシーを断念し，セキュリティのみを正統性とした秩序形成を選択すべきなのだろうか。本論では国民国家システムにおける正統性の２つの源泉であるセキュリティとデモクラシーの新たな組み合わせによる秩序を模索する。

1　国民国家システムにおけるセキュリティとデモクラシー

（1）セキュリティをめぐって

セキュリティは，ラテン語の securs ないしは securitas を語源とし，「不安や心配からの自由」をもたらす行為を意味する。ここから２つのセキュリティの系譜が分岐する。

ひとつは主権の系譜である。トマス・ホッブズに代表されるような，中世秩序から解放された個人がもたらすカオス化の可能性を封じ込め，人々に生命の安全を保証する近代的なセキュリティ観である。主権の系譜のセキュリティは，生命を脅かす要素，たとえば内乱の脅威を領内から外部へ追い出すと共に，同じく主権を持つ外国を自国に脅威をもたらす敵として同定し，潜在的な戦争の体系としての主権国家システムと結合した国家中心的（state-centric）な安全保障へと結実する。ここでは国内＝平和と，国際関係＝（潜在的な）戦争の分離，いわば内戦の可能性なき国内政治と，戦争の可能性を孕む国際政治の両者を分断する境界線が前提とされている。この境界線はウォルター・ベンヤミンが指摘したように，境界線の画定における暴力を伴い（法措定的暴力），その維持においても警察を中心に国内の（潜在的な）叛乱者に対する暴力が行使され（法維持的暴力），さらに暴力を前提とした潜在的な戦争の体系としての国際政治を構築しているのである。

セキュリティのもうひとつの系譜は生権力の系譜である。生権力は一定の領域内の人々の群れを積極的に「生かす」セキュリティである。一方では各人を規律・訓練して生をめぐる諸規範を内面化させた主体＝臣民を作り出し，他方では人口全体への働きかけを通じて，全体の活力を増大させる。動物飼育術から国家理性論に至る系譜であり，より広範囲な統治性（governmentality）をめ

194

第8章 例外状態における正統性をめぐる政治

ぐるセキュリティへと結実している。

この2つのセキュリティは緊張関係にある。一方で主権は対内的にも対外的にも敵の物理的殲滅の可能性を念頭に置く，いわば「殺す」権力である。それに対して生権力は領域内の人口を積極的に「生かす」権力である。この点において2つのセキュリティは対立する側面を持つが，第二次世界大戦における総力戦体制において顕著になったように，両者の権力は結合する。生権力の観点から積極的に生かすことが難しいとみなされた人々，たとえば異民族，貧困層，性的少数派や障がい者は「死へと廃棄され」，たびたび主権の観点からも敵（もしくは敵を利するもの）とみなされ殺されてきたのである。セキュリティをめぐる2つの潮流は，対立する側面と結合する側面を持ち，内部における国民の最適化と外部における国民の敵への対抗によって，国民国家システムの正統性の源泉となってきた。

（2）デモクラシーをめぐって

デモクラシーの語源は，各人が平等である Demos（民衆）による支配（Kratia）にある。平等な民衆による自己支配という原義から，デモクラシーの2つの系譜が生じてくる。ひとつは古代のデモクラシーに起源を持ち，民衆による直接統治を志向する直接民主主義の系譜だが，近代以降に主流となったものはもうひとつの代表制民主主義の系譜である。近代のデモクラシーは政治共同体の規模の問題に加え，衆愚制やナチズムの経験など直接民主主義の問題点を踏まえ，国民から選出された代表者による，期限を定めた支配を行う代表制民主主義として定着していった。それは代表者／被代表者の分離と選挙を通じた接続によって，代表される国民によるエリート選出と代表者によるエリート支配を結合させたデモクラシーである。住民投票など直接民主主義を部分的に取り入れつつも，代表制を通じたエリートの選出という形を取った，国民＝民衆による支配を制度化し，デモクラシーは国民国家システムの正統性を調達してきたのである。

195

Ⅱ　グローバル化の中のセキュリティ

（3）セキュリティ／デモクラシーの結合

　では国民国家システムにおける2つの正統性であるセキュリティとデモクラシーはどのように結合していたのであろうか。

　まず主権の系譜のセキュリティと代表制民主主義の結合を見てみよう。主権を媒介として，セキュリティは国民国家にとって脅威をもたらす他の国民国家を（潜在的な）敵として同定し，主として常備軍によって外国の脅威から自国を防衛する国家安全保障をセキュリティの要としてきた。他方で代表制民主主義もまた主権を自己支配の理念と結合させた。近代以降は，主権を制御する担い手として国民という政治主体を立ち上げ，国民による自己支配を行ってきたのである。セキュリティの脅威とされる敵は主権によって国民国家の外部へと排除され，代表制民主主義の定着を促進し，内戦の可能性をもたらす国内の対立は，代表制民主主義によって利益の競争や妥協可能な意見の相違へと姿を変え，飼いならされ，セキュリティの脅威は除去されていったのである。

　次に生権力の系譜のセキュリティと代表制民主主義の結合を見てみよう。生権力は領土内に住む人口として規律・訓練して国民という主体を形成し，国民を積極的に「生かして」きたが，その結果産み出された同質性や欠乏からの自由は合意や決定の基礎となり，代表制民主主義を補完してきた。代表制民主主義は経済成長や再分配の仕組みなど，人口の活性化をめぐる広範な合意を形成し，セキュリティを脅かす対立や分裂を除去してきたのである。

　しかし今日，かかるセキュリティとデモクラシーの相補的なカップリングが変容している。

2　セキュリティの変容——日本を事例に

（1）セキュリティの柔軟化

　まずセキュリティの柔軟化について論じよう。セキュリティ論において前提視されがちな脅威は固定的なものではない。外交関係，他国の内政，ドクトリンや軍備などの内実に変化が乏しくても「安全保障環境の変化」をもたらす脅威であるという認識が構築され，自国のセキュリティの変化を求める要請の根

第 **8** 章 例外状態における正統性をめぐる政治

拠とされる事もあれば，その逆の過程も存在する。たとえば安保法制をめぐり議論された「ホルムズ海峡の閉鎖」が日本にもたらす脅威を想定されたい。冷戦下における固定性と比較するならば，現代世界における脅威やその根源とされる敵の姿は柔軟性を高めている。

さらに認識レベルだけではなく実態レベルでも，非国家主体に着目すれば，ごく短期間で重大な脅威をもたらす敵の生成／解体が活発化している。たとえば，個人レベルを含めたイスラム主義過激派の国境を越えるネットワークを想起されたい。2015年のフランスやベルギーで起きた IS によるテロ攻撃では，ネットワーク化された少人数の組織によって攻撃が実行され，攻撃を実行した組織は短期間に消滅した。日本人も海外で IS やアルカイダ系組織により殺害されている。こうした脅威は短期間に急速に高まり，攻撃を頂点に急速に低下し，攻撃を行った組織も短期間に離合集散を繰り返している。

セキュリティの前提となる脅威やその根源の敵について，認識と実態の双方ともに柔軟性が増大し，個人から大小の組織，主権国家，軍事同盟や有志国連合，さらにはグローバルな企業や社会運動に至るまで，脅威を与える敵の範囲は広がり，どの主体がいつどこに敵として姿を現すのかの予測も容易ではない。

かかるセキュリティの柔軟性に内在する政治を指摘するコペンハーゲン学派の安全保障化理論（securitization theory）を見ておこう。安全保障化理論によれば，脅威とは当初は脅威ではなかったものを政府，政治家，官僚や圧力集団などの securitizing actor が言語行為を通じて政治化し，それをオーディエンスが受容した場合に初めて実在的脅威（existential threat）となる動態的な過程の産物である。たとえば，安保法制における「存立危機事態」も，具体的な内実が想定困難な脅威であり，安全保障化の産物であろう。さらに脅威の源泉として敵が構築されれば，その結果として事後的に友でありセキュリティの客体となるべき「われわれ」が確定される。反対に脅威とされてきたものが，securitizing actor の「政治課題ではない」という言語行為により脱政治化され，それをオーディエンスが受容すれば，敵は対抗者や競争者，パートナーへと姿を変えるか，消滅する。例えば高い軍事力，軍事行動の敷居の低さ，日本への

197

II　グローバル化の中のセキュリティ

領空・領海侵犯，領土問題やウクライナ危機以降の外交関係の冷却にも関わらず，安保法制をめぐる議論ではロシアを脅威とする言語行為は減少し脱安全保障化がなされたことを想起されたい。脅威や敵は所与のものではなく，安全保障化／脱安全保障化の過程で，securitizing actor とオーディエンスの相互作用から政治的に構築／脱構築されていくものであり，セキュリティの柔軟化は安全保障化／脱安全保障化の政治の活性化を意味するのである。

（2）セキュリティの多様化

　次にセキュリティの多様化について論じよう。今日，セキュリティは他国の軍事的脅威から，自国を，正規軍が，軍事力を手段として存続させる政策に限定されるものではない。「何／誰を（客体），何／誰から（脅威），誰が（主体），どのように（手段），どの程度守るのか」は自明ではない。主体，客体，脅威の内容，手段，程度にわたってセキュリティは多様化している。国境を越える感染症や経済危機に対して，一国単位で軍事力を中心に対処することは不可能であり，望ましくもない。軍事的な脅威に限定しても，国家間戦争より内戦の数が増大していることに象徴されるように，個人，地域やエスニック集団にとってのセキュリティが，国家安全保障と対立する事態が前景化されている。日本でも沖縄における米軍基地問題をめぐって県と国の対立が先鋭化しているが，沖縄にとってのセキュリティと日本の国家安全保障が必ずしも一致せず，対立関係となっている。

　国家が重要なセキュリティを供給する主体であるとしても，国家のみがセキュリティの供給を独占する主体ではない。集団的自衛権，個別的自衛権，人道的介入，「保護する責任」，共同防衛，聖戦，人権擁護といった多様化した理由を掲げ，大国，地域大国，有志連合，国際機関，地域機構，企業，宗教共同体，部族，専門家集団，社会運動や NPO などからなる多元的・重層的なセキュリティを供給するネットワークが形成されているのである。かかるセキュリティを取り巻く環境は，脅威と敵の多様化によって，守るべき／生かすべき「われわれ」も多様化し，主体の立脚点によってあらゆる脅威や敵の可能性が常時遍在するオムニ・クライシス（全的危機）と言えよう。

198

（3）セキュリティ体制の構造転換

　ではオムニ・クライシスに対して，国民国家システムはどのような対応を迫られるのであろうか。結論を先取りするならば，主権国家間をはじめ多様なアクター間のネットワーク化，さらには同一化によるセキュリティ強化による対応が前景化している。とりわけ主権による対応では，アメリカを中心とする同盟国や友好国による「国家を越えるセキュリティ」の追求が顕著である。ここでは2015年9月に可決された日本の安保法制を事例に論じよう。安保法制の特徴のひとつとして「シームレス（継ぎ目のなさ）」性が挙げられる。それは国民国家システムの前提となってきたセキュリティ体制を転換するものである。

　第1に，自衛隊の活動範囲は日本の領土・領海・領空（とその周辺）と世界の間の「継ぎ目」を越えて脱領域化し，世界大へと膨張した。それは日本の領域を越えて「友／敵」の境界線を書き替える効果を持っている。

　第2に，脱国家化が挙げられる。一方では中国の軍事的台頭という認識を背景に，アメリカを中心にオーストラリアや日本を含むアジア諸国との間で，セキュリティの国際化が進められている。ここでは自国防衛と他国防衛の一体化が進み，自衛と他衛の「継ぎ目」は埋められ，両者の区別が無効化していく。情報，訓練，兵器の開発・貸与・輸出入から，戦時における後方支援や戦闘に至るまで「一国で自国の安全を守ることができない」という認識に即して，セキュリティの国際化を通じて自国のセキュリティを確保する枠組みの形成が模索されている。換言すれば国際化を通じた国家安全保障の追求である。主権と自律の区分を強調するウルリッヒ・ベックの言葉を借りれば，「形式的な自律の喪失と実質的な主権の獲得は互いに強化しあう[3]」のである。

　他方でセキュリティの民営化（privatization）も進められている。安保法制においては平時／有事の継ぎ目を越えて，米軍をはじめ他国軍との恒常的な共同行動が可能となったが，戦闘を支える情報収集や武器を含む技術開発の共同化，専門知の結集，隊員のリクルートなどにおいて民間企業は不可欠である。防衛産業との協力の下，「武器輸出三原則」を事実上撤廃し，防衛装備移転三原則を閣議決定し，防衛省が民間企業と自衛隊のインターン構想（「長期自衛隊インターンシッププログラム（企業と提携した人材確保育成プログラム）」）を模索す

II　グローバル化の中のセキュリティ

るなど，日本でもセキュリティの民営化は進んでいる。中東やアフリカの対テロ戦争においては民間軍事会社や現地武装勢力へ，戦闘の「外注」が可能となっている。公と私の「継ぎ目」が埋められることで国家の自律性は損なわれるとしても，私的アクターとの協力によってセキュリティの追求が可能となるのである。

　第3にセキュリティの脱国民化が挙げられる。セキュリティを保障される生／保障されない生を分かつ境界線は，国民／外国人という区分とは重ならない。とりわけ対テロ戦争においては，ホームグロウンテロリストや反政府勢力，国境を越えるテロのネットワーク，空爆中心の軍事介入を考えれば，セキュリティは国民統合を要請しない。国民（と植民地の人口）の動員を求められた総力戦と異なり，対テロ戦争では，大多数の自国民が大きな関心を払わない「戦争」が進められ，戦争の国際化と民営化により，自国の戦争でも自国民全ての活力を求める必要は減退する。生権力の対象も脱国民化し，可変性に富むものとなる。

　このように安保法制は国民国家間の戦争を想定したセキュリティ体制の強化に還元されるものではない。それに加えて，世界内戦——すなわち経済や技術などの越境性・柔軟性を背景に，世界各地の内戦が相互に連動し，個人から武装組織，主権国家，軍事同盟や有志連合に至るまで非対称性を持つアクターがアドホックに連携して展開する，世界を舞台とする日常化した戦闘状態——に対応するセキュリティ体制を組み合わせたものである。安保法制は国民国家型セキュリティ体制から，世界内戦を創出し継続するセキュリティ体制への構造転換という性質も持つ。

　世界内戦へ対応するセキュリティ体制が，世界内戦を防ぐのではなく，創出・継続する体制でもある，とはいかなる事であろうか。世界内戦では，従来の戦争の形，ひいては安全保障の形を規定してきた様々な区別が融解する。世界内戦は国家間戦争とは異なり，時間的には開戦と終戦の時期の特定ができない。安保法制においても平時から有事に至るまでシームレスな「恒常的な支援」を可能にしているが，かかる「シームレス」性は戦時と平時の区別を無効化する。また空間的には戦闘地域と非戦闘地域の区別も流動化する。先進国の

200

都市がテロ攻撃によって瞬時に戦場となり，他方で内戦国の領内で一定期間戦闘が行われない地域が創出される。非対称型の戦闘が主流である世界内戦において，典型的な攻撃手法であるテロ攻撃に対しては，国内の治安を司る警察と戦争を担う軍隊を分かつ境界線も曖昧になる。低強度紛争を中心に，自国軍が介入した他国のセキュリティ（治安）を確保する活動と，高強度ポリシングを中心に，自国内で警察がテロとの戦い（戦争）を遂行する活動は連続化する。

　かかる様々な区別の融解は，法＝秩序が存在する国内政治，カオス化の契機を持つアナーキーな国際政治という二分法を無効化する。それに伴い法＝秩序とカオスの間にある例外状態が空間的には世界大に膨張し，時間的には日常的な規則となる。ジョルジオ・アガンベンの言葉を借りれば，「例外状態は『世界的内戦』と定義されてきたものを押しとどめることができない進行を前にして，ますます現代政治において支配的な統治のパラダイムとして立ち現れつつ[4]」あり，「法の規範的側面は統治の暴力によってもののみごとに忘却され論駁されてしまっており，国外では国際法を無視し，国内では恒常的例外状態を作り出しながら，それにも関わらず，なおも法を適用しつつあるふりをしている[5]」のである。世界内戦におけるオムニ・クライシスに対応すべく，国民国家は自ら，国民国家型のセキュリティ体制から，世界内戦を創出・継続させるセキュリティ体制へと変化しているのである。安保法制も古典的な国家間対立の構図だけではなく，日本を世界内戦に組み込むセキュリティ体制を整備する法としての側面も持っているのである。

3　危機のデモクラシー

（1）セキュリティの自律化とデモクラシーの停止

　ここではシェルドン・ウォリンの議論を参照しつつ，セキュリティの変容がデモクラシーに与える影響を論じていこう。ウォリンは「法的に正当な権力（デモクラシー）」よりも「事実上の権力」，すなわち経済・技術・文化の力により社会の仕組みが変えられていることを指摘する。「事実上の権力」の増大は2つの帰結をもたらす。

201

II グローバル化の中のセキュリティ

　第1に「事実上の権力」である経済や技術を背景とする時間的な柔軟性を持った脅威に対応するためには，主権を中心としたセキュリティの仕組みも変容を迫られる。脅威を与える敵が時間をかけずに柔軟に変化するのであれば，主権もまた時間をかけずに柔軟に即応しなければならない。その結果，少人数による迅速な決定を行う行政権力が肥大化し，民衆を代表して法を創造する立法府や自由主義を体現する司法府の影響はセキュリティに対する障害とみなされるようになる。

　第2に「事実上の権力」が，主権を迂回して人々を「統治」するセキュリティの技法が発展する。換言すれば，「法的に正当な権力」が形骸化し，民衆の手が届かない所で，民衆についてのセキュリティの在り方が決定されていくのである。

　統治の変容はデモクラシーにいかなる影響を与えるのであろうか。ウォリンの言葉を借りれば，「事実上の権力」が「法的に正当な権力」を凌駕する政治体制においては「国家が社会の共同生活に基礎づけられるのではなく……国家がそれ自体の根拠となり，自動的正統性（auto-legitimacy）の条件を享受」[6]する。それは民衆の支配，すなわちデモクラシーを離れた統治への変容である。

　かかる統治がなされる政体では，不安を与える脅威への対処というセキュリティの自己正統化により，脅威の存在こそが統治の正統性の源泉となる。脅威が除去された世界はセキュリティの自己正統化を損なうのである。安全保障化を通じて不断に敵が創造され，脅威の認識がたえず膨張し，セキュリティは無限拡大することで自らの正統性を調達する。

　脅威をもたらす敵の存在を要請する安全保障化の過程は，脱民主化（de-democratization）の過程であり「例外状態におけるデモクラシーの停止」を招く。法＝秩序のある国内政治と，カオス化の契機を持つ国際政治の「閾」にある例外状態の拡大は，国内政治にとっては「あり得ないこと」，すなわち「例外」であり構成的外部の役割を担ってきた戦争状態の内部化・日常化である。国内政治は法の生成と運用による秩序化ではなく，国際政治において支配的であったセキュリティの論理に基づく統治へと道を譲る[7]。セキュリティの論理に基づく政体では，潜在的には全ての人が敵として構築される。共に自己支配を行う

者としての他者への想像力が働く余地は奪われ，多様な人々の唯一性を起点として合意を形成／再審していく不断の過程としてのデモクラシーが機能する余地は乏しくなる。「戦争的日常性の現出は，何より政治についての思考を困難にする[8]」のである。セキュリティの自己正当化の過程は，民主的正統性を不要とし，デモクラシーなきセキュリティの論理に基く政体を自己組織化していく。この結果，立法府や司法府における権力は否定され，行政権力の自律化が進展する。日本でも集団的自衛権の行使容認の閣議決定（2014年7月）をはじめ，政府官邸主導の安保法制の制定，司法府による判断の積み重ねや法律専門家共同体の見解を否定する政府の解釈など，行政権力の自律化が生じている。デモクラシーに基づく政体では異なる意見を持つ民衆は，対抗しながらも同一の政治原理に共有して共存を模索する対抗者，もしくは選挙で競争者（野党）を選出する投票者とみなされていたが，セキュリティの自己正統化のみに基づく政体においては，いかなる民衆であれ，セキュリティの観点からは脅威になりうる潜在的な敵であり，自らの声を表出／代表されることもない「サバルタン」へ姿を変えていく。国内の統治において国際政治と同じく敵が見出され，生権力によって「生かす人口」からの排除がなされる政体では，敵を名指し排斥する言葉と，「使えない者」を切り捨てる言葉が増大し，デモクラシーが機能することは困難となる。

（2）セキュリティの脱国民国家化とナショナルなデモクラシー

　脅威は「事実上の権力」たる経済や技術が持つ越境性を背景に，国境を越えて存在する。脅威が国境を越えるならば，セキュリティを担うアクターも国境を越える必要がある。ウォリンは国境を越えて膨張する新たな政体を「スーパーパワー」として把握する。主権の観点からは一国レベルの司法府や立法府から自律化していた行政権力の間，セキュリティを担う軍や治安機関の間，また武装勢力やテロ組織の間で，国境を越えて連携する動きが指摘できる。アメリカを中心にNATO加盟国のみならず，日本，韓国，オーストラリア，アジア諸国の行政権力間，軍隊間，安全保障関連のシンクタンクをはじめ専門者間における連携が深化し機能を拡大させている。課題によってはそのネットワー

203

クに，さらに多くのアクターが相互接続する。たとえば，日米間では日本の安保法制とアメリカの世界戦略を提言する第三次アーミテージ・ナイリポートの整合性の高さなど，日米合同委員会や専門者間の連携が国境を越えるセキュリティの構築を現実化させている。同様に敵とみなされる国家や「テロリスト」も，世界の様々な組織，共同体，企業から諜報機関・国家まで，国境を越えて連携を深めている。

生権力の観点からも，セキュリティは国境による拘束を脱している。公的／民間の双方のセキュリティによって，国境の内外のどちらにいようと生命や財産を守られ積極的に生かされる人々がいる一方で，公的／民間の双方のセキュリティから見捨てられ，国内にいても内戦や他国の軍事介入という形の戦火に晒され，また難民に象徴されるように国の狭間で「死ぬに任せて」放置される人々が増えている。

このように国民国家を越えて膨張するセキュリティの統治は，ナショナルな代表制民主主義を通じた立法によっては正統化されず，自己正統化される。それは国民国家と結合していたデモクラシーの形骸化であり，国民国家システムを支える正統性のひとつの喪失である。

再編するセキュリティの自己正統化と，例外状態によるデモクラシーの停止は，2つの正統性に支えられてきた国民国家システムという法＝秩序を無効化する。戦争と政治の区別，（潜在的な）戦争の体系とデモクラシーの体系の区別が融解する時，国内政治におけるデモクラシーの危機（独裁という暴力）と国際政治におけるセキュリティの危機（戦争に加え，封じ込めてきた内戦という暴力）の問題は，国際政治／国内政治を貫徹する暴力の制御もしくは暴力の解体という問題へと，問いが再定式化されるべきであろう。換言すれば，国際政治と国内政治の分離を前提とした上での「国際政治におけるセキュリティの確保による正統性調達」と「国内政治における民主的正統性の調達」から，国際政治と国内政治の分割が無効化する時代における，2つの政治領域を横断する正統性の産出へと問題は再定式化される。

第**8**章　例外状態における正統性をめぐる政治

4　デモクラシーの変容

（1）新たなデモクラシーの胎動

　オムニ・クライシスによる例外状態を前に，ナショナルな代表制民主主義が
セキュリティに基づく統治に道を譲り，セキュリティの論理からのみ正統性が
調達される統治のパラダイムへの移行について論じてきた。

　他方で様々な形のデモクラシーが台頭していることも現代世界の特徴であ
る。国際政治／国内政治の論理を分かつ境界線が融解し，セキュリティに基づ
く統治が世界大に拡大し日常化すると共に，国内政治の論理であった法＝秩序
を形成するデモクラシーもまた国際政治／国内政治の閾の不分明地帯へと浸透
しているのである。

　これらのデモクラシーは「ナショナルな代表制民主主義」のみをデモクラ
シーとみなす「唯・議会制民主主義」を批判する点で共通している。その特徴
として，第1に代表制民主主義の相対化が挙げられる。住民投票において見ら
れるような直接民主主義の活性化に加え，2011年以降，デモや占拠など非制度
的な直接民主主義が世界中で台頭している。欧州経済危機に抗して占拠活動を
展開したM15運動（スペイン）をはじめ南欧諸国の諸運動，「アラブの春」に
おいて長期独裁政権を崩壊させたアラブ諸国の民主化運動，「1％の富者」に
よる支配を告発して新たな社会の構成を模索した「ウォール街を占拠せよ」運
動（アメリカ），中国に対してデモクラシーの防衛を主張した「雨傘革命」（香
港），中国との貿易協定をめぐる立法院の決定に抗議して立法院占拠に至った
「ひまわり運動」（台湾）など，既存の政治社会・経済社会を問いなおす運動が
広がっている。日本において3.11原発事故を契機に展開している脱原発運動
や，安保法制に対して抗議活動を展開している「2015年安保」運動もこの文脈
に位置付けられよう。様々な運動で「Real Democracy Now」という言葉が飛
び交ったように，「2015年安保」でも「民主主義って何だ？」という声が発せ
られた。それは民主主義が代表制民主主義に尽きない潜勢力を持つことを示し
ていよう。これらの運動では明確な組織やリーダーもなく，多種多様な人々が

205

参加している，という特徴が指摘できる。「2015年安保」運動においても
SEALDs や「総がかり行動実行委員会」をはじめ全国各地でゆるやかに人々
が結びついた集まりの呼びかけによるデモが行われたが，デモの場は政党，労
組や圧力団体により組織的に動員された人々ではなく，年齢，性別，職業，階
層など多種多様な人々が，組織化されずに代表制の外部である直接行動に参加
した点において，他の運動と共通点を持っていた。また運動と共振する形で，
法曹関係者，科学者，大学関係者といった専門家，出版関係者や市民団体に
よって数えきれないほどの集会，勉強会，シンポジウムが開催され，新聞（と
りわけ地方紙），書籍からウェブ上まで多くの議論がなされ，多数の熟議民主主
義的な公共圏が生成しネットワーク化が進展した。これらのデモクラシーは代
表制民主主義と両立していたが，それを相対化する契機も有している。

　第2の特徴としてナショナルなデモクラシーの相対化が挙げられる。上述の
直接民主主義や熟議民主主義はナショナルなデモクラシーとしての側面が強い
ものであったが，その一部には，国境を越えてデモや占拠のレパートリーが伝
播・共有され，各地域や課題に応じて独特に変奏し，さらに伝播・共有してい
く往還運動が見られた。熟議民主主義的な公共圏においては，デモクラシー，
立憲主義，平和主義，安全保障の価値や歴史をめぐる知見の参照，意見交換が
国境を越えてなされた。また領域性との繋がりを強く持ちローカルなレベル（た
とえば沖縄の基地問題をめぐる抗議活動，既存の政治共同体の範囲を問い直すスコット
ランドやカタルーニャの独立を問うた住民投票など）や国境を越えるリージョナルな
レベルにおけるデモクラシーを重視する多層的なデモクラシーも実践されてい
る。これらのデモクラシーにおいては，多種多様な人々，運動や組織による，
国境や公／私の境界線を越えるデモクラシーが実践され，ナショナルな議会制
民主主義と両立しつつも，それを相対化するデモクラシーが実践されている。

　セキュリティと同様に，デモクラシーの主体（誰）と実践の場（どこ）も柔
軟化かつ多様化しているのである。

（2）新たなアポリア——正統性をめぐって

　かかるデモクラシーの変容は，2つの問題を産み出している。ひとつはデモ

クラシー内部における問題である。デモクラシーの変容は，時に代表制民主主義による民主的正統性の独占の擬制を形骸化する。その結果，どのデモクラシーに正統性があるのか，すなわち複数のデモクラシー「間」の相克というアポリアが発生する。選挙の時の代表に正統性があるのか，選挙の間の期間の直接的な民意に正統性があるのか。地方における民意に正統性があるのか，一国における民意に正統性があるのか。これらの間に優先順位をアプリオリに定めることはデモクラシーの内部からは難しい。変容したデモクラシー間の関係をめぐる問いは，複数の民主的正統性の関係をめぐる問いである。

第2の問題は，デモクラシーとセキュリティの関係をめぐる問題である。異なるデモクラシー間の正統性の調整――たとえば議会（院内）とデモ（院外）の「接続」，地方と国家，リージョナルな地域の「接続」――が失敗に終わり，最低限の合意の形成ができず民衆の分裂が固定化すれば，デモクラシーを成立させるだけの民衆の統合性が失われ，民衆の中から共存不可能な敵を生み出す安全保障化が生じるリスクが高まる。平等な民衆による自己支配であるデモクラシーの正統性をめぐる問題は，脅威から守るべき友の範囲や，最適化すべき人口の範囲を措定するセキュリティの正統性をめぐる問いと連動しているのである。

現代の先進国では，一方では変容するセキュリティに基づく統治の深化・膨張と並行する脱民主化（de-democratization）の過程があり，他方ではデモクラシーの変容が進展し，両者の緊張が先鋭化している。セキュリティとデモクラシーの媒介となってきたナショナルな代表制民主主義が例外状態の中で形骸化していく現状で，国際政治／国内政治という2つの政治領域を横断する正統性はいかにして産出可能なのだろうか。そこにデモクラシーは寄与することができるのであろうか。

5　セキュリティとデモクラシーの新たな節合に向けて

（1）セキュリティとデモクラシーの節合を再考する

セキュリティとデモクラシーが共に変容し，国民国家システムにおけるセキュリティと代表制民主主義の結合による正統性の調達には限界が生じてい

207

Ⅱ　グローバル化の中のセキュリティ

る。では国境を越えて日常化する例外状態において，誰が正統性のある法＝秩序をもたらす「主権者」となるのであろうか。それとも他の方法による統治の正統化が必要となるのであろうか。そして，デモクラシーはいかなる寄与ができるのであろうか。

　第一にデモクラシーなきセキュリティによる統治を通じた正統性を検討しよう。古代ローマのユースティティウム，中世の「必要は法を知らない」というスコラ哲学の格言を経て，近代のホッブズの主権論，国家理性論，クーデター論，戒厳状態論，シュミットにより定式化された委任／主権独裁という思想の系譜[10]はセキュリティに基づく統治に正統性を見出す。人々の生が脆弱であり，それ故に生命が脅かされる不安という感情を否定しえないならば，生命に価値を置く規範論からはセキュリティによる統治の正統性が導出される。さらにデモクラシーが人々の単なる生（ゾーエー，zoe）を人間的な生（ビオス，bios）の前提にしているならば，単なる生に対する脅威への不安の回避を志向するセキュリティによる統治の正統性が優先されよう。危険な国際社会／平和な国内社会という擬制が無効となる現代では，民衆の不安とセキュリティの希求が高まるだけに，セキュリティに基づく統治による正統性は高まる機会が大きい。

　しかしデモクラシーなきセキュリティに基づく統治の下では「誰がセキュリティにとっての脅威となるか」を民衆が自らの手で決定することはできない。逆説的にもセキュリティを求める民衆が，セキュリティの名の下に敵とみなされ，自らの行動を制約され生命を奪われる不安から逃れることは保証されない。「安全保障のジレンマ」で指摘されるように，セキュリティの上昇が敵とみなした国家や組織の反発を高め，意図とは反対に自らの安全を損なう帰結に陥るリスクもある。国境を越えるセキュリティを追求した結果，他国が直面する脅威に自国も巻き込まれるリスクもある。Securitizing actor による安全保障化の言語行為は，オーディエンスたる民衆の不安を利用しうるが，民衆による支配であるデモクラシーが伴わなければ，常に友／敵の区分や最適化される人口の範囲を疑問視され，セキュリティによる正統性が喪失する可能性をたえず抱え込むのである。

　第2にセキュリティなきデモクラシーの支配は正統性を獲得できるであろう

208

か。セキュリティがない状態において，民衆は「不安からの自由」を得ること
は出来ない。その結果，民衆による自己統治の前提ともいうべき民衆（デモス）
の形成は困難になる。隣人が自分と同じ民衆の一人ではなく自らに危害を加え
る敵かもしれない，という不安に満たされた世界では，社会契約といった擬制
や民衆を統合する神話や歴史などの象徴への同一化は無効となり，対話や投票
から合意を形成して法を作り，それにのっとった支配を行うデモクラシーは機
能しない（社会契約や象徴への同一化により，民衆の存在が前提とされている場合は
民衆の支配であるデモクラシーによる正統化の前に，すでに相互の生への不安や心配か
らの自由というセキュリティの論理が「密輸入」されている）。

　この意味においてデモクラシーなきセキュリティも，セキュリティなきデモ
クラシーも，それ単独では十分な正統性を調達できない。

　ではセキュリティとデモクラシーの双方から正統性を調達する，新たな仕組
みは可能なのであろうか。セキュリティのみに基づく統治に対して，"Bring-
ing democracy back in security" を実現する仕組みは可能だろうか。

　変容するセキュリティに基づく統治に対して，ナショナルな代表制民主主義
による節合の限界は明らかである。ここで注目すべきは柔軟化・多様化したデ
モクラシー（democracies）である。デモクラシーから乖離するセキュリティに
よる統治を防ぐためには，様々な形のデモクラシーの節合を通じて，セキュリ
ティの在り方を決定する力や異議申し立てをする力を，国民という形に限られ
ない姿を持つ民衆の手に取り戻す実践が要請されているのである。

　それはセキュリティが内包する反デモクラシー的契機——不安や心配からの
自由と引き換えに，他者を敵として沈黙させること，「友」として同一化を強
要して沈黙させること，最適化に抗う声を奪うこと——に対して，「友／敵」
へと変化する以前の例外状態という不分明地帯において，デモクラシーに内在
する非セキュリティ的契機——不安や心配を伴うにしても，同じ政治原理を共
有する「対抗者」として扱い対話すること，相手を敵ではなく「間」となる時
空を共有する他者として共に権力を産み出していくこと，耳を傾けるべき声を
出す民衆として平等に処遇する可能性を追求すること——を節合する実践であ
る。[11]

209

II　グローバル化の中のセキュリティ

　かかる試みが営まれる場は，国際政治と国内政治の各々に，セキュリティとデモクラシーを割り当てることで2つの正統性を組み合わせる単一の節合モデルだけでは不十分である。セキュリティとデモクラシーの節合は，国民国家という制度を迂回／越える形を含む，柔軟かつ多元的な新たな諸アリーナから構成されるネットワークとなるであろう。それは暫定的であれ，境界線の内部において「誰の何を，誰から，誰が，どのように，どの程度守るのか」について合意の形成と再審を行うと同時に，境界線を自明視せずにその境界の引き方の決定自体，つまり境界の外部における敵や自己統治の範囲の外部を定義する力を誰が行使するのか，を不断に問い続けるデモクラシー／セキュリティである。そこでは民衆の全員が暫定的な合意とそれに基づく法の生成を目指しつつも，不断に securitization／de-securitization の主体かつ de-democratization／democratization の主体となる。かかる民衆の単位を一義的に国民や人民といった主体にのみ結びつけることはできない。セキュリティと同時に民衆の範囲もまた不断に問い返され続けるのである。

（2）メタレベルの正統性資本としてのデモクラシー

　ではセキュリティとデモクラシーという2つの正統性が節合する，メタレベルの正統性をデモクラシーは持つのであろうか。ここではセキュリティとデモクラシーの類縁性に着目しよう。セキュリティは守るべき友であれ，内部の最適化を図る人口であれ，常に一定の人間集団の確定を要請される。またデモクラシーも民衆の範囲の確定を要請される。国民国家システムにおけるセキュリティとデモクラシーという対となる正統性のセットは，かかる要請への応答を制度化した歴史的・社会的構築物に他ならない。しかしオムニ・クライシスから，柔軟で多様な脅威が生成されることを止めることができない限り，セキュリティは常に新たな脅威をもたらす敵，ひいては友の輪郭を，また最適化すべき人口の範囲の書き替えを要請される。デモクラシーも主体たる平等な民衆の範囲を決定する根拠も存在せず，たえず新たに声をあげるべき民衆の範囲は偶有性に開かれている。

　セキュリティもデモクラシーも，対象とすべき人々の範囲をアプリオリには

210

第 8 章　例外状態における正統性をめぐる政治

前提とすることはできない。セキュリティを稼働させるためには，構成的外部としての脅威を与える敵，同質化された友や最適化されるべき人口を形成する言説実践が必要となる。その範囲はセキュリティの前提とされると同時にセキュリティの結果でもある，という再帰的な性格を持つ。デモクラシーも自己支配に至る法を作り出す民衆を確定すると同時に，法を共有しない人々を民衆の外部へ追い出す言説実践を伴う。民衆もデモクラシーの前提であると同時に結果でもある，という再帰的性格を持つ。「われわれ」を要請するセキュリティとデモクラシーは，共に再帰的に「われわれ」を構成する言説実践を通じてのみ機能するのである。ゆえにセキュリティもデモクラシーも，アモルフな人間集団から「われわれ」を構成／脱構成し続ける過程が要請される。デモクラシーは民衆による支配の仕組みであるが，一方では平等とみなす民衆の範囲を拡張し（脱分節化），法の生成をはじめ民衆による支配がなされる場に多様な形で参加して声をあげる人々を包摂するという普遍化の契機を持ち，他方でアモルフな人々から一部の人々を囲い込み（分節化），民衆として支配の担い手へと変える特殊化の契機を持つ。デモクラシーはその両義性によって，同じく決定不可能性の中で「われわれ」の不断の決定とその問い直しを迫られるセキュリティとデモクラシーという，2つの言説実践に対して共通の地平を提供し，メタレベルからの介入，換言すればセキュリティとデモクラシーを節合する媒介の論理となりうるのである。

おわりに

　現在，国民国家システムに代表されてきたセキュリティとデモクラシーの在り方は変化している。しかしセキュリティとデモクラシーは，国民国家システムが自明性を失っても正統化の原理であり続けるであろう。不安から自由である民衆が自己支配する営みを続けるためには，民衆は不安を外部へと投射して外部と対立し，最適化された内部で自己支配を行うのではなく，内外を貫徹して遍在する不安を直視しながらも，「われわれ民衆」と「彼ら」の間で，さらには「われわれ民衆」や「私」の内部における他者と対話をし続け自らを支配

211

Ⅱ　グローバル化の中のセキュリティ

する権力を生成することが必要である。セキュリティが脅かされるオムニ・クライシスとデモクラシーが停止する例外状態が全面化する時代にあって，われわれ民衆に求められるのは，デモクラシーなきセキュリティによる統治に道を譲らぬ（No Pasarán），セキュリティとデモクラシーの新たな組み合わせを共に構成することではないだろうか。

【註】

1 ）　Hardt & Negri（2004）p. 17 =（2005）46頁。
2 ）　遠藤・遠藤（2014）39頁。
3 ）　Beck（2002）p. 151 =（2008）118頁。
4 ）　Agamben（2003）p. 11 =（2007）10頁。
5 ）　Agamben（2003）p. 111 =（2007）175頁。
6 ）　Wollin（1985）p. 227.
7 ）　この過程と並行して，国際政治では例外とされた国内的な法＝秩序の適用・運用が国際社会に拡大している。トランスナショナルな法規範の形成から国際社会による様々な介入の合法化を想起されたい。
8 ）　市村（2007）59頁。
9 ）　安保法制をめぐる論点は立憲主義，民主主義，平和主義，国民主権など多岐にわたるが「戦争を標準とする国際政治における安全保障／平和を標準とする国内政治における民主主義」という，議論の対立を脱臼し対話を困難とする構図も存在していたように思われる。
10）　例外状態をめぐる概念史については竹島（2009）を参照。
11）　デモクラシーも暴力的な契機を有し，セキュリティとデモクラシーの節合が非暴力を担保しない点には注意が必要である。法と暴力，その外部をめぐる問題については Benjamin（1921），Schmitt（1928），Agamben（2015a）を参照。

【参考文献】

Agamben, Giorge（1995 = 2003）*Homo Sacer: Il potere sovrano e la nuda vita*, Einaudi. （高桑和巳訳『ホモ・サケル──主権権力と剥き出しの生』以文社）

───（2003 = 2007）*Stato di eccezione*, Bollati Boringhieri. （上村忠男・中村勝己訳『例外状態』未来社）

───（2015a）*STASIS: Civil War as a Polotical Paradigm*, Edinburgh University Press.

───（2015b = 2016）*"Die l'Etate de droit à l'Etat de séscurité"*. （西谷修訳「法治国家から安全国家へ」『世界』岩波書店）

Beck, Ulrich（2002 = 2008）*Macht und Gegenmacht im globalen Zeitalter: Neue weltpolitische ökonomie*, Suhrkamp. （島村賢一訳『ナショナリズムの超克──グローバル時代の世界政治経済学』NTT 出版）

Benjamin, Walter（1921 = 1994）*Zur Kritik der Gewalt*, in Id., Gesammelte Schriften, Suhrkamp1972-89, Vol. 2.1. （野村修編訳「暴力批判論」『暴力批判論　他十篇』岩波文庫）

Booth, Ken (2007) *Theory of World Secutrity*, Cambridge University Press.

Buzan, Barry and Lene Hansen (2009) *The Evoluation of International Security Studies*, Cambridge University Press.

Cohen, Joshua and Scarry Elaine eds (2003) *Who defended the Country？: A new Democracy Forum on Authoritarian versus Democratic Approaches to National Defense on 9/11*, Beacon Press.

De Benoist Alain (2013) *Carl Schmitt Today: Terrorism, 'Just' War, and the State of Emergency*, Arktos.

Hardt, Michael and Negri, Antonio (2004＝2005) *Multitude*, Penguin.（幾島幸子訳『マルチチュード──〈帝国〉時代の戦争と民主主義（上・下）』NHK出版）

Kaldor, Maryry (2007) *New and Old Wars: Organized Violence in a Global Era*, 2rd edition, Stanford University Press.

Schmitt, Carl (1928＝1991) *Die Dektatur*, Duncker&Hunbolt.（田中浩・原田武雄訳『独裁──近代主権論の起源からプロレタリア階級闘争まで』未来社）

─── (1932＝1970) *Der Begriff des Politischen*, Duncker & Hunbolt.（田中浩・原田武雄訳『政治的なものの概念』未来社）

Mouffe, Chantal (2005＝2008), *On The Political*, Routledge.（酒井隆史監訳・篠原雅武訳『政治的なものについて──闘技的民主主義と多元主義的グローバル秩序の構築』明石書店）

Wollin, Sheldon (1985) "Postmodern Politics and the Absence of Myth," *Social Research*, Vol. 52, No. 2.

─── (2006＝2007) *Politics and Vision: Continuity and Innovation in Western Political Thought*, Expanded, Princeton University Press.（緒方典男ほか訳『政治とビジョン』福村出版）

─── (2008) *Democracy Incorporated: Managed Democracy and the Specter of Inverted Totalitarianism*, Princeton University Press.

市村弘正（2007）『敗北の二十世紀』ちくま学芸文庫。

遠藤誠治・遠藤乾編（2014）『シリーズ日本の安全保障1　安全保障とは何か』岩波書店。

大竹弘二（2012‐2015）「公開性の根源」第1回‐最終回，『atプラス』第11‐18号，第20‐27号，太田出版。

木下ちがや（2017）『ポピュリズムと「民意」の政治学──3・11以後の民主主義』大月書店。

五野井郁夫（2015）「議会主義と民主主義の政治──文化動員をめぐって」『現代思想』10月臨時増刊号，青土社。

佐藤嘉幸（2014）「立憲デモクラシーの危機と例外状態──デリダ，アガンベン，ベンヤミン，シュミットと「亡霊の回帰」」『思想』No. 1088，岩波書店。

杉田敦（2015）『増補版　境界線の政治学』岩波書店。

竹島博之（2009）「例外状態」古賀敬太編『政治概念の歴史的展開』第3巻，晃洋書房。

土佐弘之（2015）『境界と暴力の政治学──安全保障国家の論理を越えて』青土社。

山崎望（2012）「ポスト9・11／9・15の安全保障と社会保障」宇野重規・井上彰・山崎望編『実践する政治哲学』ナカニシヤ出版。

山崎望（2015）「代表制のみが正統性を持つか？」山崎望・山本圭編『ポスト代表制の政治学──民主主義の危機に抗して』ナカニシヤ出版。

あとがき

　グローバル化の進展と共に，これまでの政治の枠組みそのものがゆらいでいるのではないか。そして，そのことを直視しない限り，政治を認識する作業としての政治学の存在意義そのものが問われるのではないか。本書は，そうした危機意識に基づいている。

　政治学の内部で，政治理論・政治思想の領域と国際政治学の領域とは，かつては接点を持っていたものの，その後長く，疎遠な関係にあった。それがここへ来て，再び交流しつつある。政治理論が主として考究してきたデモクラシーの問題と，国際政治学が主として扱ってきたセキュリティの問題とが交差しつつあることと，それは関係しているであろう。

　序章にも記したように，本書は，科学研究費補助金「多層化する国民国家システムの正統性の動態分析──セキュリティとデモクラシー」（研究代表者：杉田敦　2013年 - 2016年）の成果の一部であるが，この共同研究プロジェクトもまた，そうした交流の一環であった。

　法律文化社編集部の舟木和久さんからは，このプロジェクトの発足直後の段階で出版のお話をいただき，その後も継続的にサポートいただいた。期間終了後すみやかな出版をお約束しながら，諸般の事情で今日に至ったことをお詫びしたい。

　混迷する世界状況において，本書がそれを読み解く一助となることを期待しつつ。

　　2018年 5 月

　　　　　　　　　　　　　　　　　執筆者一同を代表して

　　　　　　　　　　　　　　　　　　　　　杉田　　敦

人名・事項索引

あ 行

アガンベン，ジョルジオ ……… 151, 201
アグニュー，ジョン ……………… 167, 187
東浩紀 ……………………………… 52
アチャリア，アミタフ …………… 174, 175
アリンゼ，フランシス ………………… 73
アーレント，ハンナ ………………… 101
アルティンドレ，ハリル ………………… 71
安全保障化(セキュリタイゼーション) … 66, 157
　　──理論（securitization theory）……… 197
安全保障関連法 ……………………… 81, 82
アンダーソン，ベネディクト ………… 19
安保法制 …………… 197, 199, 200, 203
暗黙知 ……………………………… 128
イェリネック，ゲオルク ……………… 1
イギリス …………………………… 30
一帯一路 ……………………… 181, 185
一般意志2.0 ………………………… 52
伊藤恭彦 …………………………… 56
稲葉振一郎 ………………………… 76
Ｅ　Ｕ ……………………………… 16
ウィルダース，ヘルト ……………… 68
ヴェーヴァー，オル ………………… 66
ウォリン，シェルドン …… 93, 97, 98, 100-102,
　　201-203
ウォルツァー，マイケル …………… 129, 130
ウティ・ポッシデティス原則 ………… 145
営利精神 ……………………… 125, 131
　　──の過剰 ……………… 123, 124
エスピン‐アンデルセン，イェスタ ……… 35
エンヴェゾー，オクウイ ……………… 69
オッフェ，クラウス ………………… 35
オムニ・クライシス（全的危機） … 198, 199,
　　201, 210, 212

か 行

カタルーニャ ……………………… 21
寡頭制 ………………… 86-88, 90, 92
ガバナンス ………………………… 26
カプチャン，チャールズ ……… 170, 172, 173
カプラン，ロバート ………… 175-177, 186
企業の社会的責任（CSR）……………… 47
北アイルランド …………………… 21
近接性 ……………………………… 27
クリストフ＝バガルギエフ，キャロライン … 71
グローバリゼーション … 168, 169, 177, 184-187
グローバル・デモクラシー …………… 15
ケベック …………………………… 21
圏域（sphere）………… 178, 180, 183-188
権力エリート ……………………… 87, 104
公共宗教 ………………… 127-131, 133
公共精神 ……… 115-117, 123, 125, 127, 130-132
国　連 ……………………………… 159
国連開発計画（UNDP）………………… 65
コスモポリタン民主主義 ……………… 55
国家承認 …………………………… 73
国境なき医師団 …………………… 73
コノリー，ウィリアム ……………… 160
コペンハーゲン学派 ………………… 65
コルシカ …………………………… 21
コールリッジ，サミュエル・テイラー …… 123

さ 行

参加民主主義 ……… 84-86, 88,-95, 106, 108
ジェノサイド ……………………… 69
自決権 ……………………………… 145
シティズンシップ（市民権）… 100, 103, 155, 156
自発的結社 ………………… 125-127, 129
社会契約論 ………………………… 155
自由主義 …………………………… 85, 86
自由と繁栄の弧 …………… 180, 181, 185

217

自由民主主義 …… 81, 83-86, 88-99, 104, 108
熟議（審議）民主主義…………51, 105, 206
主　権 …………………… 153, 194-196
　　実効—— ……………………148
　　人民—— ……………………153
シュトレーク，ヴォルフガング …………40
ジュネーヴ条約 …………………75
シュミット，カール …… 142, 193, 208
人口管理………………………156
新自由主義…… 115-118, 120, 123, 124, 126
スキナー，クエンティン …………152
スコットランド …………………25
スパイクマン，ニコラス …………184-187
スーパーパワー …………………203
スピヴァク，ガヤトリ …………67
スローターダイク，ペーター …………149
生活者市民 …………………88
生権力………………194-196, 203, 204
政治的消費者主義 …………48
政治の司法化 …………………44
世界内戦 …………………200, 201
世　俗 …………………………158
　　——主義 …………………158
空井護 …………………………52

た　行

代表制 …………81, 83-85, 87, 89-94, 103-108
代表制民主主義 …… 87, 89, 91, 92, 94, 96, 106,
　　108, 195, 196, 204-207, 209
脱構築 …………………………161
脱民主化（de-democratization）… 202, 207, 210
多文化主義………………………21
タミール，ヤエル …………… 122, 129, 130
タラル・アサド …………………157
地政学 ……167, 168, 170, 176, 177, 182, 184-187
チャルマーズ，デミアン …………22
直接民主主義 …………………195, 205
テイラー，チャールズ …………31
デモクラシー …………………15
デモクラティック・ピース …………16
デリダ，ジャック …………………160

テロとの戦い …………………147
テロリズム………………………74
デンマーク………………………29
ドイツ …………………………29
トクヴィル，アレクシス・ド…95, 96, 125, 127,
　　133
トクヴィル・テーゼ …………96, 97
トランプ，ドナルド …………167, 173

な　行

永井陽之助…………………………176
ナショナリズム …………………22, 117
ナショナリティ…………………117
難　民 …………………………66, 150
難民条約………………………67
2015年安保…………………205, 206
人間の安全保障（human security）… 66
ネイション… 115, 117, 118, 127, 130, 131
ネオ・コンサバティヴ…………169, 171, 172
ネオマルクス主義………………37
ノッテボーム事件 …………………67
ノモス …………………………142

は　行

バスク …………………………21
パスポート………………………155
バトラー，ジュディス …………67
パパドプウロス，ヤニス …………36
ハーバーマス，ユルゲン …………38
非自発的結社 …………………127, 129
不安定の弧（arc of instability）… 180, 181, 185
フィシュキン，ジェイムズ …………51
フクヤマ，フランシス …………172
フーコー，ミシェル …………4, 143
ブザン，バリー …………………65
ブース，ケン …………………65
フランス………………………30
ブレグジット……………………23
ベーシック・インカム（資本主義）…49
ベック，ウルリッヒ …………199
ベトナムの教訓…………………176

人名・事項索引

ベラー，ロバート ···················· 128
ヘルド，デヴィッド ·················· 55
ベンヤミン，ワルター ··············· 194
ポスト・デモクラシー ················ 87
ホッブズ，トマス ············· 7, 147, 194
ポピュリスト ························ 23
ポピュリズム ······················ 68
ポランニー，マイケル ··············· 128

ま 行

マッキンダー，ハルフォード ······· 182-187
マハン，アルフレッド・セイヤー ····· 185-187
マルシリウス ······················ 19
マルチチュード ····················· 152
ミュンヘンの教訓 ··················· 176
ミラー，デイヴィッド ············· 122, 130
ミル，ジョン・スチュアート ·········· 90
民主化 ···························· 16
民主主義（デモクラシー）····· 15, 81, 84-102,
　　104, 105, 107, 108
民主主義革命 ············· 95, 96, 99, 100, 103
「民主主義って何だ？」···················· 205

ムフ，シャンタル ··················· 96
メルケル，ヴォルフガング ·············· 57
森孝一 ···························· 128

や 行

ヤング，イリス・マリオン ·············· 30
吉田徹 ························· 119, 123

ら 行

ライン思考 ············· 167, 180, 182-187
ラクラウ，エルネスト ················ 96
リベラリズム ······················ 157
リベラル・デモクラシー ····115-119, 121, 123,
　　125, 127, 130, 131
リベラルな文化主義 ·················· 122
領　土 ························· 140, 141
　　──の罠 ························ 140
ルソー，ジャン＝ジャック ····· 20, 85, 128, 133
ルフェーブル，アンリ ················ 144
例外状態 ·········· 193, 201, 204, 207, 208
ロック，ジョン ················90, 99, 102
ロドリック，ダニ ··················· 120

219

執筆者紹介（執筆順，＊が編者）

＊**杉田　敦**（すぎた　あつし）
　　法政大学法学部教授
　　担当：序章，あとがき

　押村　高（おしむら　たかし）
　　青山学院大学副学長，同大学国際政治経済学部教授
　　担当：第1章

　田村哲樹（たむら　てつき）
　　名古屋大学大学院法学研究科教授
　　担当：第2章

　五野井郁夫（ごのい　いくお）
　　高千穂大学経営学部教授
　　担当：第3章

　千葉　眞（ちば　しん）
　　国際基督教大学教養学部特任教授
　　担当：第4章

　白川俊介（しらかわ　しゅんすけ）
　　関西学院大学総合政策学部専任講師
　　担当：第5章

　前田幸男（まえだ　ゆきお）
　　創価大学法学部准教授
　　担当：第6章

　高橋良輔（たかはし　りょうすけ）
　　青山学院大学地球社会共生学部教授
　　担当：第7章

　山崎　望（やまざき　のぞみ）
　　駒澤大学法学部教授
　　担当：第8章

表示価格は本体（税別）価格です。

法律文化社

グローバル・ガバナンス学 I
―理論・歴史・規範―
大矢根聡・菅英輝・松井康浩・星野俊也編著

グローバル・ガバナンス学 II
―主体・制度・規範化―
渡邊啓貴・福田耕治・長谷川将規・芝崎厚士編著

［グローバル・ガバナンス学叢書］
I：A5判・280頁・3800円／II：A5判・284頁・3800円

グローバル・ガバナンス学叢書の全2巻を配本。I：グローバル・ガバナンスの概念とそれに連なる一連のキーワードの最新動向を網羅。II：グローバル・ガバナンスの理論的射程と今日的意味を、多様な主体が織りなす運動や秩序形成をダイナミックに描き出し、現状分析からその課題と展望まで国内外の第一線の執筆陣が3部に分けて議論を網羅する。

「脱国民化」に揺らぐヨーロッパ
―排外主義とリベラリズムの相克と模索の中で―
原田溥・石田雅樹編

A5判・240頁・3800円

ナショナリズムの諸相を扱い、国家や国民化、排外主義や難民等の現代的な諸課題を提示し、近代デモクラシーシステムの課題を抽出。欧州各国における「脱国民化」の諸相を分析し、排外主義や難民問題が提起する諸問題の深層を読み解く。第一線の研究者による待望の理論的総集編。

ヨーロッパ福祉レジーム
―福祉国家を未来につなぐ―
今田高俊編

A5判・330頁・3200円

フランスという福祉国家が持つ多様な特質を軸とし、「事物の政治」の射程を据える。そのうえで各種に分ける種別を軸とし、いくつかの論点を据えて、経済危機に揺れる欧州の諸国家が抱える福祉レジームの問題を、第一線の研究者たちが理論的に解明する。

「街頭の政治」をよむ
―国際関係論からのアプローチ―
阿部浩己・北美幸・清水奈名子・丁智恵子編

A5判・220頁・2500円

国内的なものと国際的なものの錯綜を鋭く問う、運動の背景と国際政治の動態をとらえていく。は、かつての街頭運動とはまったくの様相をもち、制度的政治参加とは区別して議論を据える。「事物の政治」の射程を据える。

制度から考える政治学
―長谷川一年・竹島博之編
出岡宏編、長谷川一年・竹島博之編

A5判・236頁・2900円

国土・制度、議会制度、官僚制、政党等、各国の比較的状況をつねに示し、それらの問題を3点に着目して、現代の諸政治を比較する視座を据える。制度と具体的な現象との関係を明かす。目前の政治現象への洞察力を涵養する。

サステナビリティ・リテラシー
―グローバル化時代の教養を問い直す―

Horitsu Bunka Sha

2018 年 5 月 25 日　初版第 1 刷発行

編著者　杉　田　　　敦

発行者　田　靡　純　子

発行所　株式会社　法律文化社

〒603-8053
京都市北区上賀茂岩ヶ垣内町71
電話 075(791)7131　FAX 075(721)8400
http://www.hou-bun.com/

*乱丁など不良本がありましたら、ご連絡ください。
送料小社負担にてお取り替えいたします。

印刷：光洋印刷工業㈱／製本：㈱藤沢製本
装幀：谷本天志

ISBN 978-4-589-03933-0

©2018 Atsushi Sugita Printed in Japan

JCOPY　〈(社)出版者著作権管理機構　委託出版物〉

本書の無断複写は著作権法上での例外を除き禁じられています。複写される場合は、そのつど事前に、(社)出版者著作権管理機構（電話 03-3513-6969、FAX 03-3513-6979、e-mail: info@jcopy.or.jp）の許諾を得てください。